《广播电视学实务系列教材》（修订版）编委会

广播电视学实务系列教材

纪实节目讲故事
实用教程

JISHI JIEMU JIANGGUSHI
SHIYONG JIAOCHENG

冉光泽　编著

四川大学出版社
SICHUAN UNIVERSITY PRESS

项目策划：徐　燕　王　冰
责任编辑：王　冰
责任校对：陈　蓉
封面配图：彭炳谕　张家荣
封面设计：墨创文化
责任印制：王　炜

图书在版编目（CIP）数据

纪实节目讲故事实用教程 / 冉光泽编著. — 成都 : 四川大学出版社, 2022.2
广播电视学实务系列教材
ISBN 978-7-5690-5277-0

Ⅰ. ①纪… Ⅱ. ①冉… Ⅲ. ①电视节目制作—高等学校—教材 Ⅳ. ① G222.3

中国版本图书馆 CIP 数据核字 (2022) 第 000056 号

书名　纪实节目讲故事实用教程

编　著	冉光泽
出　版	四川大学出版社
地　址	成都市一环路南一段 24 号（610065）
发　行	四川大学出版社
书　号	ISBN 978-7-5690-5277-0
印前制作	四川胜翔数码印务设计有限公司
印　刷	成都金龙印务有限责任公司
成品尺寸	170mm×240mm
印　张	18.75
字　数	360 千字
版　次	2022 年 3 月第 1 版
印　次	2022 年 3 月第 1 次印刷
定　价	58.00 元

◆ 读者邮购本书，请与本社发行科联系。
电话：(028)85408408/(028)85401670/
(028)86408023　邮政编码：610065
◆ 本社图书如有印装质量问题，请寄回出版社调换。
◆ 网址：http://press.scu.edu.cn

四川大学出版社
微信公众号

总 序

进入 21 世纪第三个 10 年，作为国内传统媒体主要组成部分的广播电视面临着传播环境的急剧变化。

广泛应用的新媒体在向传统的广播电视发起挑战的同时，又为广播电视的信息传播提供了新的渠道、新的载体，并赋予其新的形式。数字电视提供了更多的频道和更多样的节目服务；智能手机各种视听应用的普及，颠覆了传统广播电视节目的传播模式；移动电视、大型户外显示屏则把视听节目送到城市里每一个注意力聚集的角落；至于超高清电视、VR 和 AR 乃至 MR 视频等高新视听内容，则对视听产品的生产提出了更高、更新的要求。反映在概念上，依托网络的“视听产品”概念取代原有“电视节目”概念的势头已然不可逆转。

以微博、微信、抖音、快手、哔哩哔哩、西瓜视频等为代表的依托移动互联网的“自媒体”的诞生，冲击着新闻从业人员和专业视听生产者的原有地位，促使各类社会主体不依靠新闻媒体而大量从事“自主传播”。这一方面对包括广播电视工作者在内的专业传播人员提出了新的业务要求，同时又在更广阔的范围内刺激了广泛的对传播专门人才的需求。

不但如此，受政策利好的刺激，文化产业的发展也以强劲的势头展开。这也对广播电视产生了深刻的影响。表现在：一方面，属于公益部分的广播电视新闻传播和公益信息服务被纳入文化大发展的总体部署，继续受到重视；另一方面，具有营利功能的影视产业、网络视听节目产业、视听产品出版业、动漫游戏产业、演艺产业等作为文化产业的具体支撑门类步入蓬勃发展的快车道，为广播电视（视听）节目的制作和传播开拓了新的领域，提供了新的机遇。

在国家的大力推动下，以媒体深度融合为基本内容的主流媒体转型改革加速推进，建设包括县级融媒体中心在内的融媒体机构成为主流媒体转型的基本任务。从 2020 年起，1～2 年内主流媒体完成将主阵地转移到互联网的目标，融媒体新闻信息产品生产、发布、反馈的流程再造成为主流媒体共同面对的课题。由此，全新的既具备传统媒体看家本领，又能娴熟运用新媒体尤其是移动新媒体的专业人才，成为传媒业界紧迫需求的对象。

这种巨大变化促使广播电视从业人员深深思考，我们将怎么适应？怎么应对？而作为身处广播电视领域的高等院校教育工作者，我们也在思考同样的问题。

多年来，我们一直在从事广播电视学本科的专业教学。从我们广泛收集的来自不同层面的毕业生和用人单位反馈的信息可以发现，针对毕业生的能力素质，用人单位有一个共同要求，即：学生必须具备一定的理论功底，具备较高的文化素养，尤其需要具备很强的动手能力和实践能力，包括一定程度的创新创业能力，并且能够做到上岗就能从事工作，在上岗和顺利履职之间不应有太长的过渡期。只有这样的毕业生才能受到用人单位的欢迎。

但目前国内高等教育的现状与来自用人单位的要求相比，还有一定的差距。根据我们的理解，正因为如此，《教育部关于全面提高高等教育质量的若干意见》（教高〔2012〕4号文）才就优化学科专业和人才培养结构提出“加大应用型、复合型、技能型人才培养力度”的要求；针对创新人才培养模式提出“探索科学基础、实践能力和人文素养融合发展的人才培养模式”的要求。2014年6月召开的全国职业教育工作会议作出了“部分本科高校（应用）转型”的部署。国务院《关于加快发展现代职业教育的决定》（国发〔2014〕19号文）提出“深化产教融合、校企合作，培养数以亿计的高素质劳动者和技术技能人才”的要求。2020年9月中共中央办公厅、国务院办公厅下发的《关于加快推进媒体深度融合发展的意见》，围绕媒体深度融合改革的战略布局，明确提出“要大力培养全媒体人才”的要求。“广播电视学”等专业主要为广播电视领域和新媒体视听信息传播领域提供高素质专业人才，按照党和国家的要求及部署，毫无疑问应该纳入以应用型人才培养为目标的转型改革之中。

转型改革涉及多个方面，但教材改革显然居于重要地位。“广播电视学实务系列教材”，就是按照上述精神编撰的。在这套教材中，《实用传播学简明教程》是传播学教材的实用缩略版，它将传播学的基本理论与传播学的若干重要实际应用结合起来，形成了针对应用型本科人才培养的传播学课程体系；《融媒体写作实用教程》顺应传播环境的变化，根据融媒体主流媒体工作岗位对人才能力的需求，将报刊文稿、广播文稿、电视文稿、网络文稿、手机媒体文稿等不同种类文稿的写作教学重新结构，科学安排，吸收最新研究成果，遴选最新成功案例，构建出培养学生具备融媒体写作能力的实用课程体系；《融媒体采访实务》以纸质媒体、广播电视媒体、新媒体共存传播环境下及融媒体机构工作场景中的新闻采访为教学内容，力求构拟出具有与时俱进意义的采访教学课程体系；《电视策划实务》从培养学生具备电视领域的一般策划能力出发，对应电视界的工作现状组织教学内容，按照突出针对性和实用性的要求设计教学程序，具有明显不同于国内现有电视策划教材的特点；《纪实节目讲故事实用教程》，旨在顺应电视领域和网络视听产品领域纪实（非虚构）节目故事化叙事的国际潮流和市场需求，综合经典叙事学、后经典叙事学、叙事心理学和好莱坞实用叙事教学的理论菁华，汲取业界成功经验，结合国内电视节目、视听产品生产实际，结构出培训学生既掌握必要的叙事基础理论，又掌握纪实节目故事讲述基本技能技巧的实用课程体系；《新编摄像实用教程》在传统摄像教材的基础上，增加了高清数字摄像、3D摄像等内容，以及“模拟项目”摄像教学和练习等部分，具有针对性、实用性和前沿性；《实用新媒体简论》照顾到近两年新媒体飞速发展和主流媒体推进新旧媒体深度融合发展改革的现实，根据新媒体教学的新需求，按照实用性的要求，将新媒体的基本原理浓缩，结合新媒体传播领域可能遇到的工作问题，提出分析解决这些问题的基本思路，在理论和实际相结合的格局中，给读者以新媒体领域的智慧启迪。本次修订，编撰者们按照上述思路，在保证教材原有特点的基础上，适当地引入新的内容，吸纳新的信息，尽可能地让教材适应新的时代和新的要求。

由于这套教材的主要编撰者曾经以多种方式，在电台、电视台、报社从事过新闻采编或节目制作工作，从事过广播电视和报纸的采编或管理工作，从事过新媒体平台上的业务工作，又在广播电视本科教学领域从事过多年教学工作，所以他们对传媒业界和广播电视教育界都非常熟悉，对广播电视（视听节目）领域究竟需要什么样的人才非常清楚，对培养出能满足有关职业和岗位要求的合格毕业生需要采用什么方式、使用什么样的教材，非常清楚。多年来，他们一直在寻求能够完全符合自身教学理念的理想教材，但暂时未能如愿。于是，经过反复研究磋商，最后决定自己编写一套合意的读本，于是就有了这套“广播电视学实务系列教材”。这套教材虽然有着现在这个系列名称，但并不意味着它只适合广播电视学专业，因为编撰者们在撰写时就考虑了本系列教材的通用性，加之新闻传播领域各专业又具备相当的共同性，所以可以负责任地讲，所有新闻传播类的本科、专科专业，都可以采用。甚至，各类传媒机构、社会文化公司、政府机构和大型企事业单位的宣传推广部门，也可以利用这套教材进行在职培训。经过本次修订之后，这套教材也能够满足网络新闻信息产品采编和网络视听产品制播的需求。总之，这套教材的前沿性、针对性、实用性、可操作性，保证了它可以满足上述种种方面的需求。

虽然编撰者们非常认真地对待自己的工作，在撰写过程中精益求精，但出于水平、能力、视野等种种因素的限制，这套教材一定还存在不少疏漏和错讹，诚望各位读者不吝赐教，给予批评指正。

最后，我要对四川大学出版社表示衷心感谢，对语言文字编辑部的徐燕主任和各位责任编辑表示衷心感谢。没有他们的辛勤付出，这套教材是难以顺利出版的。

编撰出版各类能够满足应用型、复合型、技能型高级人才培养需求的教材，是我国高等教育领域一项非常有意义的工作。如果我们的努力能够对这项工作有所贡献，我们将感到非常荣幸；如果我们的努力能够吸引更多的同道与我们共同关注、共同投入这项工作，则幸之甚也。

是为序。

冉光泽

2021 年 6 月于成都

【注：作者系四川传媒学院融合媒体学院院长，教授、高级编辑】

序　言

“讲故事”是近些年出现频率很高的热门词语，且涉及范围很广：在商业领域，不乏“营销人员应该学会讲故事”“你需要一个会讲故事的经理”之类的说法，甚至有人为此著书立说；对于推广旅游地品牌的文案，“讲好故事成就品牌”是其基本要求；宣传推广部门把讲故事视为提升软实力的有效手段；在直播带货行业，讲故事成为“圈粉”“引流”的重要措施；讲故事甚至被引入人际交流领域，作为彼此沟通的有效方式。而在广播电视、移动新媒体等领域，做节目、发推文，都要求节目、文稿善于讲故事，这是常态性要求。讲故事不再被局限在虚构创作领域，如小说、戏剧、电影故事片、电视剧等，在新闻传播业界，非虚构领域讲故事能力成为从业人员业务素养的标配，编辑、记者、节目编导、新媒体小编、融媒体从业人员都为讲好非虚构故事殚精竭虑。

为了满足业界对具备讲故事能力专业人才的广泛需求，广播电视学专业作为新闻传播学科的本科专业之一，与其他同属新闻传播学科的专业一样，在人才培养过程中，重要任务之一就是培养学生非虚构领域讲故事的能力。由于与广播电视学专业学生未来工作有关的信息产品形态主要是视听节目，所以我们致力于培养他们在纪实视听节目中讲故事的能力。

尽管“讲故事”是热门词语，但如果去广播电视台或融媒体机构问一下管理讲故事节目的负责人，请他清晰地说明怎样的述说是讲故事，讲故事有哪些要素，一个专业意义上合格的讲故事纪实视听节目应该是什么样的，他们未必能清晰地做出回答。这其实反映了一个普遍的困惑：一方面，讲故事非常重要，专业传媒人每天都与之打交道；另一方面，我们对其知之不多。

业界的这种困惑普遍存在，我们其实也是处于困惑中的一员。这种状况对于高等教育的纪实视听节目讲故事教学来说，构成了严峻的挑战：我们急迫地需要培养学生的纪实视听节目讲故事能力，但现在我们连它是什么都不太清楚，这个教学怎么进行？从2012年开始，我们就将纪实节目讲故事能力，作为广播电视学专业学生毕业时应该具备的基本专业能力来培养，但一直苦于没有一本这方面的教材。我们曾经尝试使用国内现在能见到的几本讲“创意写作”的非虚构写作教材来进行教学，但最终发现“隔行如隔山”，非虚构文稿写作与纪实视听节目讲故事除了基本精神可以互通，其他方面存在很大差异。非虚构文稿写作教材不能直接作为纪实视听节目讲故事教材，我们只能另辟蹊径。

我们启动了针对“纪实视听节目讲故事”课程的教学改革。在教学改革中，我们尝试使用比较成熟的经典叙事学原理和编剧叙事理论工具，结合我国纪实视听节目的实际，构建了一个包含选择具有故事潜质事件、运用情节模式工具、进行情节结构处理、突出人物表现、运用叙事技巧、实现视听表达以及其他相关内容，基本上能够涵盖纪实视听节目讲故事能力培养的课程教学体系。这个体系的架构和其中将理论应用于实际操作过程的部分，体现着我们对一定程度独创性的追求。我们将这套体系在教学中试运行多年，边实践，边充实，边校正，边完善，终于形成了今天的成果。《纪实节目讲故事实用教程》就是这个成果的物化载体。从教材完成之后的情况来看，我们基本实现了“一定程度独创性”的目标。

这本教材的主要特点，是借助有效的讲故事工具，借助得到完备归纳和充分阐释的讲故事方式、方法、技巧，借助结合具体对象进行运用演示的实例，按照一定的流程，将理论和实际运用结合，实施讲故事能力培养教学。对于讲故事这种本事，本教材力图消除曾经笼罩其上的基于天赋和个性优势的神秘色彩，而将其转化为一种可以通过规模化教学获得的专业能力。我们在教学实践中取得的成效，证明了本教材设定的目标是完全能够实现的。由于具有上面提到的特点，这本教材不但适合广播电视学专业的教学，也适合其他专业用于讲故事能力培养教学，当然也可以用于各个领域与讲故事能力培养有关的专业培训。

纪实视听节目讲故事教学是一项需要继承优秀传统、吸纳学术成果、在前人基础上进行创造和创新的工作。因此，在这本教材中，我们学习和借鉴了既有的理论成果和理论工具，使用了一些节目和文稿作为分析对象或案例。按照学术规范，我们均在文内进行了标注，在参考文献里予以列明。在此，谨向为我们完成课程教学目标、构建课程教学体系提供理论滋养和信息支撑的原作者表示深深的敬意和谢忱！

由于我们所从事的编撰工作，一旦进入实际操作部分，便缺乏可资借鉴的对象；而纪实视听节目讲故事这一活动本身，面临的问题又比较多且复杂，因此我们倍感压力。加之水平有限，这也增加了失误的可能性。故此，本教材难免存在错讹。但由于业界飞速发展，人才需求急迫，教学不能滞后，只好勉为其难。我们考虑：大胆推出教材，聊补无米之炊；敬俟方家指点，完善留待来日。

敬祈读者诸君不吝赐教！

作 者

2021 年 8 月

目　录

绪　论

本书探讨的是在纪实（非虚构）电视（视听）节目制作中进行故事化叙事的问题，当然也涵盖纪实性网络视听节目的故事化叙事。为简化叙述，本书在后文涉及“纪实（非虚构）电视（视听）节目”概念的时候，一律使用“纪实节目”。这个概念包含非虚构电视节目和非虚构网络视听节目两个方面。

故事叙事的通俗说法，就是“讲故事”。讲故事是人类最古老的叙事方法，也是最富魅力的叙事方法。《山海经》《淮南子》《韩非子》等中国古代典籍中记载的远古神话故事，如黄帝战蚩尤，后羿射日，鲧、禹治水，精卫填海，刑天舞干戚等，不但透露着那个时代的历史信息，还可以让我们学到不少至今仍旧发挥着作用的故事叙事原理。汉代司马迁首创的纪传体史书，魏晋南北朝的志怪小说和逸事小说、《木兰辞》等叙事诗，唐代传奇小说、变文和参军戏，宋代的话本，元代的杂剧，明代的传奇戏和短篇及长篇小说，清代的戏曲和长篇小说，整个故事叙事的传统一直延续，并影响日隆。在欧洲，由行吟诗人荷马开创的叙事诗传统和由古希腊戏剧家们创造的戏剧传统，经由亚里士多德等人理论上的总结归纳，其影响也一直延续到今天。

20 世纪以来，作为工业文明的成果，电影、电视相继问世，故事叙事获得了新的表现手段。20 世纪末至 21 世纪初，互联网视听节目诞生，数字技术、信息技术、网络技术的发展催生虚拟现实（VR）、增强现实（AR）、混合现实（MR）等应用技术，故事叙事的手段得到极大发展，其影响日益扩大。在此过程中，不但虚构类电视节目或网络视听节目故事叙事的水平不断提高，纪实节目领域也大量采用故事叙事的方式表达内容。本教材所关注的，正是通过纪实节目领域故事讲述原理的介绍和技巧的训练，帮助读者提高这方面的能力。

追本溯源，可以发现，故事叙事的基本智慧肇源于虚构文本的创作，有关理论也以虚构文本为对象归纳总结而成。纪实节目的故事叙事不过是将源自虚构文本的叙事原理和技巧在非虚构领域加以应用而已。有鉴于此，本教材采用如下方式结构内容：

第一，本教材向读者介绍了为什么需要采用故事叙事的方法来进行叙述，故事叙事方法究竟有何价值，故事叙事领域理论研究的概貌是什么，等等。让读者了解这一切，主要目的是使其对故事叙事这种特殊的叙述方法“知其所以然”。在后面我们会介绍一些故事叙事的方式、技巧，并致力于提高读者的故事叙事能力；而掌握一点理论知识，有助于更深刻地理解具体的方式、技巧，有助于形成较强的故事叙事能力，有助于高水平地、充满智慧地讲好故事——毕竟，故事叙事是需要耗费心智的创造性精神活动。在第一章和第二章，我们将致力于阐述这方面的内容。

第二，我们要理解纪实节目故事叙事在内容上的特殊性。任何用来讲故事的内容，都必须具备一定的潜在资质，我们将其称为“故事潜质”。虚构类节目的内容，其故事潜质由作家虚构事件而形成；而纪实节目故事叙事的内容则来自对具有故事潜质的事件的选择和加工。因此，选择具有故事潜质的事件，就成为纪实性故事叙事的前提性、基础性工作。第三章将探讨符合要求的故事叙事事件的选择问题。

第三，我们将详细介绍利用讲故事的方式对具有故事潜质的事件进行叙述处理的问题。这些问题包括情节模式的选择和情节结构的处理，故事讲述中对人物的表现，故事讲述技巧的运用，叙事角度和人称的选择及采用，以及与主题、环境与情景、风格、审美表达、节奏等相关的问题。从第四章到第八章，我们将逐一探讨这些问题。

第四，纪实节目讲故事，最终会落实在视听表现上。在第九章，我们将根据纪实节目的特点，探讨属于视听节目的一些表现方式方法，介绍行之有效的纪实节目讲故事的脚本写作方法。在第十章，我们会探讨叙事提纲的撰写方法。

第五，在前面十章的学习后，读者最终需要将习得的分散的智慧和能力，整合为拍摄制作一个完整的采用故事叙事方式的纪实节目的能力。这种能力需要通过“整合叙事”的练习和实践才能具备。有鉴于此，我们特地安排了一个“附录”。在“附录”中，我们提供了两个整合叙事的示例，供学习者参考、借鉴。

下面，就请跟随我们的思路，踏上对纪实节目故事叙事原理、知识的探索之旅和对纪实节目故事叙事能力的培养、训练之路。

第一章　为什么要讲故事

第一节　讲故事：悠久的传统

讲故事有一个富有学术色彩的称呼叫“故事叙事”。大量资料显示，故事叙事在人类文明中具有悠久的历史传统。在西方，古希腊的荷马史诗和戏剧，都是用讲故事方式创作的著名文本。在中国，从上古典籍中保留的一些古代神话、寓言中，可以发现那个时代也有故事。这些故事，有的表达了人们征服自然以利于我的审美理想。如《淮南子·本经训》所载：

逮至尧之时，十日并出，焦禾稼，杀草木，而民无所食。猰貐、凿齿、九婴、大风、封豨、修蛇，皆为民害。尧乃使羿诛凿齿于畴华之野，杀九婴于凶水之上，缴大风于青丘之泽，上射十日而下杀猰貐，断修蛇于洞庭，禽封豨于桑林。万民皆喜，置尧以为天子。

这是一个英雄战胜怪兽和自然灾难的故事。

有时，故事被古人用来将深奥的道理予以浅显的说明。如《韩非子·外储说左上》中的“郑人买履（鞋）”故事：

郑人有且置履者，先自度其足而置之其坐，至之市而忘操之。已得履，乃曰：“吾忘持度。”反归取之。及反，市罢，遂不得履。人曰：“何不试之以足？”曰：“宁信度，无自信也。”

这是一个虚构的傻瓜故事，用来说明墨守成规的荒谬。

魏晋《搜神记》等志怪小说，《世说新语》等逸事小说，唐代传奇小说和演绎佛经故事的变文，宋代话本小说和戏曲，元代杂剧，明代的短篇、长篇小说和传奇戏，清代包括《红楼梦》在内的长篇小说，等等，沿着历史维度把讲故事的传统逐步推向成熟。近代以来，伴随着新闻出版业的繁荣，报刊连载小说和市场化小说的作者，在谋求市场认同的过程中，通过创作实践不断提高故事讲述的整体水平；而 1896 年电影传入中国，则开辟了采用活动画面讲故事继而综合视听元素讲故事的新天地。时至今日，以视听元素为手段做故事叙事，已经蔚为大观，故事叙事演进到极为繁盛的新时代。

在中国的故事叙事发展过程中，对纪实性题材做故事性处理，有着悠久的历史。人们熟悉的纪传体正史范本《史记》，同时也是纪实题材讲故事的杰出范例。《廉颇、蔺相如列传》里描写蔺相如为了维护赵国利益，与强大的秦国斗智斗勇的故事，令人惊心动魄；《项羽本纪》中"钜鹿之战""鸿门宴""垓下之围"三段文字，简直就是真实版的悲剧英雄史诗段落。

20 世纪 60 年代受到广泛好评的新闻通讯《为了六十一个阶级兄弟》，虽然内容打上了那个时代的烙印，但其在故事叙事上所进行的尝试与该文的成功关系极大。改革开放之初，报告文学《哥德巴赫猜想》风靡一时，产生过巨大影响。这种体裁的基本特点在于用讲故事的方式叙述真实人物或事件，其文学与新闻融合的特征十分明显。

20 世纪末、21 世纪初，故事叙事开始被大量运用到纪实类电视节目的制作中。中央电视台的《焦点访谈》《今日说法》《探索・发现》《走近科学》《致富经》，江苏卫视的《人间》，湖南电视台的《寻情记》，贵州卫视的《取证》，纷纷把讲故事作为节目基本的叙事方法；重庆卫视、四川卫视还曾经把故事叙事作为频道基本特色而融进自身的品牌打造中。到目前为止，除了为数不多的纯新闻节目，国内大部分纪实电视栏目，都走上了故事叙事的道路。

进入 21 世纪的第二个 10 年，随着移动互联网的发展，以手机为主要终端的各类移动应用进入人们的生活，日新月异的技术发展也使虚拟现实（VR）、增强现实（AR）、混合现实（MR）以及人工智能（AI）加快进入视听产品的生产制作而与普通人的生活越来越近，视听形式的故事叙事获得了更丰富的手段和更广阔的发展空间。游戏情节设计就是新形势下故事叙事的重要表现。

如果我们考察历史上和现实中形形色色、林林总总的讲故事文本，就会发现，不管是虚构的故事，还是基于真实题材的故事，都包含一些共同的要素。例如，故事的主人公往往是"麻烦缠身的人物"，故事常常"讲述对于人物的内心世界和幸福具有严重冲击的威胁"，另外，故事"还有另外两位挚友：冲突与悬念”[①]。这些要素我们在后文会详细阐述。

近年来，在研究者的眼中，讲故事的意义和价值远远超出了满足娱乐需要的范畴，而被赋予更为深广的意义。美国学者安妮特·西蒙斯（Annette Simmons）在其著作《故事思维——影响他人、解决问题的关键技能》[②] 和《你的团队需要一个会讲故事的人——用故事思维解决问题》[③] 中，把讲故事的能力看作激励、影响和说服他人的有效工具，讲故事可以广泛应用于广告、营销和商业领域。以色列历史学者尤瓦尔·赫拉利（Yuval Noah Harari）在其畅销书《人类简史——从动物到上帝》[④] 中提出，大规模的人类合作以虚构的故事为基础，故事为人类祖先“智人”开辟了“文化演进”的快速通道，故事因而成为人类文明的基石之一。

由于故事叙事的地位十分重要，讲故事的能力十分重要，所以有大量传授讲故事方法的书籍和教材问世；在这些书籍和教材当中，人们总结了进行故事讲述的种种行之有效的模式、方法和技巧。但在学习过程中，读者往往会提出这样的问题：我们为什么需要讲故事？讲故事为什么会受到读者或观众的欢迎？——我们认为，如果说，掌握具体的讲故事的方法和技巧是解决“知其然”问题的话，回答上面的问题，则是解决“知其所以然”的问题。既知其然，又知其所以然，才能真正掌握故事叙事的奥妙，才能在故事叙事活动中具备一双慧眼，才能对故事叙事的技巧、方式、方法在深刻理解的基础上予以创造性的运用，并具备讲故事能力不断提升、水平不断提高的后劲。下面，我们就尝试着来回答这方面的问题。

第二节　故事叙事的心理学原理

要介绍故事叙事的心理学原理，首先我们得确定什么是故事；明确了这一点，我们才能循着故事本身的信息脉络，去叩开故事叙事所蕴含的心灵奥秘的大门。

---

① ［美］詹姆斯·斯科特·贝尔：《冲突与悬念——小说创作的要素》，王著定译，中国人民大学出版社，2014 年版，第 2 页、第 6 页。

② ［美］安妮特·西蒙斯：《故事思维——影响他人、解决问题的关键技能》，俞沈彧译，江西人民出版社，2017 年版。

③ ［美］安妮特·西蒙斯：《你的团队需要一个会讲故事的人——用故事思维解决问题》，尹晓虹译，江苏凤凰文艺出版社，2016 年版。

④ ［以］尤瓦尔·赫拉利：《人类简史——从动物到上帝》，林俊宏译，中信出版社，2014 年版。

什么是故事？回答可以有很多种，但基本精神和内容大致相同。在这里，我们选择丽萨·克龙（Lisa Cron）的回答：故事应该讲述发生的事情如何影响某个人，而这个人正力图实现一个困难的目标；最终他或她如何变化。如果拆分成大家更熟悉的写作术语，上述这句话可以转化成：

"发生的事情"即情节。

"某个人"即主人公。

"目标"即所说的故事问题。

"他或她如何变化"即该故事本身真正讲述的内容。①

在丽萨·克龙提到的情节中，还包含矛盾、冲突、转折这些要素，而人物往往是我们在前文提到的"麻烦缠身的人物"。

"为什么需要故事"，其实也可以转化为"为什么需要利用上述要素来进行讲述"。下面我们从心理学角度介绍几个有助于解答这一问题的观点。

一、丽萨·克龙采用的观点

丽萨·克龙用两个认知学的观点来说明人们为什么需要故事。

首先，她归纳道："神经系统科学家相信，业已超负荷运转的大脑之所以投入这么多宝贵的时间和空间让我们沉迷于一个故事，是因为没有故事我们就得倒霉了。故事允许我们模拟令人紧张的经历而不必真正亲身历练。……故事也随之演变成我们探索自己及他人思维的一种手段，一场为将来做准备的盛装彩排。"② 按照她采用的观点，人们需要故事，是因为故事允许读者模拟紧张的经历并为未来处理难题提供参考。

其次，丽萨·克龙提道："我们不仅渴望故事，而且对所阅读的故事怀有固有的具体期望……我们在复杂的潜意识里给故事设定了任务——让带有明确目标的某个人置身于越来越艰难的处境，看他如何走出这些困境。当一个故事达到了大脑的标准，我们就会放松下来悄悄进入主人公的角色，渴望着不必离开自己舒适的小窝就能体验一番他或她的挣扎奋斗。"③ 这里，丽萨·克龙认为故事与读者或观众的内心期待有关，故事满足了人们的内心期待，因而引人

---

① ［美］丽萨·克龙：《你能写出好故事——写作的诀窍、大脑的奥秘、认知的陷阱》，秦竞竞译，陕西人民出版社，2014 年版，第 6 页。

② ［美］丽萨·克龙：《你能写出好故事——写作的诀窍、大脑的奥秘、认知的陷阱》，秦竞竞译，陕西人民出版社，2014 年版，第 4 页。

③ ［美］丽萨·克龙：《你能写出好故事——写作的诀窍、大脑的奥秘、认知的陷阱》，秦竞竞译，陕西人民出版社，2014 年版，第 5 页。

入胜。

丽萨·克龙还引述认知科学家的观点指出，读者在接受故事的时候，“其感觉从何而来”这一问题的答案非常简单：“来自主人公。”“……每一件事情发生的时候，让读者知道你的主人公内心深处对所发生的每一件事情有什么反应……当我们完全沉浸在一个故事中的时候，我们自身的意识会消退。我们会把自己当成主人公，感觉着他的感觉，渴望着他的渴望，恐惧着他的恐惧。”她认定这是最重要却又往往被忽略的故事要素。①

丽萨·克龙探讨了故事对于受众的价值并指明了故事被受众接纳在宏观层面的条件，以及读者的感觉来自主人公的现象；但故事要素是如何作用于读者或观众的大脑，从而导致接受者产生喜欢、兴奋等心理共鸣的微观过程，她在著作中并未涉及。这方面，日本学者春山茂雄在《脑内革命》中所提供的心理原理，可以帮助我们认识故事作用于心理层面微观过程的某些奥秘。

二、春山茂雄推介的理论

春山茂雄的《脑内革命》一书，本来是一本从心理学角度探求健康长寿之道的通俗著作，但其所采用的心理学理论及其著作中涉及的几项理论要点，对于揭示故事作用于接受者的心理奥秘，却有启示性的意义。

其一，关于人脑构造和功能的理论，揭示了故事作用于接受者心灵的生理基础。

人的大脑呈三重结构，由“原脑”“大脑边缘系”“大脑新皮质”构成（如图1—1所示）。

① ［美］丽萨·克龙：《你能写出好故事——写作的诀窍、大脑的奥秘、认知的陷阱》，秦竞竞译，陕西人民出版社，2014年版，第45～46页。

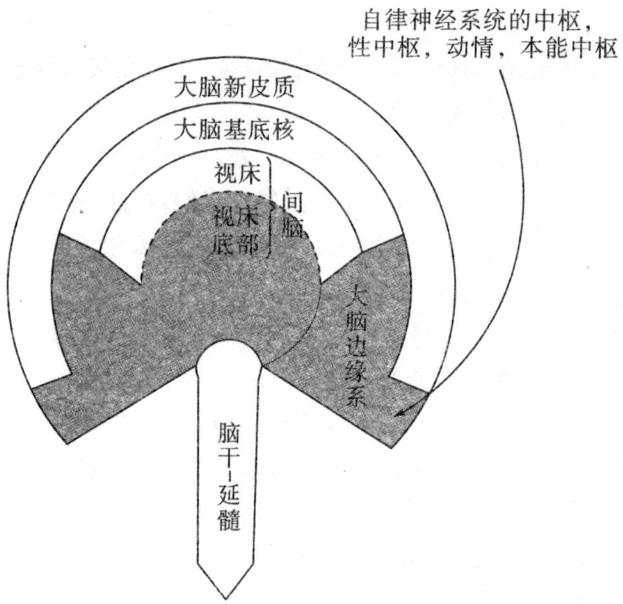

图 1-1 脑的构造①

“原脑”为从脑干至延髓，到视床底部、视床的部分。按照人本主义心理学家马斯洛的观点，原脑掌管性欲、食欲、聚群欲、攻击征服欲、逃跑欲，这是所有动物都有的生理、心理欲望，是动物生命个体得以存活、延续的基本功能，人类也不例外。这是动物大脑的最基本构成部分。由于爬虫类动物只有原脑，所以它又被称作“爬虫脑”。

“大脑边缘系”位于第二层次，将原脑包裹在内。大脑边缘系又称“动物脑”，是猫狗、人类都具有的大脑构成部分。大脑边缘系使猫狗知道对主人驯服，认识自己的家，听见呼唤自己的名字而做出反应，还能感知主人的情绪变化。由于这是原始哺乳类动物才拥有的脑结构，所以它又被称作“猫狗脑”。

“大脑新皮质”位于第三层次，人类之所以成为万灵之长，就是因为具有发达的大脑新皮质。大脑新皮质赋予人类思考、判断、理性等超越其他动物的高级智慧能力，故其又被称作“人脑”。

大脑的三个构成部分，在人类个体的整个生命活动中所占的比例是不同的。通常，大脑新皮质所掌管的高尚的思想这一部分，只占大脑工作量的5%，其余95%的工作量，由吃喝、求爱、摆脱威胁、战胜对手、占有财物等让欲求得到满足的活动占据。这就是人类的本性。

---

① ［日］春山茂雄：《脑内革命》，赵群译，江苏文艺出版社，2011年版。

春山茂雄使用马斯洛的“欲望阶段论”（需求层次论）来说明大脑各层次功能与人类个体欲望的对应关系。马斯洛将人类欲望分为五个层次：

第一层次：生理需求

第二层次：安全需求

第三层次：社交需求

第四层次：尊重需求

第五层次：自我实现需求

在第一层次和第二层次，为满足饮食男女的欲望和求得自身安全的欲望，更多地依赖原脑的功能。

当生理需求和安全需求得到满足之后，人就会产生以某种形式、作为社会一员而存在的需求，这时的欲望就进入第三层次了；当第三层次的需求得到满足，人又会产生自尊心和被他人承认、拥有比别人出类拔萃的能力的欲望，当这种欲望以获得表彰、名声、地位、评价等方式得到满足之后，人的第四层次的需求也就实现了。大部分的人，只能实现第三层次需求的满足，少数人能够实现第四层次需求。而能够进入第五层次，满足“自我实现需求”的人，实在是凤毛麟角。在满足第三层次、第四层次和第五层次需求的过程中，大脑边缘系和大脑新皮质发挥着重要作用。

由于人类的大脑新皮质过于发达，在进化过程中，又分化为左半球（左脑）和右半球（右脑）。左脑掌管语言、计算和逻辑，也参与感情处理（感情受价值判断左右），右脑司职创造性、直觉能力和认识图像的功能，并通过形象思维去认识事物，也参与感情的处理。左脑和右脑由一条被称为“脑梁”的神经束连接着，脑梁在左脑和右脑之间传递信息，完成思维活动。例如，如果一个人左脑损伤，右脑健全，看见“勺子”，就能知道那是什么，并且能够准确地画出来，但说不出“这是勺子”的话语；而如果人的右脑损伤，左脑健全，则能够马上就说出“这是勺子”，但画得乱七八糟。想一想确实如此，我们在生活中经常有这样的感受：“道理我都明白，也很正确，但我感情上难以接受”——这其实就是左脑、右脑面对外界事物在“打架”。左脑做出价值判断“这是正确的”，右脑被直觉、图像和形象思维困扰，分泌着负面的激素，令人不快，于是就出现这种矛盾现象。

故事叙事活动，主要通过图像、直觉、唤起形象思维的方式作用于人的右脑，其心理基础就在于此。我们在后面的章节将详细探讨这个问题。

其二，大脑活动中脑内吗啡的快感激励作用，揭示了故事叙事活动在接受者那里唤起情绪反应的本质。

春山茂雄的《脑内革命》一书，纵贯着一个核心概念“脑内吗啡”，这是让人心理上获得快感的二十多种激素的统称。这些激素通过刺激人脑获得快感，来奖励对人体和种族繁衍有利的行为。当人们享受美食，品味爱情，获得成功，甚至为他人和社会做出奉献、帮助了别人因而获得肯定时，人脑都会分泌脑内吗啡，从而让人从心理上处于一种愉快、满足的状态。

脑内吗啡这类激素与毒品吗啡的化学方程式非常相似，其一旦分泌，就会引起快感，但脑内吗啡因其结构特殊而在分泌后很快会被消耗掉；毒品吗啡则鱼目混珠，冒充脑内吗啡让人感受到短暂的快感，但它会成瘾，会危害人体，并导致正常的脑内吗啡不再分泌，从而让人在不使用毒品的时候，堕入极其痛苦的深渊。脑内吗啡与毒品吗啡有本质不同。

与人的心理活动有关的，除了引发快感的激素，还有作用于激发人心理上的特殊状态而让人不快的激素。春山茂雄引述心理学原理表示，当人处于紧张、生气状态的时候，大脑会分泌去甲肾上腺素；当人处于恐惧状态的时候，脑内会分泌肾上腺素。这两种激素都具有一定的毒性，能使人血压升高，处于焦虑、敏感、紧张状态。估计这两类激素的作用在于让人体对外界的危险、压力等不良刺激保持紧张应对状态，显然，这对于人类个体的生存是必需的，但带给人体的感受是难受的。

当人处于紧张工作状态之中，人脑还会分泌叫作“多巴胺”的激素，这种激素让人处于亢奋状态，激发热情，被称作斗争激素。

几乎所有激素都有对它的抑制（负反馈）机制：当去甲肾上腺素和肾上腺素分泌过量时，人体会分泌一种特殊的血清素，来抑制其作用。多巴胺过量分泌会导致疲惫，最后人体会出现对目标激不起兴趣的消极反应。脑内吗啡分泌之后，通常会有叫作“卡巴”的物质来抑制。例如，饥饿的人有强烈的食欲，此刻享受美味会觉得食物鲜美异常——这就是脑内吗啡的快感机理对进食行为的奖赏；但吃饱之后，卡巴就出面了，这时再遇到美味，人们就提不起兴趣。性爱也是一样。但有一个例外，这就是“当人的最高级脑，即脑的前额联合区（如图 1-2 所示）受到刺激，脑内吗啡分泌出来的时候，不知为什么，这个负反馈却不工作，脑内吗啡仍然一味纵情地分泌。”[①] 这种现象的产生基于什么原因，至今未明。估计这是人类的生命机制对于人类个体为种族繁衍生息做出贡献的行为所施予的奖励吧。

---

① ［日］春山茂雄：《脑内革命》，赵群译，江苏文艺出版社，2011 年版，第 26 页。

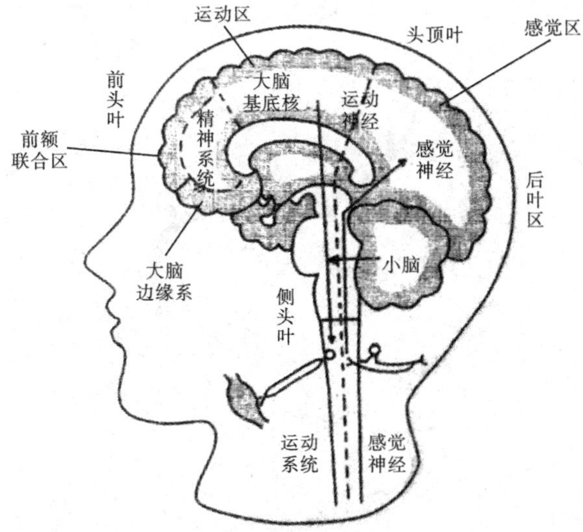

图 1−2 人脑前额联合区示意图①

心理学研究表明，大脑分泌脑内吗啡的时刻，也是心情感到愉快的时刻，这个时刻通常是右脑在活动，此时检测得到的脑电波主要呈 α 波形。

上面简单介绍的心理原理进一步说明了故事叙事活动唤起接受者心理效应的本质，也揭示了故事叙事的那些方法和技巧为什么要以某种特定的方式出现。

其三，A_{10} 神经的功能。

由于故事叙事涉及娱乐与审美的结合，涉及复杂的心理快感奖赏机制，所以我们还有必要提及《脑内革命》重点介绍的 A_{10} 神经。A_{10} 神经又称快感神经，受到外界刺激的时候，A_{10} 会让人产生快感；掌控 A_{10} 神经的关键物质，是脑内吗啡中的 β−内啡肽，这是一种强烈的快感物质。之所以要特别地提及这根近 20 年前才发现的新神经，是因为这根神经所掌管的区域，既包括控制性欲、食欲、调节体温等非常原始的大脑部分，也连接到运动、学习、记忆等控制部分，最后一直延伸到控制人类高级精神活动的大脑以及前额联合区（如图 1−3 所示）。春山茂雄感慨道："如果人的 A_{10} 神经，只停留在对食欲和性欲产生快感的原始脑阶段，那么人类恐怕就不会进化到现今这样高级的水平了——这根原始神经真是奇妙得很，竟然钻进了人类才有的高级大脑中，参与了大脑几乎所有的重要功能活动。"②

① ［日］春山茂雄：《脑内革命》，赵群译，江苏文艺出版社，2011 年版。
② ［日］春山茂雄：《脑内革命》，赵群译，江苏文艺出版社，2011 年版，第 153 页。

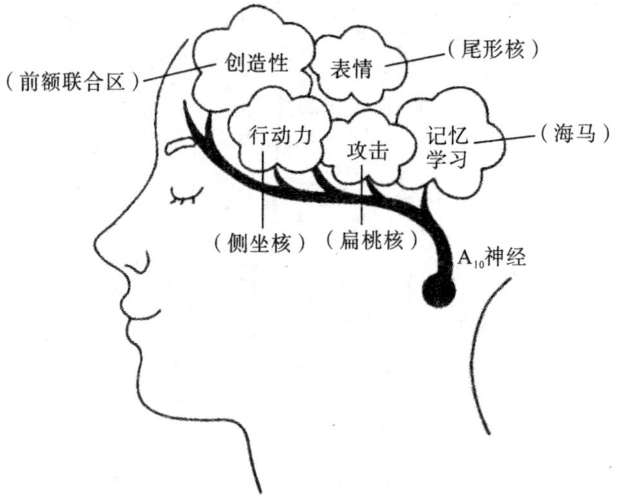

图 1－3　A_{10}神经与精神活动示意图①

A_{10}神经奥秘的发现，对我们处理故事叙事活动中娱乐和审美的关系，回答为什么具有审美价值的故事文本拥有更为强大的生命力这一问题，提供了有力的理论支撑。

上面简单介绍的春山茂雄推介的心理学原理，对于我们深入理解故事叙事活动中的一系列问题非常有价值。从上述理论出发，我们可以发现，截至目前人们所掌握的讲故事的方法、技巧，其实就是巧妙地利用人们的心理机制，通过选取特定题材、采用特定方法的叙述，来影响和激活大脑快感，从而增强叙述魅力的充满智慧的活动。

三、精神分析学说的贡献

奥地利精神分析学家西格蒙德·弗洛伊德于 1900 年出版了他影响巨大的著作《梦的解析》（又译作《释梦》），从而正式创立了精神分析学。其后，他又写作了大量文章和书籍，逐步完善自己的学说。精神分析学说主要包括“无意识理论”“本能论”“泛性论”“梦论”“人格论”等。其中，梦论为精神分析学说奠定了基础，无意识理论是其学说的核心。20 世纪以来，虽然对该理论的社会评价毁誉参半，但不可否认的是，其学说曾经引起极大反响，对大众文学创作和商业电影生产影响尤其巨大。

无意识理论是关于人的心理结构的假说。“弗洛伊德最初认为，心理是由

① ［日］春山茂雄：《脑内革命》，赵群译，江苏文艺出版社，2011 年版。

无意识、潜意识和意识组成的一幅图画。然而，随着他的性心理发展理论的出现，他发现，这一图画作为一套理论也委实简单了点。后来，他开始以本我、自我和超我的三重状态来对之进行了重新描述。这些东西不是任何物质上或形而上学意义上的概念，只是一组或一串实现不同功能的心理过程。”[①] 在弗洛伊德描述的人的心理结构中，“‘本我’包含了所有原始的遗传的本能和欲望，宛如‘一口充满着沸腾的激动的大锅’，其中最根本的是性欲冲动，即所谓‘性力’（力比多 Libido），它为各种本能冲动、欲望提供力量，是人的整个精神活动的基础和源泉。‘自我’所代表的是理性和判断，它既要满足‘本我’的要求，又要使之符合‘现实’，调节二者之间的冲突。但‘自我’并不能脱离‘本我’而独立存在。它不仅为‘本我’服务，而且必须依靠‘本我’提供的能量来活动。‘超我’则代表一种对本我的道德限制（即良知），与‘本我’处于对立地位，它不仅使‘本我’推迟得到满足，而且使之不能得到满足，它指导‘自我’去限制‘本我’的冲动。在一般情况下，‘本我’‘自我’‘超我’三者处于平衡状态，而它们之间的关系失调就是人的一切行为失常的根源”[②]。精神分析学说后来发展为精神分析心理学派，在这个领域里聚集着卡尔·荣格、阿尔弗雷德·阿德勒等认同精神分析学的某些原理，但又有着各自独特理论建树的学者。

弗洛伊德是一位精神病科的医生，他在从事治疗的过程中，需要有一种方法来打开患者的内心深处，发现其内在的精神活动情形，以便对症施治，解除疾患。他采用的主要方法是让病人无保留地将梦境告诉医生，从而在其梦中发现病人深层次精神活动隐蔽的、经过伪装的真实信息。最后，他发现了一个规律：“梦代表着事物的一种特别状态，即按照我所希望的样子表现出来的状态。因此，它的内容是某种愿望的满足，动机则是那个愿望”[③]，这就是著名的“梦是愿望的满足”论断。当然，很多时候，人的梦经过了伪装，但只要经过有经验的专业精神病医生分析、破解，就能发现其中包含的真实含义。弗洛伊德结合对 1000 多例患者的分析，完成了《梦的解析》一书，并于 1900 年出版。该书集中地详列了他对“梦”的案例的解析，也阐述了梦论的主要内容。

按照精神分析学的观点，越是文明社会，体现文明力量约束的心理结构“超我”对“本我”的压抑越是严重，“本我”得不到合理的宣泄、纾解，就会

---

① ［美］墨顿·亨特：《心理学的故事》，李斯、王月瑞译，商务印书馆，2008 年版，第 165 页。

② ［奥］弗洛伊德：《弗洛伊德心理哲学》，杨韶刚等译，九州出版社，2008 年版，出版前言，第 1~2 页。

③ ［美］墨顿·亨特：《心理学的故事》，李斯、王月瑞译，商务印书馆，2008 年版，第 149 页。

导致当事人罹患心理疾病甚至生理疾病。因此，通过做梦来实现愿望就是宣泄备受压抑的“本我”，从而实现内心精神结构平衡的有效途径。当夜梦不足以宣泄压抑，就继之以白日梦；白日梦不足以宣泄，就继之以文学艺术。在《创作家与白日梦》（又译作《诗人与白日梦》）这篇文章中，弗洛伊德选择了大众文学的作家作为分析对象（即“那些不那么自负和清高的传奇作家、长篇和短篇小说作者，但他们拥有广泛的男女读者群”），然后他写道：“这类作者所创作的作品有一个极为明显的特征，每一个读者也都能从中觉察到，这些作品中大都有一个引人注目的英雄，作者总是使用一切可能的手段，来赢得读者对这个英雄的同情和尊敬，而且总是使他受到特殊的保护。如果在第一章结束时，这个英雄因受重伤而血流不止，以至失去知觉，我们准得会在第二章开始时发现，他受到了细心周到的照顾，健康也逐渐得到恢复；如果第一卷结束时，书中英雄在海上遇到风暴，他所乘的船触礁碎裂，第二卷开始时，他必定是在千钧一发时得到拯救。如果不是这样，整个故事便无法继续下去。我们总是怀着一种安全感随同主人公度过千难万险，……对于英雄所怀有的这种安全感，一个优秀的读者曾用这样一句话加以表达，即‘我永远不会出事’；然而在我看来，英雄怀有这样一种‘刀枪不入’的感觉，说到底还是‘自我陛下’（引者注：即‘自我中心’之意）的暴露。一切白日梦和一切小说和故事中的英雄，都是这个‘自我陛下’的变种。在这样一些以‘自我’为中心的故事中，还有其它一些特征，揭示出同样的关系，例如，在这些故事中，总有一个美貌的女子与其中的英雄相爱。这种情节当然不是在描写现实，谁都知道，这种情节乃是每一个白日梦的基本组成部分。”① 弗洛伊德把大众文学与白日梦画上了等号，把读者欣赏大众文学作品定义为经历一场白日梦的过程，从而实现“愿望的满足”。弗洛伊德写道：“文学欣赏的实质就在于是我们内心的紧张得到放松和释放，造成这种效果的绝大部分原因，也许是因为作家将我们置于这样一个境地，我们能够欣赏自己的白日梦，同时又不感到为难和羞耻。”② 弗洛伊德的这个观点对后来的大众文学影响很大，尤其对好莱坞的电影生产影响巨大，这甚至为他本人所始料未及。1909 年弗洛伊德在纽约第一次观看电影时，好莱坞杰出制片人、影界巨擘高温，就通过英国精神分析学家琼斯，以 1 万美元的酬金邀请弗洛伊德参与一部爱情故事片的拍摄，他却以“不能相信他的抽象

---

① ［奥］弗洛伊德：《诗人与白日梦》，罗生译，收入《性学与爱情心理学》，百花洲文艺出版社，2009 年版，第 96～97 页。

② ［奥］弗洛伊德：《诗人与白日梦》，罗生译，收入《性学与爱情心理学》，百花洲文艺出版社，2009 年版，第 99 页。

理论能以电影的形式表达出来”为理由，断然拒绝。然而，1925 年诞生的一部“精神分析”影片《一个心灵的秘密》，只用了弗洛伊德理论的三招两式，便大获成功。之后，好莱坞在走向“梦工厂”的过程中始终都有精神分析学说的影响。[①]

好莱坞的制片人具有文化产业商人的特殊敏锐，他们最早发现了弗洛伊德学说对商业电影的价值；而文化和美学研究者也发现了其学说与电影的特殊联系。美国哲学家、美学家苏珊·朗格（Susanne Langer）说：“电影与梦境有某种联系，实际上就是说，电影与梦境具有相同的方式。”[②]

精神分析学说对于大众文学尤其是商业电影在故事叙事方面的价值，在于把讲故事的过程看作创造白日梦、引发读者和观众产生白日梦共鸣，从而帮助接受者宣泄本我压抑、满足其内心深层欲望，由此获得精神快感的动态过程。这相当于直接将故事讲述活动导向为人类深层心理欲望提供满足的路径，其产生巨大而广泛的影响也就不足为奇了。

在后面的内容中，我们会结合本节所介绍的理论观点，针对具体问题，做详细的阐述。

第三节 故事叙事的若干基本理念

在故事叙事的过程中，有一些不言而喻的基本理念。千百年来，创作者就按照那些基本理念从事故事叙事。在有了第二节的相关心理学理论要点的介绍之后，我们可以对这些故事叙事的基本理念进行心理学意义上的阐释，这对于我们后面掌握具体的故事叙事方法、技巧，有着加深理解的意义。

一、故事叙事的本质是满足人们的内心欲望

通常，故事叙事的基本要素包括发生的事情如何影响某个人而令其遭遇麻烦，这位麻烦缠身的人物力图实现一个困难的目标，在这个过程中，人物要么克服来自环境和内心的障碍，要么与对手作战，在矛盾状态下与他人或环境，或内心的对抗力量发生冲突，最终他或她在情节转折的同时，实现自身性格的变化。这个过程实际上是激活读者或观众内心欲望并满足之的过程。其机理是这样的：

---

① 参见宋家玲：《影视叙事学》，中国传媒大学出版社，2007 年版，第 227 页。

② 彭吉象：《影视美学》，北京大学出版社，2002 年版，第 336 页。

故事叙事者虚构或遴选特殊的事件，这类事件通常是故事接受者渴望经历却在现实生活中无法经历的，或者是十分不愿意经历却又乐于看到别人去经历、从而打破生活平庸的，总而言之，是想而不能的事件。对于这类事件，故事叙事者采用特殊的方法令读者或观众对主人公产生情感倾斜，并令故事接受者将自己的情感代入到主人公身上，关注主人公命运；当主人公遭遇困境的时候，读者或观众与主人公一道经历压抑的心路历程和情感波动，这时，读者或观众大脑内开始分泌去甲肾上腺素、肾上腺素和多巴胺，内心充满焦虑、紧张和不安，这是一种难受的内心体验。当主人公最后通过自己的努力，战胜了对手，克服了环境障碍，摆脱了自己内心的软弱，获得了辉煌的胜利，赢得了成功、友谊、爱情等奖赏，事件进展到发生逆转的那一刻，故事接受者会与主人公产生共鸣。在分享主人公喜悦的基础上，大脑首先分泌中和血清抑制去甲肾上腺素和肾上腺素，消除焦虑感、恐惧感；继而分泌脑内吗啡，在接受者大脑中催生欣快感，想而不能的欲望得到满足。凡故事讲述，大都遵循这个机理。当然，在不同创作方法的范畴里，这种内心欲望满足机理的发挥，具体情形有所不同，但总的趋势、基本模式是一致的。

在通俗性大众文学及影视、游戏等大众文学衍生产品领域，创作者的全部关注点都放置在对接受者内心欲望的满足上，这些领域的故事叙事具有最纯粹的欲望满足特性。在这个领域，能够取得巨大成功的、值得嘉许的做法是，将审美追求与欲望满足结合起来，因为唯有唤起人脑前额叶区（与审美情感、高尚情感有关的区域）的兴奋，才能让接受者获得永恒的、深沉的、撼动人心的快感。

在现实主义文学创作领域，创作者关注的是所讲述的故事对社会生活某种本质的揭示，关注故事形象体系对生活的典型化反映。但创作者首先要保证自己故事讲述成功，才能够实现上述目标，这是文学创作的本质所决定的。因此，从根本上来说，即便是在现实主义文学创作领域进行故事叙事，也不可能完全拒绝故事叙事的欲望满足特性。

在纪实节目故事叙事领域，节目的意义由事件真实性决定，故事叙事更多的是工具层面的考虑：通过故事叙事，让观众享受故事消费的过程，在故事意义前定的基础上，吸引更多的注意力。按照这一界定，显然应该在故事叙事过程中尊重满足观众内心欲望的叙事机理。概括地表述，即“真实题材加上满足欲望的故事讲述方式”，这应该是纪实节目故事叙事的理想状态。

二、故事叙事视矛盾冲突为核心要素

古希腊的戏剧家们从创作实践中发现了“没有矛盾就没有戏剧”这一规律，那是因为，观众买票进入剧场，面对人物表演舞台，一旦台上没有了矛盾冲突，观众立马就会失去兴趣，离开剧场。剧场是严酷的实验场所，戏剧艺术家们从中得出了亘古不变的结论。古往今来，不但戏剧艺术家们这样认为，从事故事讲述的人也都知道，他们有一句行话“顺不是故事，不顺才是故事”，意思就是没有矛盾冲突，就没有故事。为什么会这样？前述心理学原理给了我们答案。

当故事中的人物没有矛盾，一切顺顺利利，故事接受者的大脑里也会波澜不惊，既没有去甲肾上腺素、肾上腺素、多巴胺分泌带来的焦虑、紧张和不安等难受体验，也没有情节转折之后脑内吗啡分泌所带来的快感，这与平庸的日常生活带给人们的体验相同。可以想见，这样的故事一定不会令人喜欢。

矛盾是故事中人物与人物、人物与环境和社会力量、人物内心两种相异动机、欲求、意念彼此对立的格局；冲突是矛盾激化、两种对立的因素迎头相撞的状态。所以，好的故事不但要有矛盾，还要有可见的或可感知的冲突，并且矛盾愈尖锐愈好，冲突越激烈越佳。道理无他：尖锐的矛盾冲突导致接受者体内分泌大量的去甲肾上腺素、肾上腺素和多巴胺，使故事接受者十分紧张、焦虑、不安，有了这样的铺垫，继之而来的朝向胜利、成功的转折所唤起的脑内吗啡分泌，就更能在对比中唤起强烈的快感，犹如经历过严冬的人更能感受到春天的温暖。好莱坞编剧理论在高概念动作故事片编剧理论中，特别强调在处理矛盾冲突时，要“将英雄放到绞肉机里去绞”，要在最后胜利到来之前让主人公经历故事中最黑暗的时刻，然后情节反转，主人公绝境反击，一举成功。这其间的心理机制正是依循上面介绍的心理学原理。

三、理解人物内心的反应是读者与主人公实现共鸣的重要前提

要实现满足欲望的故事叙事，读者或观众对主人公的情感及情绪代入是必不可少的。只有实现了代入，故事接受者才能认同故事，并将故事视为可供自己借鉴的人生案例，继而关注人物命运，随主人公命运波动产生情感共鸣。这样，满足欲望的故事叙事所企求的效应，才能顺利激活。

理解人物内心的起始点在于理解人物行动的动机。好莱坞编剧理论强调通过激励事件来触发主人公的动机，就在于用这种方式触发的动机非常易于观众理解和接受。动机是主人公内心深处对所发生事件的第一个反应，这符合丽

萨·克龙引述的认知心理学原理。除了动机，主人公面对矛盾冲突的态度、选择、行动、转变等因素，也基于其内心反应，这些元素在故事叙事中呈现，能保证读者或观众沉浸在故事情景里。“当我们完全沉浸在一个故事中的时候，我们自身的意识会消退。我们会把自己当成主人公，感觉着他的感觉，渴望着他的渴望，恐惧着他的恐惧——我们如实地反映出他的每一个想法，……看书会这样，看电影也会这样。”① 一旦出现这样的效应，读者就实现了对故事主人公的心理代入，故事叙事的良好效果便呼之欲出。

四、两极价值的转折是故事的基本价值所在

这是一个关于故事性或者故事的基本价值是什么的命题。不管是复杂的故事还是简单的故事，都包含一种故事成其为故事的基本价值，或者被称作促成故事性的元素，这个基本价值或元素就是“转折”。完整地讲，这是一种发生在“两极价值”之间的转折。美国影视编剧教育家罗伯特·麦基在论述故事事件和冲突的关系时提出：“故事事件创造出人物生活情景中有意味的变化，这种变化是用某种价值来表达和经历的，并通过冲突来完成。”他把这“某种价值”称作“故事价值”，它是指一些人们生活中经常能够体验的两极状态，如：生/死、爱/恨、自由/奴役、真理/谎言、勇敢/懦弱、忠诚/背叛、智慧/愚昧、力量/软弱、兴奋/厌倦，等等。② 用通俗的话来说，所谓故事性，是通过冲突来完成的人物命运上的、情节发展过程中的两极价值的转折。这个概念有助于我们在故事化叙事的时候把握冲突与情节的关系。可以这样说，只有包含了由冲突引发转折的情节，才能够被选择进入故事叙事的视野；而我们对情节的安排和处理，关注的重点之一，是凸显和强化因冲突引发的那些包含“两极价值”转折的事件环节，由此形成了我们安排和处理情节的完整概念。在好莱坞编剧教学中被频繁使用的“电影弧”（movie arc）或“故事弧”概念，指的就是电影故事情节中按照先后顺序出现的由正到负或由负到正的价值转折。

按照罗伯特·麦基的观点，除了情节需要包含两极价值之间的转折，故事中的人物也需要经历自身命运、性格上的两极价值之间的转折。一个人物不能在一个电影故事中从开始到结束一成不变，而要在他（她）身上发生位于时间轴上的价值转折。例如：一个开始懦弱的人物，在结尾时变得勇敢；一个有社

① ［美］丽萨·克龙：《你能写出好故事——写作的诀窍、大脑的奥秘、认知的陷阱》，秦竞竞译，陕西人民出版社，2014 年版，第 45～46 页。

② ［美］罗伯特·麦基：《故事——材质、结构、风格和银幕剧作的原理》，周铁东译，中国电影出版社，2001 年版，第 41 页。

交恐惧症的人物，在结尾时广结人缘。好莱坞编剧专门有一个概念来指称故事中人物的这种变化，叫“人物弧（arc）”。

故事中的转折还发生在人物关系方面。美国电影短片编剧教学专家克劳迪娅-亨特·约翰逊（Claudia Hunter Johnson）提出，冲突只是电影故事中叙事逻辑的“纵向”关系，但在故事中还存在“横向”的关系，这种横向关系指的是角色与角色之间关系的建构和破坏，这是故事情感因素的主要来源。[①] 这种故事人物之间，在关系方面“建构/破坏”“陌生人/友人（恋人）”之间两极价值的转折，可以命名为“人物关系弧”。

从上面的介绍可以看出，一个符合要求的完整的故事，应该在情节、人物、人物关系三个方面经历用两极价值标注的转折。一些短小的故事，通常难以展开完整的冲突，但当它被人们看作一个故事，则至少要包含一次两极价值间的转折。这从另一个角度证明了在很大程度上，故事的价值或者说故事性，其实就在于包含在故事中的两极价值间的转折。

五、有审美追求的欲望满足故事叙事是理想的叙事模式

在故事叙事实践中，大量成功的文本向我们昭示：既满足读者或观众的个人欲望，又包含审美追求的故事文本，才具有震撼心灵、永恒流传的价值。《金瓶梅》远不如《红楼梦》动人；同样是网络 IP 改变的电视剧，《琅琊榜》里的复仇故事因其包含人本主义思想和崇高的爱情描写，其审美价值远远高于单纯表现争宠弄权、钩心斗角的宫斗剧；毁灭和杀伐的原始本能满足只有在反抗侵略、打击恐怖分子的背景下，才会引发观众广泛共鸣。诉诸精神满足的爱情，为群体利益而甘愿牺牲自我，对友谊的理想化表现，对美好生活的浪漫描述，对正义战胜邪恶的热情讴歌——所有这些合规律与合目的性的，引发美好想象和情感共鸣的故事创作，都可以归入审美追求。

按照前述心理学原理的揭示，由于 A_{10} 神经对大脑由低到高各功能区的连接和脑内吗啡的分泌特点，满足原始欲望的故事叙事固然能够引发脑内吗啡的分泌而让故事接受者感受到精神快慰，但满足人类高层次的自我实现欲望，同样能够使人由脑内吗啡分泌而获得快感；更由于掌管审美思维的大脑前额叶区域分泌脑内吗啡没有限制，包含审美追求的故事能够使人获得震撼心灵的、持久的愉悦。在故事叙事中规避单纯的低层次欲望满足，将欲望满足与审美追求结合起来，不仅是社会禁忌衍生的道德要求，也能从心理学层面找到依据。

---

① ［美］克劳迪娅-亨特·约翰逊：《短片剧本写作》，余韬译，世界图书出版公司，2017 年版。

六、展示，而不是告诉

在故事叙事的各类专著和教科书中，不同作者反复强调同一个观点：要展示，不要告诉。它的意思是，不管是用文字叙述，还是用视听元素表现，故事叙事需要用具体可感的形象、生动鲜活的细节，将情节、人物、环境展示、呈现出来，而不是通过语言告诉人们。例如，“杰克把露丝留在救生艇上，为了让救生艇不致因过重而沉没，自己留在了冰水之中，用尽全力说：‘你要好好地好活下去’，言毕，逐渐冻僵，沉入冰海之中”，这是展示；“杰克非常爱露丝，在生死关头他选择让露丝活下去”，这是告诉。“展示”提供形象，可以激活右脑的功能；而“告诉”依赖语言，主要激活左脑的功能。前面介绍的心理学原理告诉我们，右脑的激活才能分泌脑内吗啡，让人产生欣快感；因此凡是旨在激发人的精神愉悦的活动，从浅层次的娱乐，到高层次的审美，都需要通过激活人的右脑来实现，而通过形象来展示，恰恰是激活右脑的有效措施，这就是故事叙事中强调“展示”排斥“告诉”的深层次原因。这个道理对国内纪实节目的故事讲述至关重要。过去，国内某些电视人拍摄制作人物专题或事件专题片的时候，往往有一个套路，即不采用故事叙事的方法，而是照搬人物事迹文字材料或者事件总结报告，用冷漠的“告诉”语言配上没有事件过程、没有生动细节、没有情感内涵的画面，“画”敷衍“声”（解说）而成节目。这样的节目当然索然无味，令人难以接受。这样的节目采用的摄制方法，严格说来是违背电视媒介本性的。电视节目声画手段丰富，结合故事叙事，通过具有叙事魅力的形象“展示”，作用于观众的右脑，从而唤起愉悦的观赏体验，这是电视拥有的得天独厚的条件，前述那种制作方法却放弃了这种优势。

在后面的章节中，我们会逐层深入，详细介绍纪实节目故事叙事的理念、方法、技巧，而这一切，既源于对人类故事叙事丰富经验的总结，也源于对心理学揭示的人脑接受外界信息的特征和规律的尊重。

思考和练习

一、根据你的观赏或阅读经历，选择一个你认为故事性强的作品，分析其中包含的故事要素。

二、结合实例，谈谈你对马斯洛“欲望五阶段”（需求层次论）的理解。

三、人的大脑由哪三部分构成？各部分的功能是什么？

四、人的大脑左半球（左脑）和右半球（右脑）有什么分工上的不同？故事叙事与读者或观众的左脑还是右脑关系密切？

五、脑内吗啡是一种什么物质？它与人的什么感觉有关？
六、A_{10}神经是什么样的神经？它负责心理上的什么感觉？
七、为什么我们提倡有审美追求的满足欲望的故事叙事？

第二章　讲故事的理性工具：故事叙事理论

第一节　故事叙事理论概览

讲故事的历史悠久，对怎样才能讲好故事的探索也历史悠久，后者积累到一定程度，就形成了故事叙事理论。故事叙事理论是对讲故事规律、模式、技巧、做法的理论总结，它是讲好故事的理性工具。

对故事叙事的研究，早在2300多年前就开始了。古希腊思想家柏拉图（前427—前347年）在其重要的对话体著作《理想国》中，就探讨过故事叙事的问题，在第三卷中提出了故事的形式或风格包含“纯粹的叙事”和“摹仿”（模仿），并探讨了摹仿的若干问题。[①]

柏拉图的学生亚里士多德在其《诗学》中，研究了“摹仿的诗”——戏剧的故事叙事问题，他的观点对后世的戏剧创作和好莱坞电影创作影响甚大。例如，亚里士多德根据戏剧故事叙事的特点，强调情节的重要性，认为“情节即人物”，人物性格只能通过情节来表现（作者注：后来一些文学研究者离开戏剧的特定范畴来看待这一观点，做出了否定性评价，这是没有把握戏剧故事叙事特点导致的偏差）。他还将悲剧看作一个“完整的动作”，而完整意味着包括“开始、中间和结束”，这是对于戏剧三段式结构的最早描述。后来影响甚大的好莱坞编剧教学专家悉德·菲尔德所提倡的电影编剧的“三幕式结构”就来源于此。

到了20世纪，研究讲故事的专门理论叙事学产生了。下面简单介绍一下这方面的情况。

---

① ［古希腊］柏拉图：《理想国》，郭斌和、张竹明译，商务印书馆，1986年版，第94～102页。

一、叙事学

（一）叙事学的基础和前提：结构主义语言学与结构主义

说到叙事学，就不能不提到索绪尔的结构主义语言学。

瑞士语言学家索绪尔的理论集中地反映在他的学生根据其讲课记录整理的专著《普通语言学教程》一书中。索绪尔的贡献之一是阐述了四组关系性差异：

一是历时语言学和共时语言学的关系和差异；

二是“语言”和“言语”之间的关系和差异；

三是语言系统中“纵聚合”和“横组合”之间的关系和差异；

四是语言符号中“能指”和“所指”的关系和差异。

索绪尔认为：语言从严格意义上讲，是一个符号系统，它由“任意的”和“差异的”符号所组成；而任何语言符号又由“能指”（音响或书写形式）和“所指”（概念）组成。[①] 在索绪尔的概念体系里，“语言”和“言语”对后来叙事学的启发尤其大。所谓“语言”（la langue）是一个包含语音、词汇和语法的系统，它是一套包含规则、组件和功能的符号系统；而“言语”（la parole），则是在语言系统基础上进行的个体的言说。索绪尔语言学认为“语言”高于“言语”，关注重点是语言符号系统的结构元素和组合原则。[②]

索绪尔本人并没有采用“结构”和“结构主义”之类的概念，但他的语言学体系提出的基本思想“人类活动的每一个领域均由完全独立于物质世界的封闭系统构成”，却成为结构主义运动的基石。[③] 在索绪尔结构主义语言学的引领之下，20世纪学术界形成了一场“结构主义革命”的浪潮。以法国结构主义人类学家洛德·列维－斯特劳斯分析神话的著作《结构人类学》为开端，结构主义跨出语言学范围，逐渐被应用于其他人类活动领域的研究。拉坎把它引进心理学而建立“结构主义心理学”，富考把它引入文化史创立“结构主义历史学”，还产生了“结构经济学”“科学结构学”“结构教育学”，等等——结构

---

① 王忠勇：《本世纪西方文论述评》，云南教育出版社，1989年版，第166～168页。

② ［美］戴维·赫尔曼：《叙事理论的历史（上）：早期发展的谱系》，收入［美］James Phelan，Peter J. Rabinowitz：《当代叙事理论指南》，申丹、马海良、宁一中等译，北京大学出版社，2007年版，第4页。

③ ［美］大卫·罗伯：《现代语言和文学语言》，中天译，收入王忠勇《本世纪西方文论述评》，云南教育出版社，1989年版，第503～504页。

主义几乎波及人类文化的所有领域。①

（二）让·皮亚杰对“结构”的阐释

各种结构主义流派对“结构”的理解千差万别，但基本精神是一致的。人们通常采用瑞士心理学家让·皮亚杰的阐释来理解这个概念。皮亚杰说：首先，“结构是一个由种种转换规律组成的体系”；其次，“结构应该是可以形式化的”。结构是一个具有种种转换规律的体系，由于“一整套转换规律的作用，转换体系才能保持住自己的守恒或使自己本身得到充实。而且，这种种转换并不是在这个体系的领域之外完成的，也不求助于外界因素。总而言之，一个结构包括了三个特征：整体性、转换性和自身调整性”。

“整体性”是任何结构不言而喻的特征，它的含义是任何结构都是一个系统、一个集合，而不是各部分的拼凑；结构是由若干成分组成的体系，这若干成分各自存在又相互发生关系，它们自具价值又无不服从该体系的本质特点和规律。

“转换性”也称“同构性”。它表示结构的运动规律。转换性指明，任何结构都是一个动态的不断运动的转换体系。在支配结构的规律作用下，结构具备转换程序，并不断整理加工新的材料，使之成为结构的新的成分。比如语言，能够把形形色色的语言成分转化成新的句子，同时又把这些句子保留在它的结构之中，而不是创造出结构之外的东西。

“自身调整型”也称“自律性”。它根源于结构的守恒性和封闭性。它的含义是，结构内部“总是变化”，却“万变不离其宗”；结构内部的转换变化，并不改变结构的原有规律，“虽然新成分在无限地构成而结构世界仍然具有稳定性质”；虽然结构之中，各层次、各构成成分不断转换变化，并不断发展丰富，但体系依然。②

（三）结构主义语言学直接导致了叙事学产生

上述结构主义的理论对叙事学和其他叙事理论产生了明显的影响，结构主义语言学直接导致了叙事学的产生。1955 年，洛德·列维－斯特劳斯发表《神话的结构研究》，开启了用结构主义进行现代叙事结构分析的先河。但“叙事学”（又译作“叙述学”）的概念，则由法国结构主义符号学家茨维坦·托多

---

① 王忠勇：《本世纪西方文论述评》，云南教育出版社，1989 年版，第 304 页。

② 王忠勇：《本世纪西方文论述评》，云南教育出版社，1989 年版，第 306～307 页。

洛夫提出。他在1969年出版的《〈十日谈〉语法》一书中，首创了法语词"narrarologie"（英文"narratology"），该词可以直接译为"叙事科学"。[①] 中文一般译作"叙事学"或者"叙述学"，但近年来"叙事学"的译法使用更加普遍。叙事学被认为是结构主义研究领域的一个分支，甚至可以认为，"叙事学实际上就是对现代语言学的'模仿'，连许多叙事学的述评都是从语言学直接代用过来的，如叙事语法、语式、语态等"[②]。例如，比照索绪尔语言学关于"语言"高于"言语"的观点，"叙事学家们同样也将一般叙事置于具体叙事之上，主要关注点是基本结构单位（人物、状态、事件，等等）在组合、排列、转换成具体叙事文本时所依照的跨文本符号系统原则"[③]。

在叙事学发展过程中，法国学者热拉尔·热奈特是贡献突出的代表人物。他在《叙事话语》一书中结合对普鲁斯特《追忆似水年华》的分析，构建出颇有影响的叙事学范式。他的著作被翻译到国外，美国、欧洲、以色列的著名学者纷纷采用他的范式，其国际影响牢固地确立起来。热奈特叙事学著作的价值首先在于深入研究了叙事的时间问题，突出表现在他对顺序、时长和频率的区分及阐述；其次，他对同叙述叙事与异叙述叙事的区分和阐述也很值得喝彩；再者，他著作的价值表现在为叙事研究建立了"聚焦"（focalization）概念，这个术语基本上取代了传统的"视角"（perspective）和"视点"（point of view）概念；他对"谁说"（叙述者）与"谁看"（巴尔称之为"聚焦者"）的著名区分推动了叙事学在分类工作上最大限度地明细化和精确化。[④] 热奈特的研究充满学术色彩，但其中也包含一些具有操作指导价值的内容。例如，他"指出'叙事'包含了三个部分：一是人物，谁在做什么；二是场景，在某个特定空间发生；三是相互关联的事件。他以最后一点为例，说明何为'情节'。E. M. 福斯特用下述例子解释了这一概念：'国王去世了，王后也死了'是一个故事，但'国王去世了，王后因为悲伤也相继辞世'则是一个情节。作者援

① ［美］戴维·赫尔曼：《叙事理论的历史（上）：早期发展的谱系》，收入［美］James Phelan，Peter J. Rabinowitz：《当代叙事理论指南》，申丹、马海良、宁一中等译，北京大学出版社，2007年版，第3页。

② 参见宋家玲：《影视叙事学》，中国传媒大学出版社，2007年版，第11页。

③ ［美］戴维·赫尔曼：《叙事理论的历史（上）：早期发展的谱系》，收入［美］James Phelan，Peter J. Rabinowitz：《当代叙事理论指南》，申丹、马海良、宁一中等译，北京大学出版社，2007年版，第4页。

④ ［美］莫妮卡·弗卢德尼克：《叙事理论的历史（下）：从结构主义到现在》，收入［美］James Phelan，Peter J. Rabinowitz：《当代叙事理论指南》，申丹、马海良、宁一中等译，北京大学出版社，2007年版，第29页。

引这个简单的例子，在于提醒作者编造一个情节要考虑其先后的因果关系。如果你不重视前后情节的关联性，便会引起读者的误解”①。

另一位叙事学家、德国人 F. K. 斯坦泽尔也值得一提。他的巨著《叙事理论》于 1979 年出版，后被译成英语，这部著作在某种程度上可以说曾经是且现在仍然是德语国家和部分东欧国家的叙事学经典。斯坦泽尔在自己的书中沿着结构主义路线，在二项对立基础上建立起三条轴线，每条轴线的一极构成一种叙事情景，然后根据“类型循环”模式来安排三种叙事情景。

美国学者杰拉德·普林斯也在该领域有较大影响力，他不但为读者提供了第一部《叙述学词典》，还对热奈特的观点做了重要修正。

叙事学领域的重要人物还有美国人西摩·查特曼。他于 1978 年在美国出版了书名为《故事与话语》的标准叙事学教材。他把叙事分为“故事”（所叙之事）和“话语”（文本）两个基本层面，拓展了叙事的定义，将各种叙事媒介都包括进来。查特曼是最早把电影当作文类来分析的批评家之一，可以说，他开辟了一条把电影作为叙事来研究的路线。②

上面提到的几位学者的学术成果被归入“经典叙事学”。经典叙事学代表叙事学发展的高峰。归纳起来，首先，“经典叙事学创造了一套描述文本多样性的术语，为叙事语法和叙事诗学建立起一批重要范畴，其中最重要的也许就是故事与话语的区分。其次，把叙事看作交际形式，其结果是扩大了叙事参与者的范围，除了作者和叙述者……之外，又有了受述者、隐含作者以及隐含读者。与此同时，叙事的代词、时间以及表现特征也开始进入人们的视线，产生了……大批新范畴……叙事中的时态问题更是触发了一些相当深刻的研究。在讨论聚焦问题的同时，叙事层次问题，尤其是人物话语的地位问题，也引起广泛的关注”③。

二、俄国形式主义

在叙事学发展的同时，还有一个流派，采取平行路线，也在叙事理论领域

① ［英］罗伯特·艾德加－亨特、约翰·马兰、詹姆斯·理查兹：《国际经典影视制作教程：编剧创作指南》，黄姗姗译，电子工业出版社，2012 年版，第 43 页。

② ［美］莫妮卡·弗卢德尼克：《叙事理论的历史（下）：从结构主义到现在》，收入［美］James Phelan，Peter J. Rabinowitz：《当代叙事理论指南》，申丹、马海良、宁一中等译，北京大学出版社，2007 年版，第 33 页。

③ ［美］莫妮卡·弗卢德尼克：《叙事理论的历史（下）：从结构主义到现在》，收入［美］James Phelan，Peter J. Rabinowitz：《当代叙事理论指南》，申丹、马海良、宁一中等译，北京大学出版社，2007 年版，第 33～34 页。

取得了引人注目的成果，这就是俄国形式主义流派。俄国形式主义为现代叙事理论做出显著贡献并产生很大影响的著作，当推弗拉基米尔·普洛普的《民间故事形态》一书。在该书中，普洛普对叙事结构中的变量与不变量做出区分，也就是对“不断变化的人物与人物所执行的不变的情节功能（譬如，干坏事、惩罚坏人，等等）”做出区分。普洛普从他的俄国民间故事数据库中总共提取出 31 种功能，亦即根据情节意义划分出来的 31 种人物行动；他还对这些功能在一个故事里的分布规则做了具体说明。① 普洛普还采用了“角色”的概念，“他认为‘角色’共有 7 种”。在普洛普的理论中，“功能”和“角色”是民间故事中人物的行为及行为关系的基本元素。② 普洛普的方法对后世的叙事学家产生了很大影响，成为结构主义人物理论的基础，例如成为“行动素”理论的基础。“格雷马斯从普洛普的‘行动范围’推绎出人物角色的一般布局，叙事中的所有具体行动者差不多都可以还原为那些一般角色功能。”③

俄国形式主义与索绪尔结构语言学之间，并不存在直接的渊源关系，但二者之间有着惊人的相似之处。④ 一般而言，叙事理论与结构主义和俄国形式主义的关系错综复杂，充满晦涩的术语，令人难以理解。而普洛普的方法为我们理解结构主义语言学原理如何运用到故事叙事理论当中，提供了一种浅显便捷的方式。结构主义语言学认为，任何语言都包括有限的语法规则、有限的语音系统和丰富的词汇系统，而千千万万语言使用者，可以利用语言里的词汇系统，运用有限的语音系统，按照有限的语法规则组合出近乎无限的“言语”——具体从口里讲出的一句句话。普洛普的方法与之类似，他的方法告诉我们，不管具体的俄国民间故事有多么丰富、复杂，它们总是按照 7 类角色和 31 类情节功能组织起来的。普洛普举了一个例子来说明他的功能概念：

Ⅰ. 沙皇以苍鹰赏赐主角，主角驾苍鹰飞向另一国度。Ⅱ. 老人以骏马赠送主角，主角骑马至另一国家。Ⅲ. 巫师赠给伊凡一艘帆船，伊凡乘船渡至另一国家。

---

① ［美］戴维·赫尔曼：《叙事理论的历史（上）：早期发展的谱系》，收入［美］James Phelan，Peter J. Rabinowitz：《当代叙事理论指南》，申丹、马海良、宁一中等译，北京大学出版社，2007 年版，第 12 页。

② 参见宋家玲：《影视叙事学》，中国传媒大学出版社，2007 年版，第 13 页。

③ ［美］戴维·赫尔曼：《叙事理论的历史（上）：早期发展的谱系》，收入［美］James Phelan，Peter J. Rabinowitz：《当代叙事理论指南》，申丹、马海良、宁一中等译，北京大学出版社，2007 年版，第 12 页。

④ 王忠勇：《本世纪西方文论述评》，云南教育出版社，1989 年版，第 168 页。

普洛普认为，以上三个情节中人物身份虽有改变，但其基本作用或功能是一致的。也就是说，它们在整体故事中承担的职能是一致的，因此，它们可以被归为同一个功能单位。①

俄国形式主义的主要理论给了叙事学诸多启示，叙事学的很多见解就是直接来源于形式主义的理论和批评方法……托多洛夫在《〈十日谈〉的语法》中谈到，文本结构与语言的句法可以类比……格雷马斯提出的“叙事语法”、热拉尔·热奈特关于“叙事话语”的细读分析都带有形式主义分析的基本理论倾向：不关注讲什么故事，而重视是什么元素使故事构成以及故事是如何构成的。对支配故事形态的基本要素及其功能和本文建构的各种“叙述语式”“叙述语态”“叙事策略”等作出模式化的理论概括，成为叙事学理论的主要特色和优势所在。②

三、符号学

另一门与索绪尔关系密切的学科——符号学，也对叙事学产生过影响。符号学有两条发展线索：其一，是20世纪30年代，美国的C. S. 皮尔斯-莫里斯符号体系的建立。皮尔斯认为符号就是“在某些方面或某种能力上相对于某人而代表某物的东西”③。皮尔斯把符号划分为三个部分：图像、指数和记号，分别给予研究。这一条线索“很少作为一种‘总体方法论’出现，与文学研究也没什么直接联系。三四十年代美国新批评派曾借用莫里斯一些研究成果，那是例外”④。其二，是由索绪尔的学说延伸出来的符号学。索绪尔是结构主义语言学的始祖，“结构主义大量使用了符号学方法和原理”，“结构主义是从索绪尔对语言的符号学式研究中发展出来的”⑤。“符号理论的系统化，也就是结构主义的信息化……结构主义一词在布拉格学派那里，就是‘符号学’（Semiotics或Semiology）。意思是对于语言符号的系统化研究。”⑥ 尽管与结构主义关系密切，但符号学仍被研究者视为“一门渗透入多种现代理论思潮之中的独立学科”⑦。符号学理论对电影叙事产生的影响，尤其值得我们关注。

① 百度百科：普洛普，https://baike.baidu.com/item/普洛普/10687684?fr=aladdin。
② 宋家玲：《影视叙事学》，中国传媒大学出版社，2007年版，第13～14页。
③ [意] 乌蒙勃托·艾柯：《符号学理论》，卢德平译，中国人民大学出版社，1990年版，第17页。
④ 赵毅衡：《符号学文学论文集》，百花文艺出版社，2004年版，前言第4页。
⑤ 赵毅衡：《符号学文学论文集》，百花文艺出版社，2004年版，前言第3、第5页。
⑥ 王忠勇：《本世纪西方文论述评》，云南教育出版社，1989年版，第303页。
⑦ 赵毅衡：《符号学文学论文集》，百花文艺出版社，2004年版，前言第3页。

索绪尔在《普通语言学教程》中说："我们可以设想有一门研究社会中符号生命的科学……语言学不过是这门一般科学的一部分，将来符号学发现的规律也可以应用于语言学，所以后者属于全部人文事实中一个非常确定的领域。"[①]

符号学还进入了美学领域。其间，有两个人物做出过特别的贡献。他们是德国哲学家恩斯特·卡西尔（Ernst Cassirer，也译作"卡色雷"）和他的学生美国哲学家、美学家苏珊·朗格（Susanne Langer）。他们两人的理论常被合称为"卡西尔-朗格符号学"。卡西尔把人定义为进行符号活动的动物。他认为符号的意义不在于它们的物质属性，不在于它们是现实的一部分；符号的重要性在于揭示人类意义世界的功能价值。苏珊·朗格则把符号一分为二：语言是推理的符号，非语言是表象的符号；表象符号与推理符号的区别，在于它表现了情感意义。苏珊·朗格的"艺术是人类情感的符号形式的表现"论断影响深远。[②]

四、电影叙事学

电影叙事学是在电影符号学的基础上发展而来的。可以说，没有电影符号学就没有电影叙事学，电影叙事学的发展与符号学息息相关。大致说来，电影符号学的发展相继经历了两个阶段：一是仍秉持语言学研究模式的第一符号学；二是采用精神分析研究模式的第二符号学。法国学者克里斯蒂安·麦茨是电影符号学的创始人和最重要的理论代表。[③] 他提到自己研究电影符号学的初衷是"想在'电影语言'领域中开始实行索绪尔的一般符号学理论构想：即研究在电影信息媒体中使用的主要意指单元的序列形式和功能"[④]，清楚地表明了其理论的起点与结构主义语言学的关系。在 1977 年，麦茨出版了《想象的能指》一书，以此为标志，电影符号学发展到第二阶段。"他结合弗洛伊德的精神分析学和拉康的镜像阶段说作为研究的主要理论根据和方法模型，从代码的角度分析了电影能指的精神分析构成，从而将符号学的本文的语言分析转向对含蓄意指与观众关系的心理深层分析。这一转向给了影视叙事学一个绝好的启发。至此，影视叙事学中开始了对观众心理的关注。……使得影视叙事理论

---

① ［瑞士］费尔迪南·德·索绪尔：《普通语言学教程》，岑麒祥、叶蜚声、高名凯译，商务印书馆，1980 年版，第 38 页。

② 王忠勇：《本世纪西方文论述评》，云南教育出版社，1989 年版，第 301～302 页。

③ 参见宋家玲：《影视叙事学》，中国传媒大学出版社，2007 年版，第 16 页。

④ 宋家玲：《影视叙事学》，中国传媒大学出版社，2007 年版，第 16 页。

走下了纯理论的高台，从而变得更具有实用价值。”①

到了20世纪80年代，美国学者大卫·波德维尔推出《电影叙事：剧情片中的叙述活动》一书，电影叙事学步入成熟。波德维尔的著作具有美国叙事学研究的经验（实用）主义特征，“既注重电影情节故事与风格特征的联系，又注重观众在故事接受中不可或缺的建构功能，具有较强的实用性与操作性，更接近于电影叙事实践，因而更多地被影视创作所借鉴与接受”②。

上面介绍的种种理论，总的来说，是从学理、学术的角度对故事叙事进行研究而形成的思想成果。它们的特点是对以虚构叙事为主的人类叙事现象进行“是什么”“为什么”的揭示，通常并不能直接用于对故事讲述操作层面进行指导。但是，叙事学仍然为故事讲述的具体活动提供了理论滋养，其价值在于指明了这样一个道理：在故事讲述过程中，创作者可以利用丰富的生活素材，按照有限的规则和基本成分，经过创造性的组合、改造、升华，而创作出极为丰富多彩的具体文本；因此，发现和掌握故事叙事的规则和基本成分，用以指导、提示、规约具体的故事叙事，就成为可能。这个道理给了当代故事文本市场化创作以极大启发，告诉人们，故事讲述不再是神秘的个人特殊能力，而是可以复制的生产行为。当代编剧理论中故事讲述模式的理论基石即在于此，本教材后面的诸多论述也基于对这个道理的认同。

第二节　编剧理论与纪录片故事叙事理论

上面我们简单介绍了与叙事有关的若干理论，那些理论更多地致力于学术研究或学理探究，但大部分内容难以直接用于对故事讲述活动的指导。为了实现教学目标，必须另辟蹊径，选择有助于故事讲述实务教学的理论工具。在做出这项选择的时候，需要明确几个标准：

第一，所选择的理论工具必须在实践中经过检验，是有用、有效的；

第二，所选择的理论工具应包含普遍适用的故事讲述规则；

第三，所选择的理论工具应有成功的运用成果来证明其价值；

第四，所选择的理论工具应该与视听形态的故事讲述关系密切；

第五，所选择的理论工具应能适应纪实节目故事讲述的特殊要求。

按照上面五项标准，我们选择了美国好莱坞编剧教学体系，参照纪录片故

① 宋家玲：《影视叙事学》，中国传媒大学出版社，2007年版，第16～17页。

② 宋家玲：《影视叙事学》，中国传媒大学出版社，2007年版，第18页。

事叙事方面的专著，结合纪实节目故事讲述的特点，构建出符合国内纪实节目故事叙事实际的教学体系；以此为基础，形成本书教学使用的基本理论工具。

需要强调的是，故事叙事的理论工具，对于培养高超的讲故事能力是至关重要的。前面我们介绍的叙事学理论告诉我们，故事叙事可以通过对有限规则的创造性运用来创作出丰富多彩的具体文本，而心理学理论则指明了讲述什么故事、如何讲述故事才能赢得读者和观众的喜爱。相关理论工具能够帮助我们实现目标，这已经一再为故事叙事的实际操作所证实，在后面的内容中我们还会提供翔实的例证。

下面概略介绍几位在故事叙事理论领域有重要影响的人物和他们的主要观点。他们的观点是本书所参考的理论依据。这些“工具”要么为国际影视编剧界所广泛接纳，要么在纪录片故事叙事领域有着较大的影响，是有价值的影视故事叙事实际操作的指导理论；其中包括的基本原理、做法和技巧，可以借鉴为纪实节目讲故事的操作指南。

一、罗伯特·麦基（Robert McKee）的主要观点

要列举在西方影视作品讲故事教学领域获得很高评价的人士，肯定首推罗伯特·麦基。他在其经典著作《故事——材质、结构、风格和银幕剧作的原理》（注：为行文方便，后文简称为《故事》）中的一些理论观点，对纪实节目故事叙事有操作层面上的指导价值。《故事》“前言”中直称罗伯特·麦基“被公认为世界银幕剧作的第一大师”，说《故事》这本“见地卓著而且具有实用价值的书必将成为世界各地银幕剧作家的新《福音书》”，并不惜用这样的语句赞美其书其人：“当今世上似无第二人能像罗伯特·麦基这样帮助如此之多的作家，将其伟大的想法化为伟大的故事，并进而成为伟大的银幕剧本。”①

罗伯特·麦基的理论成果主要体现在《故事》一书中。下面我们结合本教材的需求，对其相关观点做一简单介绍。

罗伯特·麦基明确表示，《故事》这本书是要探索故事的原理，探索永恒、普遍的故事形式，探索“原型”故事的奥秘。而所谓原型故事具有这样的性质：它能够决定故事的成功，决定无论电影在哪儿拍摄，其愉悦性都会在全球引发永久性的连锁反应。这里面其实就包含了叙事学从结构主义和符号学那里接纳的基本观念：在成功的叙事文本（如原型故事）中，存在着有限的导向成

---

① ［美］罗伯特·麦基：《故事——材质、结构、风格和银幕剧作的原理》，周铁东译，中国电影出版社，2001年版，第1页。

功的故事原理；发现并掌握这些原理，就能为丰富多彩的叙事操作提供可供依循的规范或指导。当然，罗伯特·麦基强调，原型故事的价值在于挖掘出一种普遍性的人生体验，然后用一种独一无二的、具有文化特性的表现手法对它进行装饰。原型故事是原理，不是规则；是永恒、普遍的形式，不是公式；是独创，不是复制；不是陈规俗套，不是捷径，不是秘诀，不是对市场行情的揣摩。他为书中所陈述的一切设定了以上前提。①

他强调讲述故事能力的重要性，指出，如果你不能讲述故事，你经年累月精雕细琢出来的美妙形象和微妙对白也只是浪费纸张。我们为世人创造的，世人要求于我们的，是故事。在一部完成作品所体现的全部创作劳动中，作家百分之七十五以上的劳动都是用在设计故事上。②

对于“故事”原理，罗伯特·麦基设计了三个部分来阐述。与本教材有关的是第一个部分“故事诸要素”和第二个部分“故事原理设计”。

（一）第一部分：故事诸要素

在“故事诸要素”这一部分中，罗伯特·麦基用交响乐来比喻。他说，一个讲得美妙的故事有如一部交响乐，其间，结构、背景、人物、类型和思想，融合为一个天衣无缝的统一体。③ 在这个统一体中，他使用的基础概念是“结构”，这体现了从柏拉图、亚里士多德就肇始的理念：在表演类故事中（当然也包括后来出现的电影类故事中），情节是基本的要素，是其他要素的基础；而情节即结构，任何表演类故事或电影类故事呈现出来的基本面貌或格局，就是结构。罗伯特·麦基在阐述了关于结构的原理之后，才分别阐述“结构与背景”“结构与类型”“结构与人物”“结构与意义”的关系。

在阐述结构原理的时候，罗伯特·麦基给结构下的定义是：

结构是对人物生活故事中一系列事件的选择，这种选择将事件组合成一个具有战略意义的序列，以激发特定而具体的情感，并表达一种特定而具体的人生观。④

---

① ［美］罗伯特·麦基：《故事——材质、结构、风格和银幕剧作的原理》，周铁东译，中国电影出版社，2001年版，第3～11页。

② ［美］罗伯特·麦基：《故事——材质、结构、风格和银幕剧作的原理》，周铁东译，中国电影出版社，2001年版，第24页。

③ ［美］罗伯特·麦基：《故事——材质、结构、风格和银幕剧作的原理》，周铁东译，中国电影出版社，2001年版，第35页。

④ ［美］罗伯特·麦基：《故事——材质、结构、风格和银幕剧作的原理》，周铁东译，中国电影出版社，2001年版，第39页。

在上面的定义中我们可以发现，在罗伯特·麦基的眼中，故事是以人物生活故事为核心的。在论述故事要素的时候，他把结构放在基础地位，但在后面论述故事设计原理，也就是探讨如何让故事运动起来的时候，他把人物放在了首位。

罗伯特·麦基使用“结构图谱”的概念来描述结构内部的各个构成部分。其中，可以作为纪实节目故事叙事理论工具成分的包括结构图谱中围绕如下概念的论述：

1. 事件

罗伯特·麦基所说的事件不是一般的事件，而是“有意味”的事件，并且这个事件必须发生在一个人物身上。他举例说，街道是干的，过一会儿湿漉漉的了，这就是变化，这没有意味；但一个人淋成了落汤鸡，这就具有了意味。他给故事意义上的事件所下的定义是：

故事事件创造出人物生活情境中有意味的变化，这种变化是用某种价值来表达和经历的。①

那么，“某种价值”是什么价值呢？罗伯特·麦基接下来给出了一个非常重要的概念：故事价值。关于故事价值，他是这样定义的：

故事价值是人类经验的普遍特征，这些特征可以从此一时到彼一时，由正面转化为负面，或由负面转化为正面。②

他举例说，生/死（正面/负面）便是一个故事价值，即如爱/恨、自由/奴役、真理/谎言、勇敢/懦弱、忠诚/背叛、智慧/愚昧、力量/软弱、兴奋/厌倦，等等。人类经验中的价值都随时可能走向反面，这种二元特征便是故事价值。③ 罗伯特·麦基还提道：

故事进展是将故事在故事的正面和负面价值之间动态移动的过程。④

但是，具有二元特征的变化本身，还不能构成故事，犹如干旱的原野和奄

---

① ［美］罗伯特·麦基：《故事——材质、结构、风格和银幕剧作的原理》，周铁东译，中国电影出版社，2001年版，第40页。

② ［美］罗伯特·麦基：《故事——材质、结构、风格和银幕剧作的原理》，周铁东译，中国电影出版社，2001年版，第40页。

③ ［美］罗伯特·麦基：《故事——材质、结构、风格和银幕剧作的原理》，周铁东译，中国电影出版社，2001年版，第41页。

④ ［美］罗伯特·麦基：《故事——材质、结构、风格和银幕剧作的原理》，周铁东译，中国电影出版社，2001年版，第141页。

奄一息的动物，突然得遇一场甘霖，这中间发生了生/死的变化，但它仍然没有资格成为一个故事事件，因为它的发生纯属巧合。那么故事事件的变化需要具备什么条件，才能使这个事件成为真正的故事事件呢？罗伯特·麦基指出这个条件就是“通过某种冲突来完成”。他举例说，还是刚才那个干旱的事件，如果这个世界中出现了一个人，这个人经历了内心的冲突、与女友的冲突、与严酷大自然的冲突，排除了社会和环境的阻力，最终从万里无云的天空化出甘霖，那么这场暴风雨将是无限地辉煌并具有崇高的意味——因为这是“从冲突中撞击出来的变化”。①

归纳一下：故事事件是充满有意味变化的事件，有意味的变化来自生活中人类经验中二元特征（或曰“两极价值”）的转化，而转化必须通过冲突来完成。换言之，就是冲突是促成二元特征转化的动力。——罗伯特·麦基关于故事事件与故事价值的关系、故事价值与冲突的关系的揭示非常重要，在后面我们论述遴选故事题材的时候，在进行情节结构处理的时候，我们都会用到他揭示的原理。

2. 故事

关于故事，罗伯特·麦基提到了两个值得关注的概念，一个是“电影弧”，一个是“故事高潮”。

电影弧是指故事开头人物生活中负荷价值的情境，与故事结尾的价值负荷比较，出现的生活从故事开始时的一个情境到故事结束时的另一个变化了的情境所发生的巨大变化。这个最后的情境是绝对而不可逆转的。

所谓故事高潮，就是指一系列幕的组合，渐次发展为一个最后的幕高潮，从而引发出绝对而不可逆转的变化。②

上述原理适用于所有故事叙事，包括纪实节目的故事叙事，本书后文会论及。

3. 大情节（经典情节）

大情节属于故事情节的“经典设计”。罗伯特·麦基认为经典设计的原理是真正意义上的“经典”：“超越时间、超越文化，对地球上的每一个世俗社会而言都是根本的，无论这一社会是文明还是原始的，穿过几千年的口头故事时期一直回溯到蒙昧的远古时代。远在四千年前，当史诗《吉尔伽美什》被用楔

---

① ［美］罗伯特·麦基：《故事——材质、结构、风格和银幕剧作的原理》，周铁东译，中国电影出版社，2001年版，第41～42页。

② ［美］罗伯特·麦基：《故事——材质、结构、风格和银幕剧作的原理》，周铁东译，中国电影出版社，2001年版，第50页。

形文字刻在十二块泥版上，第一次将口头故事转化为文字时，这一经典设计的原理就已然完整而美丽地存在了。”① 他这样定义经典设计：

经典设计是指围绕一个主动主人公而构建的故事，这个主人公为了追求自己的欲望，经过一段连续的时间，在一个连贯而具有因果关联的虚构现实中，与主要来自外界的对抗力量进行抗争，直到以一个绝对而不可逆转的变化而结束的闭合式结局。②

4. 情节

说到情节，需要介绍罗伯特·麦基对情节的定义：情节是“用来命名那种用以构建和设计故事的具有内在连贯一致而且互相关联的、在时间中运行的事件模式”③。他还说：“设计情节是指在故事的危险领域内航行，当面临无数岔道时选择正确的航道。情节就是作者对事件的选择以及事件在时间中的设计。”④ 罗伯特·麦基对情节的定义操作性极强，但情节是一个需要厘清的概念，我们在后面还要专门讨论。

（二）第二部分：故事设计原理

在这一部分，罗伯特·麦基论述了故事材质、激励事件、幕设计、场景设计、场景分析、布局谋篇，以及危机、高潮、结局等与故事设计有关的概念及其内涵。我们结合本教材的实际需求选择若干概念进行简单介绍。

1. 故事材质：鸿沟

“鸿沟”是罗伯特·麦基用来说明故事设计的一个重要概念。什么是鸿沟呢？鸿沟是指主人公在追寻一个不可企及的欲望对象。他自觉或不自觉地采取某一特定的行动，其动机来自这样的想法或感觉：这一行动将会导致世界做出相应的反应，从而成为实现其欲望的一个积极步骤。但他的行动不仅没有引出他的世界的合作，反而激发了诸多对抗力量，在主观期望和客观结果之间，在他采取行动时以为会发生的事情和实际发生的事情之间，在他的或然性感觉和

---

① ［美］罗伯特·麦基：《故事——材质、结构、风格和银幕剧作的原理》，周铁东译，中国电影出版社，2001 年版，第 54 页。

② ［美］罗伯特·麦基：《故事——材质、结构、风格和银幕剧作的原理》，周铁东译，中国电影出版社，2001 年版，第 54 页。

③ ［美］罗伯特·麦基：《故事——材质、结构、风格和银幕剧作的原理》，周铁东译，中国电影出版社，2001 年版，第 51 页。

④ ［美］罗伯特·麦基：《故事——材质、结构、风格和银幕剧作的原理》，周铁东译，中国电影出版社，2001 年版，第 51 页。

真正的必然性之间，开掘出一道鸿沟。

一旦现实中裂开这一鸿沟，人物便会以其意志力和能力，感觉到或意识到，他不可能以一种最小的保守的方式得到他想要得到的东西。他必须重整旗鼓，奋力越过这一鸿沟，然后采取第二个行动。这下一个行动是人物在刚开始时不愿意采取的行动，这不仅因为这一行动要求更强的意志力，迫使他更深地挖掘自己的潜能，而且，最重要的是，第二个行动使他面临风险。现在他处在若想有所得必将有所失的境地了。①

但是，第二个行动又一次激发了对抗力量，在人物的现实中掘开了一道鸿沟。人物更深入地挖掘自己的潜能和意志力，使自己冒更大的风险来采取第三个行动；但随着他的下一个行动，鸿沟又会訇然中开。这一模式在不同的层面循环往复，直到故事主线的终点，直到观众想象不到另一个最后的行动。

故事的材质是鸿沟，是在一个人采取行动时期望发生的事情和实际发生的事情之间裂开的鸿沟，是期望和结果之间、或然性和必然性之间的断层。

故事的能源何在？答案也是鸿沟。每当鸿沟在故事人物的面前裂开时，也在观众面前裂开；每到一个转折，人物必须将更大的能量和努力倾注到下一步行动中。观众由于移情于人物，也同样会感受到能量像波涛一样一个节拍接着一个节拍地不断蓄积，直到终场。②

2. 激励事件

激励事件（Inciting Incident）是罗伯特·麦基故事理论中的一个重要概念。按照罗伯特·麦基的观点，一个故事是一个由五部分组成的设计，而激励事件是故事讲述的第一个重大事件，是一切后续情节的首要导因，它使其他四个要素——进展纠葛、危机、高潮、结局——开始运转起来。

当一个激励事件发生时，它必须是一个动态的、充分发展了的事件，而不是一个静态的或模糊的事件。关于激励事件，有如下几点需要注意：

第一，激励事件必须彻底打破主人公生活中各种力量的平衡。③

第二，主人公必须对激励事件做出反应。主人公的反应来源于他心中恢复

---

① ［美］罗伯特·麦基：《故事——材质、结构、风格和银幕剧作的原理》，周铁东译，中国电影出版社，2001年版，第172～175页。

② ［美］罗伯特·麦基：《故事——材质、结构、风格和银幕剧作的原理》，周铁东译，中国电影出版社，2001年版，第208～209页。

③ ［美］罗伯特·麦基：《故事——材质、结构、风格和银幕剧作的原理》，周铁东译，中国电影出版社，2001年版，第222页。

平衡的欲望。[①]

3. 故事脊椎

主人公欲望的能量形成了故事设计中一个被称为“故事脊椎”的重要成分，这个成分又叫作“贯穿线”或者“超级目标”。故事脊椎是主人公为恢复生活的平衡所表现出的深层欲望和所进行的行动上的不懈努力。它是第一位的统一力量，将故事的所有其他要素融为一体。因为，无论在故事的表面发生什么，每一个场景、形象和话语最终都只是故事脊椎的一个方面，与欲望和行动的这一核心有着某种因果或主题的联系。例如，任何一部邦德（注：“007系列”电影的主角）电影的脊椎都可以这样表述：打败魔王。[②]

4. 故事与求索

所有的故事都表现为一个求索的形式：一个事件打破一个人物生活的平衡，使之变好或变坏，在他内心激发起一个自觉和/或不自觉的欲望，使其意欲恢复平衡，于是这一事件就把他送上了一条追寻欲望对象的求索之路，一路上他必须与各种（内心的、个人的、外界的）对抗力量相抗衡。他也许能也许不能实现欲望。这便是故事的要义。[③]

5. 进展纠葛

进展纠葛是故事设计的要素，是故事的主体，它从激励事件一直延伸到最后一幕的危机/高潮。纠葛是指为人物的生活制造磨难；进展纠葛是指当人物面对越来越强大的对抗力量时，产生越来越多的冲突，创造出一系列事件，这些事件依次发生，经过了一个个无法回归的点。[④]

故事绝不能退缩到性质或力度更弱的行动中去，而必须循序渐进地朝着观众无从想象的另一个最后行动推进。[⑤]

6. 冲突法则

罗伯特·麦基告诉我们，当主人公走出了激励事件，他便进入了一个由冲

---

① ［美］罗伯特·麦基：《故事——材质、结构、风格和银幕剧作的原理》，周铁东译，中国电影出版社，2001年版，第224～225页。

② ［美］罗伯特·麦基：《故事——材质、结构、风格和银幕剧作的原理》，周铁东译，中国电影出版社，2001年版，第227～228页。

③ ［美］罗伯特·麦基：《故事——材质、结构、风格和银幕剧作的原理》，周铁东译，中国电影出版社，2001年版，第230页。

④ ［美］罗伯特·麦基：《故事——材质、结构、风格和银幕剧作的原理》，周铁东译，中国电影出版社，2001年版，第243页。

⑤ ［美］罗伯特·麦基：《故事——材质、结构、风格和银幕剧作的原理》，周铁东译，中国电影出版社，2001年版，第243～244页。

突法则统领的世界。冲突法则的含义是：若无冲突，故事中的一切都不可能向前进展。

冲突对于故事的意义在于：只要冲突占据着我们的思想和情感，我们就会不知不觉地在时间中旅行。冲突法则不仅仅是一条审美原理，它还是故事的灵魂。故事是生活的比喻，或者就是置身于看似永恒的冲突之中。现实的精华就是匮乏，一种普遍而永恒的欠缺。这个世界上的一切都不够人们受用。如果我们要想在短暂的人生中成就点什么，让我们死的时候没有浪费了时间的遗憾，那么我们将会与那些阻挠我们欲望的力量构成冲突。①

7. 转折点

人物在压力之下选择采取一个或另一个行动来追求他的场景目标，但是，从任何一个或所有冲突层面却产生出一个在他意料之外的反应；在他的期望和结果之间裂开一道鸿沟，把他的外在时运、内心生活或者二者同时从正面转向负面或者从负面转向正面。其衡量标准是观众所知道的押上台面的风险价值。这就是转折点。

转折点的效果有四重：让观众产生惊奇，增强观众好奇心，促使观众获得关于人物意义的认识，把故事情节引向新的方向。

8. 情感动力

讲故事追求观众和读者的感动。但感动来源于什么？罗伯特·麦基指出，不是靠在人物眼中点上晶莹的泪珠，不是靠辞藻华丽的对白以使演员背诵出他的欢乐，不是靠描写一个情意绵绵的拥吻，也不是靠采用愤怒的音乐效果。那么，靠什么呢？靠转折点，靠转折点创造出的情感动力的推动。

在罗伯特·麦基眼里，世界上只有两种情感——快感和痛感。它们都有不同程度的变体：快感的变体有欢乐、爱情、幸福、狂喜、愉悦、销魂、刺激、至福，等等；痛感的变体有痛苦、害怕、焦虑、恐怖、悲伤、屈辱、病魔、凄凉、紧张、悔恨，等等。本质上，生活给我们的只能是非此即彼。

在故事讲述过程中，一旦观众的状态满足下列三个条件，并经历一种价值的转变，观众便会体验到一种情感。这三个条件是：首先，观众必须移情于人物；其次，观众必须知道人物想要什么并希望他得到想要的东西；最后，观众必须明白人物生活中利害攸关的价值。在这种情况下，价值的改变就能打动观众的感情。

① ［美］罗伯特·麦基：《故事——材质、结构、风格和银幕剧作的原理》，周铁东译，中国电影出版社，2001 年版，第 245～246 页。

9. 选择的性质

在故事讲述过程中，体现故事价值的转折点是由追求欲望对象的主人公的选择来实现的。人物在追求欲望对象的过程中，会在压力之下选择采取一个或另一个行动，转折点就位于这种压力之下的选择的中心。那么，什么样的选择才是故事讲述所要求的选择呢?

讲故事所需要的选择是“两难选择”。这种两难选择发生于两种情境：一是不可调和的两善取其一的选择。从人物的视点来看，两个事物都是他所欲者，他两者都想要，但环境迫使他只能二者选一。二是两恶取其轻的选择。从人物的视点来看，两个事物都是他所不欲者，他一个也不想要，但环境迫使他必须二者选一。在这种真正的两难之境中，一个人物如何选择便是对其人性以及他所生活世界的一个强有力的表现。

10. 危机

主人公的求索之路引导他通过进展纠葛，直到他采取了能实现欲望的几乎所有行动，只剩下一个。他现在发现自己已经到达故事主线的终点。他的下一个行动将是他最后的行动。没有明天。没有第二次机会。这一“危险机会”的时刻是故事中最紧张的点，因为无论主人公还是观众都感觉到“结果将会如何?”这一问题将会通过下一个行动得到回答。

关于危机的地位，罗伯特·麦基指出，它是故事的必备场景。从激励事件开始，观众就一直在期待这一场景，越来越热切地企盼着主人公与他生活中最强大、最集中的对抗力量进行面对面的斗争。

对于危机的创设，罗伯特·麦基写道，危机必须是真正的两难之境——是在不可调和的两善之间的选择或对两恶取其轻的选择；或同时面临两种情况的选择，他能将主人公置于生活中最大的压力之下。

这一两难之境摆在主人公面前，当他与他生活中最强大、最集中的对抗力量进行面对面的斗争时，他必须做出一个决定，要么采取此一行动，要么采取彼一行动，为赢得自己的欲望对象做出最后的努力。

危机不但对于故事结果是必需的，它还有一个意义就是，在危机时刻，主人公的意志力得到最严峻的考验，因此，主人公在此如何选择，可以使我们对他的深层性格——其人性的终极表现——有一个最深刻的认识。[①]

11. 高潮

故事高潮是五部分结构的第四部分。综合罗伯特·麦基的观点，关于高潮

① ［美］罗伯特·麦基：《故事——材质、结构、风格和银幕剧作的原理》，周铁东译，中国电影出版社，2001年版，第355～356页。

有如下需要注意的：

第一，高潮这一登峰造极的重大逆转不一定要充满噪音和暴力；相反，他必须充满意义。所谓意义，是指从正面到负面或者从负面到正面，或有反讽或无反讽的价值剧变——朝向绝对而又不可逆转的具有最大负荷的价值的摇摆。这一变化的意义可以打动观众的心。

第二，创造高潮阶段价值变化的动作必须是“纯粹的”、清晰的和不言自明的，不需要任何解释。通过对白和叙述铺陈出来的东西既乏味又烦冗。

第三，想象力在高潮创设中极为重要。最后一幕的高潮是作者想象力的飞跃。没有这一飞跃，就没有故事。

第四，高潮一旦呼之欲出，故事便进入一种从尾到头而不是从头到尾的意义重大的改写状态。高潮可能会毫无支撑地跳入作者的想象。于是，作者必须逆向工作，为它在现实中找到支撑，提供原因及方式。作者从尾到头逆向工作，是为了确定，通过思想和对立思想，每一个形象、节拍、动作或每一行对白，都与这一宏大的结果有关，或是为其设置伏笔。所有场景都必须比照这一高潮确立其存在的理由，无论这一理由是主题方面的还是结构方面的。如果把它们剪掉并不影响这一结局的冲击力，那么它们便必须被剪掉。

第五，所有故事结局的关键就是给予观众他们想要的东西，但不是通过他们所期望的方式给予。观众所想要的，是情感的满足。高潮是不可避免的和令人满足的，但与此同时，它必须是出人意料的，以一种观众不可能预期的方式发生。①

12. 结局

结局作为五部分结构的第五部分，是高潮之后残留的任何材料。罗伯特·麦基指出，它有三种可能的用途：

第一，故事讲述所要求的逻辑性也许并没有提供一个机会来使次情节在主情节的高潮之前或之中达到高潮，所以它在故事的末尾要有一个属于它自己的场景。

第二，展示高潮效果的影响所及。

第三，表示对观众的尊重。如果高潮已经打动观众，如果他们笑得不能自已，被恐惧惊呆，充满着社会义愤，还在擦拭眼泪，那么，银幕突然变黑，片尾字幕开始滚动，将是非常不礼貌的。于是，需要这样的结局：在剧本的最后

---

① ［美］罗伯特·麦基：《故事——材质、结构、风格和银幕剧作的原理》，周铁东译，中国电影出版社，2001年版，第361~366页。

一页加上一行描写，把镜头慢慢送回或者跟拍几秒钟的形象，好让观众喘口气，定定神，庄重地离开影院。

上面我们介绍了罗伯特·麦基《故事——材质、结构、风格和银幕剧作的原理》一书中的主要观点，下面我们介绍另一位好莱坞著名编剧教学专家悉德·菲尔德在《电影剧本写作基础》一书中的观点。

二、悉德·菲尔德（Syd Field）的观点

悉德·菲尔德是享誉全球的编剧和编剧教学专家，他的《电影剧本写作基础》被翻译成二十四种语言，并被全球四百多所大学选为教材。该教材的特点是具有很强的可读性和实用性。

作者在该书中总结的三幕式剧作结构，是好莱坞故事影片的经典结构；他在书中提出的一些具体概念和归纳的做法、技巧，是对好莱坞故事影片生产经验的提炼和升华。这本教科书的影响不但覆盖了包括好莱坞在内的全球故事片生产领域，也对纪录片的故事叙事产生了影响。例如，我们在后面将要介绍的《纪录片也要讲故事》一书，就部分采用了悉德·菲尔德一书中的观点。

从纪实节目故事叙事的角度出发，我们可以发现，虚构和非虚构两大类故事叙事各自面对的对象不同，我们无法照搬悉德·菲尔德的理论，但其理论的基本原理是可以应用在纪实节目领域的，其某些做法和技巧也可以运用在纪实节目的摄制中。因此，我们在下面概略介绍《电影剧本写作基础》一书中可能与纪实节目故事叙事有关的内容。

（一）“三幕式”剧作结构

“三幕式”剧作结构是悉德·菲尔德编剧理论中比较基础的观点。悉德·菲尔德认为，一部电影剧本就是一个由画面讲述的故事，所有故事的共同点是什么呢？他引述让-吕克·戈达尔（Jean-Luc Godard）的话说，故事都有一个明确的开端、中段和结尾，尽管有时不按照这样的次序。[①] 电影剧本都有一个线性结构，并由它来创造电影剧本的形式（form）。因为正是这个结构把故事线的每一个独立的元素、片段都固定在适当的位置上，组成一个整体。一部电影剧本就是一个由画面讲述出来的故事，其内容发生在它的戏剧性结构之中。结构是电影剧本的基石、出发点、蓝图。正如威廉·戈德曼所说，“电影

---

① ［美］悉德·菲尔德：《电影剧本写作基础》，钟大丰、鲍玉珩译，世界图书出版公司，2012 年版，第 5～14 页。

剧本即结构（Screenplay is structure）”[①]。“三幕式”就是电影剧本结构及功能的一个概念。对于这个概念，悉德·菲尔德绘制了一幅示意图来说明（如图2—1所示）：

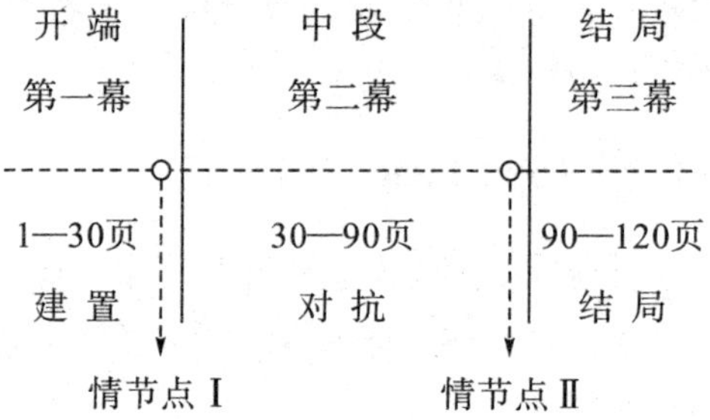

图 2—1　电影剧本三幕结构示意图

上面这幅示意图的具体含义是：

第一幕：建置（set-up）

通常一部好莱坞影片片长 120 分钟，用英文写作剧本，一般而言，剧本 1 页对应银幕放映的 1 分钟。第一幕在影片中的长度约为 30 分钟，它是故事的开端，功能是“建置”。建置的内容包括：故事、人物、戏剧性前提（dramatic premise，故事是关于什么的）、故事的情境（即人物动作周围的环境），并且建立起主要人物和其他围绕他并在他周围活动的人物之间的关系。而这一切，必须在开头的 10 分钟内完成。这是因为观众只需要大约 10 分钟就会做出是否喜欢这部影片的决定。

第二幕：对抗（confrontation）

第二幕是戏剧性动作的另一个单元。它大约有 60 页长，对应银幕放映的 60 分钟。具体起迄是从第一幕结尾处，即第 20 页至 30 页的任何地方，直到第二幕的结尾处。在第二幕，主要人物遭遇和征服一个又一个的障碍，最后实现和达到他或她的戏剧性需求（作者注：在其他研究者那里，“戏剧性需求”也被称为“故事问题”或“戏剧问题”）。这个戏剧性需求可以被定义为：在剧本中人物所期望赢得、攫取、获得或达到的目标。在第二幕中，作者需要明确主人公的戏剧性需求，这样，就可以为这一需求设置障碍，于是，这个故事就成为主人公持续不断地克服一个又一个障碍，从而达到他或她的目的，实现自己戏剧性需求的过程。

---

① ［美］悉德·菲尔德：《电影剧本写作基础》，钟大丰、鲍玉珩译，世界图书出版公司，2012 年版，第 127 页。

所有的戏剧都是冲突。没有冲突就没有动作，没有动作就没有人物，没有人物就没有故事，没有故事就没有电影剧本。

第三幕：结局（resolution）

第三幕也是戏剧性动作的一个单元，大约有20页至30页长，通常发生在第二幕的结尾处，约在第85页至90页，到整个剧本的结尾之间。结局意味着解决，并不等于结尾。结局是结束故事的戏剧性动作单元。

现在谈谈示意图中“情节点”（plot point）的概念。

三幕结构中，第一幕怎样发展到第二幕呢？第二幕怎样发展到第三幕呢？答案是靠“情节点”。所谓情节点，就是任何一个“偶然事故”（incident）、“情节”（episode）或“大事件”（event），它“勾住”动作并且把动作转向另一个方向，即转到第二幕和第三幕。第一个情节点出现在第一幕的结尾处，大约在第20页至第25页或第30页之间。第二个情节点推动故事从第二幕向前发展至第三幕。它通常出现在电影剧本的第80页至第90页之间。

一个故事线上会有很多情节点，但悉德·菲尔德说他只关注情节点Ⅰ和情节点Ⅱ，因为这两个事件是关键节点，它们将成为电影剧本的戏剧性结构的基础。

悉德·菲尔德归纳说，电影剧本的戏剧性结构可以规定为：一系列互为关联的偶然事故、情节或大事件按照线性安排，最后导致一个戏剧性的结局。

（二）人物创造和构建

在人物创造和构建方面，悉德·菲尔德主要有以下观点。[①]

1. 明确人物戏剧需求并设置障碍

悉德·菲尔德写道，一切戏剧都是冲突。首先要明确人物的戏剧性需求：你的主人公想要什么？他（她）的需求是什么？是什么驱使他走向故事的结局？如果作者清楚自己人物的需求，就可以设置达到这一需求而要克服的种种障碍。他（她）克服这些障碍就成为你的故事本身。

2. 动作即人物

在这一点上，悉德·菲尔德恪守亚里士多德的定义。他认为，动作即人物，没有动作就没有人物。一个人的行为表明了他是一个什么样的人，并非只是他的言谈。电影是关乎行为的。在若干人物中，首要的任务是明确主要人

① ［美］悉德·菲尔德：《电影剧本写作基础》，钟大丰、鲍玉珩译，世界图书出版公司，2012年版，第26～124页。

物，明确讲述的是谁的故事。一旦确定了主要人物，作者就可以探索用各种各样的方式去创造一个有血有肉的立体的人物形象。

3. 人物“内在的生活”与“外在的生活”

在创造人物的时候，悉德·菲尔德把人物的生活内容分为“内在的生活”与“外在的生活”两部分：人物从出生到故事发生这一段时间内发生的生活，叫内在的生活，这是形成人物性格的过程；人物从影片开始到故事的结局这一段时间内发生的生活是外在的生活，这是展示人物性格的过程。

人物外在的生活发生在电影剧本的实际时间内，最好的方式是把人物生活分为职业生活部分、个人生活部分（婚姻、恋爱、交往等）、私生活部分（独处时的生活）。

4. 构成令人满意的人物必须具备的四个特质

但凡令人满意的人物，必须具备四个要素或四个特质：

第一，人物有一个强有力而且清晰的戏剧性需求。

第二，有独特的个人观点，即人物观察、看待世界的方式。

第三，有一种特定的态度，即人物的主张或方式，一种理智的判断。

悉德·菲尔德说，有时候，难以区分观点与态度。可见观点和态度其实也可以归为一类来认识。

第四，经历过某种改变或转变。

5. 处理故事与人物关系的两种办法

写剧本有两种办法：一种是先有了想法，然后按照这种想法去创造人物；另一种是创造一个人物，而人物会产生需求、动作和故事。

（三）构筑故事线的方法①

按照悉德·菲尔德的观点，电影剧本可以定义为：把事情经过、情节、戏剧性的事件线性地排列。排列时首先要考虑电影剧本所需要的四个基本组成部分，即结尾、开端、第一幕结尾的情节点Ⅰ和第二幕结尾的情节点Ⅱ。这四个部分清楚之后，就可以按照三幕式结构来构筑情节线了。

构筑、设计情节线的具体方法，悉德·菲尔德推荐“卡片法”。所谓卡片法，是取一叠 3×5 英寸的卡片，在每张卡片上写上你对每一场景或段落的构思，或者简要地写上说明，以便帮助你的写作。剧本每 30 页篇幅大概需要 14

① ［美］悉德·菲尔德：《电影剧本写作基础》，钟大丰、鲍玉珩译，世界图书出版公司，2012 年版，第 179～193 页。

张卡片（作者注：大致相当于1张卡片对应两分钟银幕时间）。如果想将三幕结构的每一幕区别开来，还可以使用不同颜色的卡片，如第一幕用蓝色的，第二幕用绿色的，第三幕用黄色的，等等。卡片法的好处多多：一则情节线上场景、段落等组成内容一目了然；二则可以将卡片任意挪动，从而使情节线上的内容调整变得非常直观；三则修改起来比较容易；四则可以利用它方便地检查“动作—反应”是否明确。

除了卡片法，悉德·菲尔德还列出了另外几种构筑情节线的辅助方法：

其一，只在纸上简单地列出一系列场景，给它们编上号，如：(1) 比尔在办公室；(2) 比尔与约翰在酒吧间；(3) 比尔看见了简；(4) 比尔去赴晚会；(5) 比尔遇见了珍妮；(6) 他们彼此产生了好感。——但悉德·菲尔德不推荐这种方法，因为这种方法不能自由安排和重排场景。

其二，写阐述，内容是关于故事中发生的一些事情的叙述梗概，加上少许的对话。

其三，使用提纲，用一种较具体的对情节的叙述来讲述故事，对话也是提纲的基本部分。通常不超过30页长。

悉德·菲尔德在《电影剧本写作基础》一书中，还就主题、结尾和开端、建置、情节点、场景、段落、剧本的格式、写作电影剧本等内容进行了详细的论述，但由于这些内容紧扣电影剧本创作，具有很强的针对性，与本书宗旨并不十分切合，所以这里就不再赘述了。

三、克劳迪娅-亨特·约翰逊（Claudia Hunter Johnson）的观点

克劳迪娅-亨特·约翰逊的贡献在于，她在《短片剧本写作》[①] 一书中，对于“经典故事”设计中占据统治地位的、基于人物追求欲望目标遭受阻碍而发生冲突，由冲突实现情节的转折，人物最后追求到欲望目标或没有追求到欲望目标的故事模式，提出质疑。她的核心观点是“冲突没有错，只是并不完整”[②]。她提出：我们的生活中充满了改变的时刻，……那些不以冲突为基础来建构的故事也充满着这样的时刻。她引用了珍妮以她（克劳迪娅-亨特·约翰逊）的灵感为基础的论述：“叙事逻辑中的纵向层次或者说等级以及关于斗争的作用等内容长期都受到了重视，但除此之外，在叙事中还存在着横向的模

---

① ［美］克劳迪娅-亨特·约翰逊：《短片剧本写作》，余韬译，世界图书出版公司，2017年版。

② ［美］克劳迪娅-亨特·约翰逊：《短片剧本写作》，余韬译，世界图书出版公司，2017年版，第3页。

式，这种模式中涵盖了角色关系的建构和破坏，这才是故事情感因素的主要来源。”① 克劳迪娅－亨特·约翰逊总结道：“人际关系是人存在的重要构成，也是构成故事的重要元素。”②“在我们讲故事时始终想到‘冲突’和‘联系’”③，“影片内在的情感包含了联系的建构、联系的断裂，以及重建等诸多层次”④。克劳迪娅－亨特·约翰逊提出，通常，喜剧结束于关系的建立，悲剧结束于关系的终止。例如，《罗密欧与朱丽叶》从一个平凡的故事变得如此经典，正是在于故事之中关于两人情感联系的建构和破坏。

归纳一下：克劳迪娅－亨特·约翰逊认为，在故事讲述中，仅有对冲突线的关注是不够的，冲突仅仅是纵向的故事元素；故事中人物联系的建构、破坏（断裂）、重建，是横向的故事元素，而且，后者很多时候是故事情感的来源。

那么，故事中的人物是怎样来实现彼此联系的建构、破坏和重建的呢？克劳迪娅－亨特·约翰逊认为，人物主要通过四种方式来实现彼此间联系的改变。

第一种：发现。通过发现，角色与角色在故事中的联系发生重要改变（转变）。例如，卓别林电影《城市之光》中，小流浪发现卖花女是个盲人，他决定用仅有的几个硬币买她的花帮助她（“陌路人到同情者”的改变）；当汽车开走，卖花女对汽车叫着找钱，小流浪发现卖花女把他误认为是开汽车的有钱人，于是隐瞒自己的身份，不告诉卖花女真相，不破坏卖花女的美梦（“同情者到奉献者”的改变）。

电视连续剧《壮士出川》中，张抗的恋人夏之悦发现张抗对葛薇很关心，产生误解，于是放弃了对张抗的爱情，转而接纳杨彪（“恋人到一般朋友”的改变）。

第二种：决定。发现往往不是角色能够控制的，而决定却不一样。一些重要的决定是剧本中最有力量的时刻。角色做出重大决定的时刻通常都是剧本故事的“情节点”——那些把故事引向一个新方向的改变时刻。克劳迪娅－亨特·约翰逊所谓的角色的决定，不但包括对“纵向”关系冲突的选择、决定，

---

① ［美］克劳迪娅－亨特·约翰逊：《短片剧本写作》，余韬译，世界图书出版公司，2017 年版，第 9 页。

② ［美］克劳迪娅－亨特·约翰逊：《短片剧本写作》，余韬译，世界图书出版公司，2017 年版，第 5 页。

③ ［美］克劳迪娅－亨特·约翰逊：《短片剧本写作》，余韬译，世界图书出版公司，2017 年版，第 11 页。

④ ［美］克劳迪娅－亨特·约翰逊：《短片剧本写作》，余韬译，世界图书出版公司，2017 年版，第 12 页。

也包括对“横向”关系人际联系的选择、决定。

例如，《壮士出川》中，吴天禄发现李波陷害张抗，决定与其他袍哥一道活埋李波。这个决定既密切了他与曾经看不顺眼的张抗的关系，也恶化了他与原来相安无事、敬而远之的政训队副主任李波的关系。

第三种：冲突。角色有欲望，去追求所想要得到的东西，受到阻碍，于是产生冲突。在冲突过程中，角色改变着与冲突对象的联系。

例如，电视连续剧《琅琊榜》里，梅长苏只身来到京城复仇，一开始面对太子集团、誉王集团，是绝对的弱者；后来通过矛盾冲突，逐步战胜对手，实现于对手由弱者向强者易位的转变。

第四种：建构“看似不可能”的联系。克劳迪娅－亨特·约翰逊认为，故事并不能简单地理解为由冲突构成，看似不可能的联系的建立，也可以构成故事。例如，剧中的两个角色在开始的时候完全没有联系——他们之间甚至不太可能发生联系——但在故事的结尾，让我们感受到两个人之间建立起了真正的情感纽带。

例如，《壮士出川》中，张抗和葛薇一开始谁也看不惯谁，后来成为恋人；张抗和袍哥吴天禄谁也不服谁，互相敌视，最后成为生死战友；张抗和杨彪由于出身差异，互相不服气，最后成为生死兄弟。

院线电影《红缘》里，土司大少爷彭措误认为在雍措家养伤的红军战士王二虎是自己的情敌而要与之决斗，后来在对特务的斗争中，两人成为真正的兄弟。

剧情微电影《妞妞》里，妞妞与卖泥人的小贩素不相识，妞妞偷拿了家里的铜锁与小贩换了泥塑公鸡，妞妞妈妈发现了，气冲冲拉着妞妞找小贩退货，换回铜锁；妞妞很失望，小贩善心萌发，将泥塑公鸡送给妞妞；妞妞晚饭时，说今后要嫁给泥人小贩。整个剧情的核心是妞妞与泥人小贩从素不相识到产生“看似不可能的好感”的改变。①

克劳迪娅－亨特·约翰逊关于人物联系的改变或转折也是重要的戏剧要素，这种改变或转折与求索受阻的冲突结合起来发挥作用的观点，对纪实节目讲故事也是有启发的。在可供讲故事的不少真实事件中，由于客观因素的制约，其中很难具备理想的主人公求索遇阻的故事元素，而主人公与其他人物由于种种原因发生彼此联系上的改变或转折，却是非常容易见到的情形。例如，在情感纠葛事件中，也许冲突很淡弱，但人物关系的改变或转折却很突出。在

① 刘纯羽：《微电影剧作教程》，刘一兵审订，北京联合出版公司，2014 年版，第 200～205 页。

这种情况下，致力于采用人物之间联系的改变或转折来作为故事讲述的基本要素，就显得非常重要了。

四、希拉·柯伦·伯纳德（Sheila Curran Bernard）的观点

前面我们介绍的是故事电影编剧意义上的故事讲述原理，那么，作为纪录片，如果要讲故事，应该怎样运用编剧理论来指导创作呢？在这一部分，我们介绍希拉·柯伦·伯纳德在《纪录片也要讲故事》[①] 一书中的观点。从后面的介绍中可以发现，希拉·柯伦·伯纳德所采用的纪录片讲故事的基本原理，就来自故事片讲故事的理论，当然，在具体运用这些理论的时候，有着基于纪录片的限制和要求。

（一）纪录片讲故事的原则[②]

希拉·柯伦·伯纳德强调，纪录片的感染力来源于事实而非虚构，我们不能随心所欲地发明情节点或者人物弧，相反，我们必须从现实生活的原始素材中去挖掘它们。纪录片的故事是建立在对素材进行创造性的安排而非创造性的发明之上的，而且用纪录片讲故事一定不能以牺牲新闻工作者的职业道德为代价。

对纪录片而言，并非所有的故事都得是三幕式结构，确切地说，讲故事并非意味着人工赋予素材原本不存在的张力。故事的张力是从素材本身以及作为电影制作人的结构素材的方式中有机地生发出来的。

（二）关于故事的基本术语及其内涵[③]

1. 故事链（narrative spine，or train）

在希拉·柯伦·伯纳德的语汇中，故事链是指影片的总故事作为影片的叙事主干，是串联起一部影片的链条。这根链条是故事的要素，它贯穿影片的始终，并且推动影片向前发展。找到一个恰当的链条，以此为基点展开故事，你就可以根据需要制造一些“迂回”，如开端、复杂的推理、补充角色——任何

---

① ［美］希拉·柯伦·伯纳德：《纪录片也要讲故事》，孙红云译，世界图书出版公司，2011 年版。

② ［美］希拉·柯伦·伯纳德：《纪录片也要讲故事》，孙红云译，世界图书出版公司，2011 年版，第 3～12 页。

③ ［美］希拉·柯伦·伯纳德：《纪录片也要讲故事》，孙红云译，世界图书出版公司，2011 年版，第 17～32 页。

你所需要的。

2. 主题

希拉·柯伦·伯纳德认为，从严格意义上说，主题是一个特定故事的总体的潜在的中心思想，它往往阐述人类关于某方面的一个持续性观念。

3. 故事弧

希拉·柯伦·伯纳德写道，这里的“弧”（arc）指的是故事中人物经历某些事件后观念发生变化的整个历程。例如，过度劳累的工作使主人公明白了应该把家庭放在第一位，一向谨小慎微的部长支持主人公接管了这家公司，一组从不被人注意的籍籍无名的少年队赢得了国际象棋锦标赛。希拉·柯伦·伯纳德认为，在纪录电影中，故事弧很难被找到。如果通过事实证据能够把故事弧具体化，那么只呈现和故事弧有关的事实就可以了。

4. 情节和人物

电影通常是因情节或人物的驱动而展开的。人物驱动的影片是指影片的情节取决于人物的愿望和需求，而情节驱动的影片是指人物服从于那些建构起情节的事件（许多惊悚片和动作片都是由情节驱动的）。希拉·柯伦·伯纳德认为，在纪录片中，同时存在着人物驱动和情节驱动这两种类型的影片，而两者之间则是巨大的灰色地带。

例如，纪录片《细细的蓝线》中，主人公兰德尔·亚当斯漫不经心地让一位搭车客上了车，结果却把自己送上了死亡之路。这部影片部分的力量来自亚当斯对改变那些事件的无能为力。

又如，另一部纪录片《美国女儿越南妈妈》则是由主要人物海蒂·巴布的需求驱使的。海蒂·巴布出生在越南，被人丢弃，后来又被人收养。影片对一系列过去事件的追踪始于巴布决定与生身母亲团聚。

5. 戏剧性故事讲述

戏剧性叙事更多地特指由角色驱动的故事。希拉·柯伦·伯纳德归纳了那些使故事发挥作用的基本元素。它们是：

故事讲述的**人物**与我们有情感共鸣。

这个人物非常渴望某些**事情**。

这件事情**很难**，但有可能实施、达到或完成。

讲述这个故事是为了在观众观影过程中实现最大限度的**情感碰撞**以及**激发观众的参与性**。

这个故事必须抵达**一个令人满意的结局**（这并不意味着故事必须有个幸福的结局）。

下面的内容，是希拉·柯伦·伯纳德对上面的概念所做的进一步阐述。

你的故事是关于谁或者关于什么事的

这个某人是你的主角，你的英雄，也是故事讲述的实体。

中心角色也并不一定得是某个人物。例如，历史纪录片《纽约》中，纽约城本身成为主角。

什么是主角需要的

某人渴望的某事也要作为一个目标或者客体被提出来。关于怎样做到恰如其分的处理，作者进行了进一步分析。

积极的对抗消极的

总体上说，你需要故事的目标和主人公是积极的，这就意味着你需要你的故事主人公能够掌握他自己的生活，即设置一个目标并为实现这个目标去做需要做的事情。

消极的目标是类似这样的事情：一个女秘书消极地等待加薪，目的是支付隆胸手术的费用。而这样的目标是观众所不关心的。

目标要有价值，可以不崇高，但它必须有足够的分量值得人们为它花费宝贵的时间和资源。

困难与障碍

纪录片所需要的目标，必须是很难实施或者实现的。如果目标很容易实现，就不会让观众感觉紧张，也就没有张力了，从而也就很难激励观众一直保持观看的兴趣。紧张是我们在问题或者事件尚未得到解决时的感受，尤其在我们期望问题或者事件得到解决的时候。

获取张力的解决办法之一是：通过冲突表明敌对势力之间的争斗。天气、疾病、战争、自我怀疑、缺乏经验、傲慢——这一切都可能是你的主角在努力实现他的目标道路上的障碍。

有价值的对手

要让主人公有一个有价值的对手，这个对手并不意味着是坏人。在纪录片《无声的呐喊》中，小海瑟的父母反对她进行耳蜗移植手术，不是出于恶意，而是出于对她深深的爱，以及他们对聋文化强烈的投入。

反对者不一定是某个人，也可能是社会压力之类。

具体的目标

尽管有困难，但是目标应该是可能付诸实施或者可以实现的，确定而真实的目标最佳。抽象的有价值的目标不能充分服务于故事，应发现具体的目标。

情感的影响和观众的参与

通过讲述一个故事，对观众造成巨大的情感冲击，并激发他们的参与热情，这可能是最困难的。我们常说“要展示，而不是讲述”，这意味着在提供证据和信息的同时，要让观众亲身经历其间，让他们期待事件的曲折变化，以一种积极的而不是消极的方式追随故事线。作为失败的例子，希拉·柯伦·伯纳德提到，有很多影片利用蹩脚的叙述、大量的图表，或者以充塞采访的方式告诉我们应该思考什么。

追求故事的情感冲击力，意味着导演将尽可能地架构好故事的冲突、高潮、结局，以及成功、失败、转折，使它们与故事讲述的内容相契合。观众期望临近结局之时故事中的张力会不断增强，每场戏越来越短，节奏越来越紧凑，生死攸关的部分越来越充满高度的悬念。随着观众开始了解故事人物以及理解他们的所思和所需，观众便愈加关心人物的命运走向——这就是观众走进了故事。这种结构上的编排大部分是在剪辑室里进行的，不过某种程度上，在做计划或拍摄时如果提前考虑到结构问题，效果将有所不同。

增加张力

增强讲故事的感染力的另一个方式是讲一些利害攸关的事情，并增加其风险性，直指影片的最后一刻。随着真正的危机增强或者时间流逝，张力可能随之增强。

一个令人满意的结尾

结尾一定要解决你在影片开头提出的问题。希拉·柯伦·伯纳德建议带着问题开始一部影片：一个小女孩患了危及生命的心脏病，而这种病却没有已知的有效外科治疗方案。你的影片将带着观众进入一场手术实验，观众认识了一位魅力非凡的医生，他为了解决这个非同寻常的医学难题做出了极大的努力，最后攻克了一个医学难题，他的成果可能对这个小女孩的病情起作用。如果影片结束在这项医学突破上，观众是不会满足的。观众已经进入这个小女孩的故事，所以，令人满意的结尾是那位外科医生的工作一定要与这位小女孩相关。

从上面的介绍看来，希拉·柯伦·伯纳德的论述完全没有超出我们前面介绍的剧情片讲故事的理论范畴，唯一不同的是，作者考虑了纪录片不能虚构事实的特殊性。希拉·柯伦·伯纳德的纪录片讲故事理论，以经典剧情片叙事理论为基础，同时根据纪录片的特性进行取舍、化用，最后形成用于指导纪录片故事叙事的理论工具。这个处理的姿态和做法，对我们后面会涉及的运用本章的精神指导纪实节目的故事叙事，提供了借鉴。

上面我们介绍了四种有价值的编剧或纪录片故事叙事理论，在后面的内容中，我们将围绕本教材的宗旨，结合我们自身的思考，结构出我们的纪实节目故事叙事教学体系。

思考和练习

一、结构有哪三个特征？

二、法国学者热拉尔·热奈特是经典叙事学的学者吗？

三、《民间故事形态》一书的作者是谁？他属于什么学术流派？

四、电影符号学最重要的理论代表是谁？电影符号学第二阶段的标志是他的哪本著作？

五、电影叙事学步入成熟，与哪位学者的哪部著作有关联？

六、在罗伯特·麦基看来，故事的材质是什么？

七、罗伯特·麦基所谓的“激励事件”指的是什么？

八、请谈谈你对罗伯特·麦基“冲突法则”的认识。

九、悉德·菲尔德的“三幕式”剧作结构的含义是什么？

十、悉德·菲尔德所说的“情节点Ⅰ和情节点Ⅱ”是什么含义？

十一、克劳迪娅—亨特·约翰逊认为“人物联系的改变或转折也是重要的戏剧要素”，请谈谈你对这个观点的看法。

十二、你是怎样理解希拉·柯伦·伯纳德关于纪录片讲故事的原则的？

十三、谈谈你对运用叙事理论或影视编剧理论去指导故事叙事活动的体会。

第三章　选择有故事潜质的事件

第一节　故事叙事的两种要素

自从人类社会有了故事以来，就始终存在两种故事叙事：第一种是完全凭借想象，虚构出现实生活中不曾有的事件，并用特殊的方式讲述出来；第二种是对现实中实际存在过、发生过的某些人物经历或事件，用特殊的方式讲述出来。我们可以把中国古代神话“夸父逐日”“精卫填海”等归入第一种情形，而把《史记》中的《项羽本纪》《陈涉世家》《廉颇蔺相如列传》等内容归入第二种情形。那么，上述两种故事叙事，到底有没有共同之处呢？如果有，这个共同之处是什么呢？为了弄清楚这些问题，我们先来读一则故事：

人类学家为了了解不同文化背景对人类生存观念的塑造，专门从4个国家分别选择了4组人，每组都是两男一女，全部未婚，然后让他们分别到4个与世隔绝的小岛上生活10年。10年之后，人类学家先后到了这些岛上，结果看到了惊人的不同。

中国人的岛上：在到来的第一年，两个男人就展开了追求女人的攻势。其中一个成功了，并和那个女人结婚，生了好多孩子，种着地，养着牛，一派田园风情。失败的男人找到一个山清水秀之所在，盖起一座小庙，当了和尚。

德国人的岛上：10年来，女人都在照顾着两个男人的生活，而两个男人每天都在用哲学的方式讨论这个女人到底应该属于谁。

意大利人的岛上：刚来没多久，两个男人就用决斗的方式来决定这个女人到底应该属于谁，结果一人战死，现在岛上只剩下另一个男人与女人快乐地生活。

美国人的岛上：一个女人孤独地生活着，两个男人结婚了。[①]

这个故事，由四个小事件构成一个大的事件（人类学家的试验）。四个小事件不是一般的事件，而具有如下特点：

事件中包含因果关系（由于人类学家做试验，所以才有十年之后的结果；由于试验具有“两男一女”的设计，所以必然产生爱情争夺，等等）。

事件中包含人与人的冲突（两个男人面对一个女人，展开争夺）。

事件中的人物注定有一个麻烦不断的欲望目标（大部分岛上的两个男人都心存追求女人的欲望目标；但其中的任何一个对女人展开追求，都必然遭遇来自另一个男人的阻碍，双方相互构成对方实现目标的障碍，因而“麻烦不断”）。

事件的结局是未知的（谁能获得女人？十年之后四个组会是什么结果?）。

事件进程出现转折（小事件中，两男一女和平共处的平衡状态终将被打破，一人欢喜一人愁；大事件中，出现美国人式的“出人意料”的组合）。

事件中包含叵测的人物命运（谁是成功者，谁将失败，不可预知）。

这个故事中的事件包含上述种种潜在资质，我们称之为“故事潜质”。关于故事潜质我们将在后文详细分析。正是故事潜质使上面的事件区别于一般事件。显然，这个事件是一个可以用于故事讲述的特殊事件。上面那则故事是虚构产生的，是作者按照故事化的要求，虚构了事件并通过虚构赋予事件种种故事潜质。这种虚构事件通过电影、电视剧，每天都在上演，这属于文学和影视艺术的基本任务，是文学及影视艺术创造性的主要体现之一。

我们再举一个对真实事件进行故事叙事的例子。《史记》卷八十一《廉颇蔺相如列传》记载了“完璧归赵”的故事：

赵惠文王时，得楚和氏璧。秦昭王闻之，使人遗赵王书，愿以十五城请易璧。赵王与大将军廉颇诸大臣谋：欲予秦，秦城恐不可得，徒见欺；欲勿予，即患秦兵之来。计未定，求人可使报秦者，未得。宦者令缪贤曰：“臣舍人蔺相如可使。”王问：“何以知之?”对曰：“臣尝有罪，窃计欲亡走燕，臣舍人相如止臣，曰：‘君何以知燕王?’臣语曰：‘臣尝从大王与燕王会境上，燕王私握臣手，曰“愿结友”。以此知之，故欲往。’相如谓臣曰：‘夫赵强而燕弱，而君幸于赵王，故燕王欲结于君。今君乃亡赵走燕，燕畏赵，其势必不敢留

① 摘自任金州、程鹤麟、张绍刚：《电视策划新论》，中国广播电视出版社，2002年版，第294页。引用时有改动。

君，而束君归赵矣。君不如肉袒伏斧质请罪，则幸得脱矣。'臣从其计，大王亦幸赦臣。臣窃以为其人勇士，有智谋，宜可使。"于是王召见，问蔺相如曰："秦王以十五城请易寡人之璧，可予不?"相如曰："秦强而赵弱，不可不许。"王曰："取吾璧，不予我城，奈何?"相如曰："秦以城求璧而赵不许，曲在赵。赵予璧而秦不予赵城，曲在秦。均之二策，宁许以负秦曲。"王曰："谁可使者?"相如曰："王必无人，臣愿奉璧往使。城入赵而璧留秦；城不入，臣请完璧归赵。"赵王于是遂遣相如奉璧西入秦。

秦王坐章台见相如，相如奉璧奏秦王。秦王大喜，传以示美人及左右，左右皆呼万岁。相如视秦王无意偿赵城，乃前曰："璧有瑕，请指示王。"王授璧，相如因持璧却立，倚柱，怒发上冲冠，谓秦王曰："大王欲得璧，使人发书至赵王，赵王悉召群臣议，皆曰'秦贪，负其强，以空言求璧，偿城恐不可得'。议不欲予秦璧。臣以为布衣之交尚不相欺，况大国乎！且以一璧之故逆强秦之欢，不可。于是赵王乃斋戒五日，使臣奉璧，拜送书于庭。何者？严大国之威以修敬也。今臣至，大王见臣列观，礼节甚倨；得璧，传之美人，以戏弄臣。臣观大王无意偿赵王城邑，故臣复取璧。大王必欲急臣，臣头今与璧俱碎于柱矣！"相如持其璧睨柱，欲以击柱。秦王恐其破璧，乃辞谢固请，召有司案图，指从此以往十五都予赵。相如度秦王特以诈佯为予赵城，实不可得，乃谓秦王曰："和氏璧，天下所共传宝也，赵王恐，不敢不献。赵王送璧时，斋戒五日，今大王亦宜斋戒五日，设九宾于廷，臣乃敢上璧。"秦王度之，终不可强夺，遂许斋五日，舍相如广成传。相如度秦王虽斋，决负约不偿城，乃使其从者衣褐，怀其璧，从径道亡，归璧于赵。

秦王斋五日后，乃设九宾礼于廷，引赵使者蔺相如。相如至，谓秦王曰："秦自缪公以来二十余君，未尝有坚明约束者也。臣诚恐见欺于王而负赵，故令人持璧归，间至赵矣。且秦强而赵弱，大王遣一介之使至赵，赵立奉璧来。今以秦之强而先割十五都予赵，赵岂敢留璧而得罪于大王乎？臣知欺大王之罪当诛，臣请就汤镬，唯大王与群臣孰计议之。"秦王与群臣相视而嘻。左右或欲引相如去，秦王因曰："今杀相如，终不能得璧也，而绝秦赵之欢，不如因而厚遇之，使归赵，赵王岂以一璧之故欺秦邪！"卒廷见相如，毕礼而归之。

相如既归，赵王以为贤大夫使不辱于诸侯，拜相如为上大夫。

上面这个事件，被《史记》记载，而《史记》是历史著作，显然，这是一个真实事件。但这个真实事件也具有如下特点。

事件中包含因果关系：由于秦强赵弱，秦国提出以十五城池交换和氏璧，赵国不敢违逆，于是需要遣使前往处理这个棘手的问题；蔺相如受命前往，用计谋破解秦国阴谋，完璧归赵，维护了赵国的尊严和利益，整个事件具有清晰的因果链条。

事件中包含人与人的冲突：蔺相如和秦王，两人为维护各自国家利益，就和氏璧的归属展开争夺。

事件中的人物注定有一个麻烦不断的欲望目标：蔺相如以个人面对强大而蛮横的秦国，要想完璧归赵，注定难以遂愿。

事件的结局是未知的：直到最后结果出现，人们并不知道和氏璧最终的归属。

事件进程出现转折：第一个转折是蔺相如以卑微的舍人身份被破格擢升担任国家使者的职务，承担护送和氏璧的重任；第二个转折是蔺相如见秦王有食言毁约、强占和氏璧的迹象，设计骗回和氏璧；第三个转折是蔺相如派人送和氏璧回国，化解秦王对自己生命的威胁；第四个转折是蔺相如智斗秦王，完璧归赵并捍卫了赵国的尊严，也维护了自己的生命安全，获赵王官拜上大夫，实现了个人身份由卑微至尊贵的转折。

事件中包含叵测的人物命运：面对强秦，蔺相如只身使秦承担重任，结局如何，难以预测并令人担忧。

上述特点使这个真实历史事件具备了故事潜质。如果我们认真考察历史和现实便可以发现，某些真实事件，诸如人物命运兴衰的事件、刑事案件、情感冲突事件，等等，都可以被纳入故事叙事范畴，作为讲故事的材料。

上面的两个例子，分别代表着可供故事叙事的虚构事件和真实事件。纵观人类故事讲述活动的历史，可以发现，存在两个故事讲述领域：对虚构事件的故事讲述和对真实事件的故事讲述。两者的区别在于：虚构故事通过虚构赋予事件故事潜质；而可以用于故事讲述的真实事件，其故事潜质需要通过分析予以发掘，事件本身需要经过选择方能进入故事叙事。**事件本身具有故事潜质，这是故事叙事涉及的第一个共同要素。**

故事叙事的第二个要素是讲述的方式。

我们仍然从分析上面第一个故事开始。第一个故事，在叙述的时候可以有四种排列方式。但通常认为，对中国听众而言，只有上面这种排列方式是最好的。理由在于，中国听众最熟悉中国人那一组，故事主人公的决定方式最能获得中国听众的理解，放在前面，能立刻激起听众继续听下去的兴趣；德国人的方式沉闷乏味，但毕竟是新的情景，放在观众兴趣犹在的时刻讲述，不至于使听者兴趣消失；意大利人的方式表现为激烈的冲突，可以一下打起读者的精神，让其进入兴奋状态，并期待最后的结果；美国人的方式荒诞得出人意表，以无法预测的“意外”实现了整个这一组事件的“转折”，给了读者一个满意的结局。在叙述的时候，唯有中国人这一段，渲染了山清水秀的细节，为的是唤起中国听众真切的感受，到了后面，叙述就非常简略，只用事件进程本身去打动听众。

除了顺序排列方式之外，采用其他讲述方式也会影响叙述效果。例如，对意大利人那一组，叙述时可以有多种方式：

第一种，按照事件的自然进程叙述。先讲述缘起，接着讲述两男一女到岛上，再讲述两男因追求女人发生矛盾，最后讲述决斗情境，交代一死一存的结果。

第二种，先讲述海岛上一个男人被杀死，提出问题：“他为何而死？是谁杀死了他？是什么原因导致他被杀？”激起听众兴趣后追溯原因，回头介绍此前的过程。

第三种，先讲述两个男人决斗的血腥场面，旁边有一女人在观战；然后插叙事情缘起；最后回到决斗现场，讲述决斗的最后结果。

…………

还可以列出一些叙述方式。如果细细体味，这些不同的叙述方式可以导致很不一样的叙述效果。

不但如此，如果变换叙述者的视角，例如，不是像现在这样以局外人的视角、第三人称来叙述，而是采用两个男子中某一个男子的视角，以第一人称来叙述，或者采用女子的视角，以女子的第一人称来叙述，效果都会不一样。

还有，对事件展开叙述，不断渲染细节，给人的感受也会不一样；在最后结果出来之前，通过展示决斗双方的内心压力，以获得张力，并扣压结果信息设置悬念，都会造成不一样的效果。

接下来，我们对后面那个例子进行分析。

首先，《史记》作者司马迁对主人公蔺相如经历的事件环节进行了选择。围绕“完璧归赵”这一事件，一定会有很多信息材料，但司马迁只选择了“宦者令缪贤向赵王介绍蔺相如的见识水平”“蔺相如主动请缨出使秦国”“蔺相如见秦王有食言毁约苗头而骗回和氏璧，并以人璧俱毁要挟秦王斋戒五日后呈送和氏璧”“蔺相如暗中使人易装携璧归国”“秦王无计可施放回蔺相如”“赵王拜蔺相如为上大夫”等环节。所选择的事件环节，要么为人物出场做铺垫，要么是人物采取的重要行动，要么包含冲突，要么包含转折。

其次，作者对重要场景进行细致描写。如蔺相如设计拿回和氏璧后，以人璧俱毁胁迫秦王打消强占念头；识破秦王以地图假意允诺城池兑换的诡计并以斋戒五日为借口拖延时间；蔺相如将和氏璧平安送回赵国之后，面对秦王主动请死，迫使秦王权衡利弊而自己得以安全返回赵国。对上述这些环节，作者都进行了比较细致的描写。

最后，确定了以蔺相如为中心的叙述视角。其实这个故事也可以以秦王为中心展开叙述，那样的话，整个故事就会是另一番景象。

从上面的论述中我们可以看出，**面对包含故事潜质的事件——不管这个事件是虚构的还是真实的，采用某种特定的方式来讲述，也是故事叙事中的要素之一**。

正是上面两个要素，构成了故事化叙事的内涵。简单地说，故事化叙事就是用讲故事的方式来讲述某些特殊的事件。这些特殊的事件，可以是虚构的，也可以是真实的，也可以是真实和虚构结合的（如“真人秀节目”用规则促使事件具备故事潜质）；而讲述故事的方式，在基本原理、基本手法、基本技巧方面是一致的，只是由于虚构、真实或者虚构真实结合的事件本身在提供故事讲述的基础方面存在差异，在故事讲述的处理上存在不同的限制，使得讲述故事的具体方法时常呈现差异。但考察故事叙事的实践情况，可以发现，对不同性质的事件进行故事讲述，共同点远远大于差异点，供讲述的事件具备故事潜质和采用特殊的方式进行叙述，是故事叙事共有的要素。因此，将针对虚构事件的故事叙事原理、手法、技巧运用于非虚构事件的叙事，便有了可能。这是本教材的体系逻辑和具体内容得以成立的基础之一。

由于主旨的规约，本书所关注的是纪实节目，即非虚构视听节目的故事化叙事，也就是用讲故事的方式对具有故事潜质的真实事件利用视听材料展开叙述。后面，我们将深入探讨这一问题，并致力于培养读者在纪实性视听节目领域的故事叙事能力。

第二节　什么是故事潜质

上面我们提出了“故事潜质”的概念。之所以要使用这个概念，是因为实际工作告诉我们，在纪实性电视节目或视听节目的故事讲述活动中，遴选出可以用于故事讲述的真实事件至关重要。在非虚构故事叙事领域，事件本身必须具备故事叙事的资质，再由讲述者运用故事叙事的方式对其进行讲述，该事件才能够转化为一个“故事”。而故事潜质的概念，有助于我们去识别、发现能够进行故事叙事的事件，而这恰恰是非常重要的基础性工作。

在对虚构事件进行故事叙事的领域，作者在虚构事件的时候，通常遵循一些原则，这些原则在前面我们介绍故事叙事的理论工具时，已经多角度涉及了。根据这些原则，虚构的事件在被创设出来时便包含了故事潜质。作者继而运用讲故事的方式、方法、技巧进行叙述处理，一个虚构的故事就诞生了。虚构事件与真实事件是否具备讲故事的潜质，其基本判断标准是一致的；蕴含于虚构故事事件中的故事潜质，也可以被用来作为判定真实事件是否能够用于故事叙事的参照系。下面，我们就来看看虚构故事的事件中所包含的故事潜质：

故事事件首先是一个有起因、发展、转折、结局的，内部具有因果联系的完整事件。小至一篇微型小说，大至一部电影故事片或电视剧乃至长篇小说，其基本构成就是一个完整事件。这个事件通常都包含起因，经历发展，经过若干转折，最后有一个不可逆转的结局。需要说明的是，既然是事件，就意味着是一个发展过程，因此，静态的事实不可能成为故事事件。

在虚构故事事件中，事件的主人公和围绕主人公的人物关系网，都表现为特定的个人。人是故事的主角，这里所说的“人”，可以是一个人，也可以是几个人；围绕他（她）的人物关系网，也由具备不同功能的个人组成。故事事件中的人有几个特点：其一，所有人都是有名有姓、有外形有内心活动的特定个人，在严格意义的故事里，人不会以群体面貌出现；其二，故事中的人物都有特定的功能，通常，主人公是人们同情、关注、希望他（她）有好结果、好命运的对象，反面角色则是为主人公成长制造麻烦而存在的，等等。俄国形式主义理论家弗拉迪米尔·普洛普以俄罗斯民间故事为研究对象归纳出的“7种角色”理论，就是关于故事中人物功能的概括。有时候，故事事件中的人物以非人类的形式出现，如卡通片中的动物，神话故事中的神仙，科幻故事中的超人，等等，其实他们都是变幻了外形的人，其语言、内心活动、性格等，都是人所具备的。

虚构故事事件中，人物通常会产生特定的动机，由此动机激发特定的、充满麻烦的欲望目标。这个欲望目标被称为“故事问题”（在戏剧和电影中，“故事问题”被表述为“戏剧问题”）。在故事的结尾，主人公的欲望目标要么得到完全的满足，要么彻底得不到满足，总之，必须有一个不再变化的结局；一旦这个结局出现，我们就将其表述为“故事（戏剧）问题得到解决”。故事的终结点，在于故事问题的解决。

在虚构故事事件中，主人公会在动机驱使下采取行动（动作）去争取欲望目标的实现，行动可能会在三个方面遭遇阻碍或遭遇反行动（反动作），即来自内心的阻碍、来自他人的阻碍和来自自然界的阻碍；有时这三个方面的阻碍同时出现在主人公身上或面前，有时只有一种或两种阻碍出现。主人公为了实

现欲望目标，必须克服阻碍和应对反行动，这样，正面力量和反面力量产生对撞，对撞的状态就是“冲突”。冲突在故事叙事中的地位极为重要，在某些特殊领域，例如需要吸引观众在剧场、在影院、在电视机和电脑前观看的戏剧作品和剧情作品，冲突甚至被视为故事的生命。因为，这些场合是严酷的试验平台，无数经验告诉故事叙事者，一旦在这样的环境中上演的故事缺乏冲突，观众就会失望地离开。

冲突在故事中具有核心的地位，但在某些故事里，人物与人物联系的改变，亦即人物联系的“建立—破坏—建立”或者“破坏—建立—破坏”，也是重要的情节发展动力。尤其是在一些情感类事件中，人物联系的改变，成为与冲突共同发挥作用的戏剧因素；某些特殊情形下，人物之间联系的改变甚至成为主要的戏剧因素。

故事事件包含“转折”。克服阻碍也好，发生冲突也好，人物联系改变也好，都是为了促使转折的出现。故事事件其实就是主人公在实现欲望目标的过程中，不断克服阻碍和反行动，其间发生冲突，从而促使事件或人物命运沿着正面/负面或负面/正面两极价值一再转折的过程；或者是主人公与其他相关人物要么围绕冲突，要么由于其他原因而屡屡发生关系上的改变的过程。这种在故事事件、人物命运之中和在人物关系之间的“两极价值”间的转折，被看作“故事价值”之所在。几乎所有故事的结局，都是故事最后一次意义最重大的、不可逆转的“转折”，包括事件进程的不可逆转转折、人物性格的不可逆转转变、人物之间关系的不可逆转转化。例如，主人公在开始时，面对恐怖分子，势孤力单，居于弱势，但随着情节的进展，在故事事件的结尾，他战胜了恐怖分子，使事件完成了“弱势/强势”的转折；又如，主人公在故事开始时是懦弱的，在结局部分则转变为坚强的战士，实现了人物性格上的“懦弱/勇敢”的转变；再如，主人公与某配角在故事前部分相互看不惯，在故事结局部分则因为共同战斗而转化为生死兄弟关系，完成了人物之间“龃龉者/好朋友”的转化。在上面提到的三个方面的转折中，好莱坞编剧教学对前两种转折有专门的概念来指称：故事事件从开头到结尾所呈现的“正/负”或“负/正”价值转折被称为“故事弧”（电影弧）；人物性格纵贯故事始终，其间发生的“正/负”或“负/正”价值转变叫“人物弧”。按照这个命名原则，人物之间围绕着冲突所实现的人物关系上的“正/负”或“负/正”价值转化，似乎可以命名为“人物关系弧”。

以上，就是包含在虚构故事事件中的故事潜质。严谨而经典的故事通常都会具备上述潜质；但有的故事事件可能只具备其中的一两项潜质，例如，有人物，有转折，就可以构成简单的故事。在《故事会》这样的杂志中，我们经常可以读到这样简单的故事。

在纪实视听节目中，还有一些例外的情况。例如：

有的事件，其中没有人物作为主人公，仅仅是因为事件包含了“不明真相”“未解之谜”等，具有满足人们好奇心的特质，当它们被纳入叙述者叩问真相或谜底的视野，就可以作为故事事件。例如，在探秘纪录片中出现的“神农架野人之谜”“恐龙灭绝之谜”“宇宙的起源与演化”，等等，就属于这一类。因此，这种情况可以被看作一类特殊的故事潜质。这类潜质主要表现为事件蕴含满足人们求知欲、好奇心的神秘因素。叙述者如果启动对这些神秘因素的探究，则其中蕴含的神秘因素就成为故事潜质。

有的事件甚至事实，或者由于远离都市文明，或者由于远离普通人的生活，总之，远离人们的一般经验，对于视听节目的主流观众——都市人群来说，具有“陌生化”效应，也可以被纳为故事讲述的对象。例如，一般人都知道航空母舰，但对于航空母舰上到底是什么情形并不熟悉，于是，“走进航空母舰”就可以成为故事讲述的素材。这些事件或事实所具备的“陌生化”效应，也可以被看作另一类特殊的故事潜质。当然，对于具备“陌生化”效应的事实，在叙述时必须经过“进程化”即事件化的转换，经过故事技巧例如设置悬念的处理，才可以纳入故事讲述，这在后面将会专门探讨。

有的事件，如人类与大规模的各类突发事变（如自然灾难、食品问题、环保危机、治安危机等）进行斗争的事件，其中的人物往往会以“群体主人公”的形式出现。在虚构故事叙事中不成问题的主人公个人化问题，在这里会成为突出的问题。这类题材的节目，只见群体不见个人，是相当普遍的情况。故事中的主人公表现为特定的个人这一项故事潜质，在这类事件中表现得并不典型。这在纪实节目故事叙事领域是值得注意的特殊情况。

对于虚构事件的故事讲述，作者在创作时遵循的种种规则、技巧，规约着作者对故事潜质的创造；因此，故事潜质在创作时就被赋予到事件之中。故事事件被虚构出来之际即富含故事潜质。在此基础上，作者继而运用讲故事的方法对事件进行讲述，将事件转化为情节，并施以各种技巧；其间，优秀的作者会利用自己的专业才智对故事潜质做最大限度的发掘、升华、渲染、强化，最终，形成完整而充满魅力的故事文本。

纪实节目的制作则不同。这个领域的故事叙事，事件不能虚构，只能从历史和现实存在的真实事件中去遴选，“故事潜质”这个概念在这里显示出它的特殊价值：凡是包含故事潜质的事件，就可以用来讲故事；而不具备故事潜质的事件，就不能用来讲故事。参照前面对故事潜质诸种表现的介绍，我们可以通过对事件进行分析，发现蕴藏在其中的故事潜质，并据此做出判断，从而完成对故事事件的遴选。选择出能够进行故事叙事的事件，是纪实节目故事叙事的基础性工作。

对于纪实节目的故事叙事而言，故事潜质的概念还有一个好处，那就是这个概念提醒故事讲述者，故事潜质仅仅是一种潜在特质，如果不能采取恰当的方式、方法和技巧去讲述，在讲述中发掘、升华、渲染、强化事件中的故事潜质，把故事潜质转化成故事魅力，故事叙事就并没有成功。在实践中，具有故事潜质的事件仅仅由于讲述的拙劣而被制作为平庸乏味的视听文本的情况，并不鲜见。

下面，我们将结合纪实视听节目故事讲述的实践，具体探讨如何遴选具有故事潜质的真实事件作为故事讲述题材。

第三节　具有故事潜质事件的类型

关于具有故事潜质的事件，需要明确两个前提：

第一个前提，故事都是由事件构成的，孤立的事实无法成为故事。因此，这里所说的事件，是具有因果关系和完整过程的进程性事件。

第二个前提，故事化叙事是事件和叙述的结合，如果没有符合故事化规律的叙述，任何事件不会自动地成为故事；而不掌握具有故事潜质的事件，故事化叙事方式和技巧也无能为力。例如，面对一次冗长乏味的马拉松会议，没有谁能够将它变成故事。因此，纪实视听节目故事化叙事要做的首要工作，就是寻找具有故事潜质的事件。需要指出，在历史和现实中存在的真实事件，其中只有很少的一部分具备故事潜质。

下面是我们根据国内外纪实视听节目的制作实践，归纳出的具有故事潜质的事件类型。这些类型可以供我们在遴选故事事件时借鉴和参考。

一、人类与各类灾难进行斗争的事件

人类社会发展至今，总是面临各种类型的灾难。例如，来自自然界的灾难有洪水、飓风、干旱、地震、山火、山崩、地陷、泥石流，等等；来自人类社会内部的灾难有火灾、车祸、通信大面积中断、交通瘫痪、恐怖袭击、有毒食品、通货膨胀、动乱、战争、瘟疫，等等。当这些灾难出现的时候，人们总是与其做坚决的斗争，直至克服灾难，消除危机，让生活归于平衡。

故事潜质分析：这类事件中，包含人与种种灾难及导致灾难的力量的冲突；同时，这类事件注定会有一个完整的由发生到发展最后归于解决的过程。显然，冲突和具有因果关系的完整事件过程，是典型的故事潜质。

二、面对合法利益被伤害，主体介入，揭示被掩盖真相的事件

许多新闻评论、新闻专题、新闻背景栏目的曝光节目，常常选择这类事件作为题材。这类事件通常包含两种基本元素：其一，是合法利益被伤害，并且真相被掩盖起来；其二，是某个主体，通常是记者，或者是其他人士，采取行动去揭示那被掩盖的真相。

故事潜质分析：主体介入揭示真相必定是一个针对“真相”的求索过程，并且这个过程注定会遭遇困难和障碍，这会导致合法与非法、正义与邪恶的冲突；事件本身包含的被掩盖真相构成天然的悬念；合法利益被伤害，使对事件真相的揭示具有正义性，这能赢得观众的情感倾斜；当真相被揭示，非法势力受到惩罚，出现“恶与善”的不可逆转的大结局，往往能够提供戏剧般的叙事高潮。由此可见，这类事件故事潜质也十分丰富。

三、人物命运大起大落的事件

在生活中，存在着命运轨迹大起大落的人物。如果把他们的命运看作一个动态的演变过程，则其命运的演变就成为富于故事潜质的事件。例如，人物不甘于贫困，采取致富的行动，遭遇来自环境、他人和内心的阻碍，经历若干挫折，最后获得成功——这是“大起”的事件。又如，人物起初富甲一方、势焰熏天，几经变故、拼命挣扎，终于难挽颓势，最后从显赫里陨落，一贫如洗，甚至锒铛入狱——这是“大落”的事件。

故事潜质分析：这两种情形都包含人物与障碍和反行动力量的冲突；包含“贫贱/富贵”“盛/衰”等两极价值的转折；包含结局不确定的悬念因子；包含奋斗的价值以及人生沧桑、世事无常等深刻思想内涵。这类事件当然具备丰富的故事潜质。

四、具有良好道德水准的人物，为他人或社会做出奉献，但自我境遇艰难困顿，以此为特征的事件

严格说来，这仍然是以人物命运为线索的事件，但由于这类事件在东方文化中享有独特的尊荣地位，并大量出现在纪实故事叙事的视听文本中，所以单列出来，以示强调。例如，孝顺的女婿在妻子死后，独自照顾子女和女方瘫痪

在床的父母，经历常人难以想象的艰难，赢得了社会的嘉许，但牺牲了自己的青春；在艰苦区域忠实履行职责的军人，为国家利益做出很大贡献，却无法尽到作为丈夫、父亲和儿子的责任，等等。这类事件中，人物本身具备高尚的道德水准，具有感人的力量，容易成为鲜明的具有广泛影响的正面形象。

故事潜质分析：这类事件中，主人公出于对道德准则和良心等正面价值的尊奉而执着地追求崇高的目标，人物为此不惜隐忍苦难、挣扎求存，与困境搏斗，由此触发艰苦卓绝的冲突，这是以求索受阻为核心的经典故事模式。不但如此，主人公履行道德使命或者履行公共职责与寻求个人幸福或履行个人义务之间存在强烈的反差，由此引发主人公内心冲突并以“大爱”战胜“小我”这一东方文化所推崇的方式了结；人物高尚的付出与低微的回报构成巨大反差，而主人公却做出“毫无怨言”的价值选择，等等——诸如此类元素汇聚在这类事件中，使这类事件包含丰富的反差或形态各异的冲突，从而富含故事潜质。而这类事件所蕴含的个人与群体关系的价值坐标和主流价值体系高度一致，使得这类事件受到广泛欢迎。

五、人物遭逢极其艰难的境遇，但在逆境中不断打拼、奋斗，试图改变境遇，最终改变了境遇或者遭遇失败的事件

这也是以人物命运为主要线索的事件。但这类事件既不同于命运大起大落的事件，也不同于上面提到的道德奉献类事件，加之这类事件在纪实视听节目故事叙事中出现的频率不低，所以也单列一类，以示重视。例如，年仅 11 岁的农村女孩，母亲早逝，父亲瘫痪，家境极为贫困，女孩既要上学，又要种地、打柴，挑起生活的重担，还要照顾瘫痪在床的父亲，但她默默承受这一切，从不向困难屈服，终于在考试中获得了优异的成绩，赢得了老师和同学的赞扬，并开始获得社会的帮助；患白血病的姑娘，为了不拖累男友，以各种方式提出分手，而男友出于对爱情的忠贞，坚决不同意分手，并用执着的坚持打动了女方，获得女方同意，在病房举行婚礼以安慰女方，并倾尽家财、四处求医以求拯救女方生命，但最后方法用尽，女方还是撒手人寰……这类事件的特点是，主人公遭遇的困境是常人难以承受的，主人公面对困境不是屈服或无所作为，而是用自己微弱的力量进行坚韧的抗争。最后，不管是抗争成功还是失败，主人公的努力始终是事件发展的主要推动力量。

故事潜质分析：这类事件中的主人公，面临常人难以想象的困境，“摆脱困境，追逐希望”成为人物贯穿始终的欲望目标。其间，求索行动与造成困境的环境或他人发生冲突，人物内心坚持和动摇之间促发的内心冲突，充满整个

事件过程。最后，主人公的命运抗争成功，结局向好，或者抗争失败，结局向坏，都包含着情节或命运的不可改变的逆转。这是经典的求索遇阻故事模式，这类事件毫无疑问具备故事潜质。

六、以刑事案件为基础的事件

无论国内外，刑事案件都是视听节目故事叙事者偏爱的题材。这类事件在故事叙事中表现为两种情况：一是由警方担任主体，对刑事案件进行侦查所形成的“侦破事件”；二是由犯罪分子充任主体，一步步实施犯罪，最后堕入深渊的“犯罪事件”。两种情况联系密切，但由于它们的叙述视角不同，同一事件呈现出两种截然不同的状态。

故事潜质分析：在事件的第一种状态中，案件侦破之前，“谁是元凶”可以作为贯穿始终的悬念；警方积极侦破、想方设法缉凶归案，犯罪分子则拼命掩盖罪行、试图逃避惩罚，这是由警方和犯罪分子之间构成的典型的“二元对立”冲突；最后的结局一定是犯罪者被绳之以法，受害人仰仗公权力“复仇”，邪恶受到惩处，正义得到伸张，这中间包含“善/恶”的对决和转折；侦破过程的隐秘，犯罪分子的狡猾，犯罪场景、抓捕场景的惊悚震撼，事件本身营造的神秘恐怖氛围，都能够成为刺激观众神经的叙事元素。在事件的第二种状态中，犯罪分子如何萌生犯罪动机，如何确定犯罪目标，如何采取措施克服种种障碍去实施犯罪目标，其间冲突贯穿始终，包括其与环境的冲突、与他人的冲突，和由内心纠结引发的心理冲突；而犯罪分子犯罪得手但终于被抓捕归案，从保有自由到身陷囹圄、从生存到毁灭的两极价值的转折，则能够警醒那些心存侥幸、试图犯罪的个别人，切莫以身试法。上述事件的两种状态都包含“求索遇阻”经典故事模式的关键要素，因而富含故事潜质。

七、关系较为复杂、进程较为曲折的纠纷事件

在现实生活中，纠纷比比皆是。但小的纠纷，例如吵一场架，磕磕碰碰，没有什么故事价值。但有的纠纷，例如牵涉几个利益方的经济纠纷事件，以及是非曲直难以立即判明的法律权益纠纷事件等，就可以作为故事讲述的对象。

故事潜质分析：纠纷双方往往发生冲突甚至激烈的冲突，冲突的结局往往是后果惨痛或者是冰释前嫌，这构成不可改变的逆转，这些都是最重要的故事元素。另外，是非曲直背后多有隐情，这是悬念设置的好材料；复杂、曲折的纠纷往往能折射某些社会现实，或蕴含某些深刻的意义，这使得类似事件有可能表达较为深刻的主题。因此，这类事件具备故事潜质。

八、人物之间的联系或关系发生改变的事件

这类事件是指人物与人物之间，其联系或关系的改变构成基本要素的事件。这种以联系、关系的改变为基本要素的事件中往往伴随冲突。具体说来，这类事件包括但不限于以下几种具体类型。

（一）爱情纠葛事件

例如，男、女主人公由互不认识到结交、热恋，男方移情别恋而女方痴心依然，男方要分手而女方想维持，于是，双方因爱情指向的不一致发生冲突，彼此关系由情侣转变为仇人。

（二）亲情纠葛事件

例如，一对父子，父亲基于“养儿防老”的传统道德，对儿子孝敬老人提出较高要求；儿子则心性自私，蔑视传统道德。父子之间产生冲突，两人关系出现“关系正常”向“关系恶劣”的改变。又如，叛逆期的女儿，与单亲母亲在几乎所有方面都谈不到一块儿，母女之间频频出现冲突，母女关系演变为“判若路人”。

（三）友情纠葛事件

例如，两个好朋友，因对某些社会问题看法不同，屡屡发生冲突，最后互不搭理、势不两立，成为冤家对头，两人之间的关系由朋友变为路人甚至仇人。

（四）“建构不可能联系”的事件

在生活中，有时会发生一些似乎不可能发生的人物之间建立联系的事件，如知名演员资助素不相识的山村贫困少年完成学业，农家子弟在明星的帮助下成就演员梦，等等。

需要说明的是，在社会现实中，由于人际关系是人类生活的重要组成部分，所以人际关系的改变呈现无处不在、复杂多样的特点。上面我们所罗列的几种人物之间关系改变的事件类型，不过是要说明具备故事潜质、能够用于故事叙事的人物关系改变事件大致具备什么样的特点。我们可以根据上面四种类型分析的原理，去发现实际生活中其他具备故事潜质的人物关系改变事件，这有助于拓宽这类事件选择的范围。

故事潜质分析：人物关系改变事件天然包含不同当事人之间的“二元对立”冲突元素，可能出现激烈的冲突情景，这是故事潜质；但这类事件最重要的故事潜质不一定是冲突，而是人物联系（关系）的改变。这正是克劳迪娅—亨特·约翰逊提出的与冲突同样重要的戏剧元素。除此之外，这类事件背后隐藏着诸多隐秘的情感和不为人知的秘闻，能强烈地勾起观众的窥视愿望、激发其好奇心，这也是故事潜质；情感问题本身具有“剪不断、理还乱”的特点，事件的是非曲直往往难以立即判明，事件进程由此变得颇为曲折，这毫无疑问也是故事潜质。其故事潜质如此丰富，使得这类事件每每受到电视（视听）节目制作人的青睐。

九、具有特殊地位的人物，其某些特殊经历所构成的事件

在纪实节目故事叙事领域，常常有一些人物，他们身上并不具备上面提到的人物命运或人物经历方面的特征，但他们因某种原因而具备特殊的社会、经济、文化地位，使得他们的某些经历所构成的事件可以被纳入故事叙事选题，例如，掌握了某种特殊技艺的人物，如画家、书法家、民间艺术家，他们的某些经历所构成的事件；具有某种特殊社会地位的人物，如放弃公务员身份、下乡务农的大学毕业生，其某些经历所构成的事件；在社会或时代某个边缘位置生存的人物，如在北京、上海打拼的年轻人，在严酷环境中生活的人，因社会发展而被取代职业的执业人，等等，他们的某些经历所构成的事件。这类题材进入非虚构故事叙事的视野，究其原因，主要是受到纪录片重视人文价值、关注人类在特殊场景下的生存状态等传统的影响。这种影响形成一种惯性，促使这类题材进入故事叙事领域。但这类人物的经历为故事讲述者所看重的，往往是包含冲突、转折或人物关系改变等元素的“某些经历”。

故事潜质分析：这类事件中，被选择作为故事题材的“经历”，一定应包含人物的冲突、转折元素，这才构成故事潜质；其中人物之间的关系发生建构、破裂、建构等变化，也属于故事潜质；当他们的经历当中包含突破困境、追求欲望目标等内容时，其中的故事潜质就具备经典故事模式事件的特征了。

十、对具有高关注度的历史、人文、军事、自然方面“谜题”进行探究的事件

在这类事件中，主要的故事潜质是其中包含的“谜题”元素和对谜题进行探究的求索过程。例如，《水浒传》里面宋江等人的故事，历史上有依据吗？灿烂的三星堆文明为什么没有发现系统的文字？第二次世界大战期间德国的潜

艇战为什么由辉煌走向失败？自然界的一些不解之谜，如恐龙灭绝、尼斯湖水怪、神农架野人，到底是怎么回事？其真相是什么？诸如此类的谜题，加上叙述人启动探究之旅，最终揭示谜底、揭晓真相，形成“探索事件”。

故事潜质分析：这类事件本身包含的未知真相，能激起人们强烈的好奇心，可以据此运用悬念设置的技巧作为基本叙事动力；而由某个主体（可以是科学家、探险者，也可以是叙述者、主持人）进行的旨在揭示未知真相的探究行动，则构成一个需要不断克服障碍、实现从未知到已知的进程性事件。这些事件，显然具备或部分具备我们在前面提到的故事潜质，因而可以被纳入故事叙事的题材范畴。

十一、现代观众难以见到的，具有猎奇意味的事件

主流的现代观众大多生活在钢筋水泥构建的现代都市里，远离大自然，生活简单、重复，枯燥乏味。自然领域一些难以见到的，具备“幽微、奇妙、惊险、怪异”（幽、奇、险、怪）特点的事件，例如，动物王国里的各类动物的生活情景，火山爆发的壮丽奇观，大洋深处的诡异景象，人体血液的复杂运行，以及一些都市人感到陌生的人文事件，如北极圈里因纽特人的生存状态，等等，都可以作为故事讲述的题材。

故事潜质分析：这类事件（题材）对现代观众有着很强的吸引力。对处于文明世界的观众而言，这类事件本身具有强烈的陌生感，这构成人们关注它们的前提。这类事件由于其陌生化的特性而为认识它们、表现它们的叙事过程构成天然障碍，使得叙述人的努力困难重重，这就隐含冲突；而经过叙述，陌生的题材变得不陌生，这构成“转折”。无疑，这就是故事潜质。

上面所列出的十一类具有故事潜质的事件，为我们选择、寻找故事叙事的题材提供了参照标准。我们可以根据这些标准，在现实生活中或历史中去发现、寻找和遴选与之相类似的事件，作为视听节目讲故事的题材。当然，上述十一类事件并没有穷尽所有类型。读者可以根据前面对各个类型的事件中包含的故事潜质所做的简要说明，举一反三，寻找、选择适合故事讲述的更多类型的事件。行文至此，我们再次强调，纪实节目故事化叙事所要做的基础性和前提性工作，就是去寻找、选择合适的事件作为讲述对象。只有完成了这一步，后面章节涉及的故事叙事后续步骤，才有可能顺利展开。

第四节　寻找故事事件的具体方法

在上面一节，我们介绍了可以作为故事题材的事件类型，但要运用其中包含的知识、标准“按图索骥”般地去分类寻找具体的包含故事潜质的事件，需要做进一步的努力；而对于初学者来说，如果你从来没有操作过故事叙事，没有从事过寻找故事事件的具体工作，那么，即使读了上面的内容，你可能仍然是一头雾水、不明所以。下面，我们就介绍一些在现实中寻找故事事件的具体方法供参考。

一、拓宽视野，全方位搜寻故事线索

故事事件通常隐藏在现实生活中，隐藏在历史中，隐藏在文化现象、民风民俗中，隐藏在我们视野之外的领域。要找到事件，首先要发现、获取事件线索。那么，我们怎么去获得作为故事题材的事件线索呢？有以下一些方法。

（一）在非视听形态的文本中去发现线索

由于故事叙事潮流的影响，非视听形态的文本包含着较为丰富的可以用于讲故事的事件线索。例如，纸媒的专稿，杂志的专稿，网站的非虚构叙事文稿，微信、微博包含的非虚构叙事文本，里面都可能包含具有故事潜质的事件线索。由于视听节目与非视听形态的文本媒介类型不同，对同样的事件，在文字或文字加图片已经讲述过之后，用视听方式在另外的媒介予以表现，是能够为用户所接纳的。实际上，很多电视机构的栏目都采用这种方式来获取题材线索。

（二）在故事事件信息汇聚机构去发现线索

电视台、融媒体机构或者社会视听节目制作公司，一般都与某些机构保持密切的信息沟通，以便获取故事事件线索。例如，从法院获取民事案件线索，从公安局或者检察院获取刑事案件、治安案件线索，从妇联获取妇女权益受到侵害的事件线索，从工会获取工人利益受损线索，等等。电视台、融媒体机构法制节目记者上岗后的重要任务，就是与公安局、检察院和法院等建立密切的信息沟通关系；而上述部门出于对自身工作的宣传需要，也重视与媒体或者有影响力的融媒体机构建立工作关系。这种联系不一定限于某一地区，可以全面铺开，尤其是卫视栏目或互联网栏目，因其影响力覆盖全国，从理论上说，全

国任何地方的公、检、法，都可以纳入工作关系范畴。

（三）通过栏目（节目）爆料渠道获取线索

如果从事故事叙事的工作人员拥有电视栏目或者融媒体 App 之类的平台，则建立爆料渠道是获取线索的重要途径。过去的热线电话爆料现在仍在使用，微信公众号留言、官方微博评论、节目组电子邮箱、主持人电子邮箱都可以作为爆料渠道使用。只要在适当的平台上公布（例如在节目里叠加字幕），辅之以必要的奖励，爆料就会源源不断。其中，能发现不少有价值的故事事件线索。

（四）借助消息等较简文本发现线索

有的时候，电视消息或网络视听消息节目会披露很多有价值的具有故事潜质的事件。但在消息类节目中，短短一两分钟的篇幅无法充分发掘故事潜质，发挥故事讲述的优势。因此，这类短小的消息类节目，虽然是视听形态的，但其中蕴含的故事潜质完全能够进行二次开发，经过创造性故事讲述处理，成为出色的非虚构故事产品。

（五）举办大型活动征集线索

近年来，民生新闻为了突破题材琐碎、新闻价值不高的困境，也为了开拓更丰富的题材资源，尝试举办大型活动征集题材线索，取得了良好的效果。例如，有的电视台举行“寻找身边好人”活动，由观众通过提交推荐材料来推荐自己所认同的身边好人。推荐材料包括记载着被推荐者事迹的文字材料和相关的图片或短视频。活动开展之后，收到不少“具有良好道德水准的人物，为他人或社会做出奉献，但自我境遇艰难困顿，以此为特征的事件”的材料，和“人物遭逢极其艰难的境遇，但在逆境中不断打拼、奋斗，试图改变境遇，最终改变了境遇或者遭遇失败的事件”的材料。经验告诉我们，如果承诺一旦推荐对象符合要求作为表现对象进入节目，则推荐者的名字等信息将出现在节目中，并且给予推荐者一定的奖励，观众的热情就会高涨，参与积极性就会被激发。

（六）在历史、文化、民俗等解读类图书中去发现线索

近年来，出于推介旅游资源、发展旅游产业的需要，各个地区组织编撰了大量与本地旅游有关的历史、文化、民俗等方面的解读类图书。这些图书出于

推介考虑，往往殚精竭虑地深挖当地故事事件资源，其中包含大量的题材线索。这些线索对应的事件中，有不少事件符合视听表现的要求，可以纳入故事叙事视野。

（七）从社交媒体中去发现线索

所谓社交媒体，一般认为，是以建立好友关系为运行前提的新媒体应用。例如，微信朋友圈、微信群、QQ群，就属于社交媒体。社交媒体各成员转发的文本，时而会包含具备故事潜质的事件介绍文本。这也可以作为故事事件的线索来源。

上面介绍了若干寻找、获取故事事件线索的具体做法，从中我们可以发现，要做到拥有丰富的线索来源，开阔视野、丰富阅读、拓展人脉，对外部世界保持浓厚的兴趣，对新事物新信息抱有积极接纳的心态，是基本的业务素质要求。

二、收集完整信息，比对事件类型，围绕故事潜质，做出初步判断

在上面第一步工作完成之后，我们手里握有指向故事事件的线索，接下来要进入第二步工作：对非虚构事件进行评估，做出能够对其进行故事讲述的初步判断。可以参考如下步骤展开这一步工作。

（一）收集关于事件的完整信息

获取线索之后，需要尽可能找到当事人，进行前期采访。历史事件中的当事人，可以是线索所在图书的作者或者专家。因为任何事件进入视听形态的故事讲述，对其进行拍摄制作时都要有现在时态的拍摄对象出现在镜头前，因此，找到当事人，或者今后能够安排接受镜头前采访的专家或其他个人，是首先要解决的问题。在这一步，需要他们提供关于事件更为详细的信息。

通常，如果采访者不对被采访者提出特殊要求，被采访者会漫无边际地提供很多冗余信息，这会对未来的故事讲述产生干扰。因此，前期采访需要明确目标，即从被采访者那里获取有助于今后故事讲述的事件完整信息。这样，信息收集的重心就被导向了我们前面所提到的对故事潜质的发现。对事件完整信息的收集，主要是指对事件中包含故事潜质的事件环节完整信息的收集。具体事件环节包括：事件本身的因果链条，中间是否包含人物动机、欲望目标、采取的行动、遭遇障碍和反动作、事件本身的转折、人物本身的转变以及人物之间关系的转化，等等。这些信息的收集就为后面的工作打下了基础。

（二）比对事件类型，聚焦故事潜质，做出初步判断

这一步，需要将已经完整了解的事件与前一节我们介绍的事件类别进行比对。如果事件基本信息与某一类事件类别吻合，那就可以断定，这一事件可以用于故事讲述。有些时候，事件本身与前述事件类别并不完全吻合，这时，就需要比对前文中包含的针对各类事件故事潜质的分析，观察事件是否具备基本的故事潜质：如果具备，则可以作为故事讲述题材；如果主要环节故事潜质缺失，则可以判断该事件整体上不适合故事叙事，但某些环节可以做出故事叙事处理。

遴选出来的具备丰富故事潜质的非虚构事件，此刻可以作为故事讲述的题材，进入下一步的故事讲述处理了。

在本章的最后，我们还要特别强调，上面我们提到的可以作为故事讲述题材的，都是一些“事件”。但我们不能因此就在遴选题材的时候，将目光和注意力只集中在事件的进程本身，而忽略了事件中“人”的核心地位。是否以人为核心，这是一般性事件叙述和故事叙事的重大区别。在国内目前的纪实节目故事叙事中，存在大量“见事不见人”的情况，即只有对事件的故事叙事，而其中的人物是虚化的，不是以故事主人公的身份或以重要当事人的身份，以具体而鲜明的形象，随着情节的展开而呈现在观众面前。这是一个缺陷。今后，提高纪实电视（视听）节目故事叙事水平，一个主要的突破口就在于妥善处理情节与人物的关系。后面我们会有专门的章节阐述，这里暂不深入探讨。

思考和练习

一、故事叙事的两种要素是什么？

二、什么是故事潜质？这个概念对于纪实节目的故事讲述有什么意义和价值？

三、故事潜质包含哪些具体内容？

四、举例说明“冲突”这种故事潜质。

五、举例说明“人物关系转变”这种故事潜质。

六、如果让你去寻找一个“人物奋斗”的真实事件作为故事题材，你会怎么做？

七、举例说明，你将怎样评估一个非虚构事件是否具备故事讲述题材潜质？

第四章　情节模式与情节结构

第一节　故事叙事与情节

在本章，我们要探讨纪实节目故事叙事的情节结构方面的问题。要弄清楚这个问题，我们首先要理清纪实节目故事叙事或者说讲故事最基础的工作是什么。要回答这个问题，我们先来看看一部电视剧的故事讲述是如何进行的。

电视剧讲故事的基础是创作剧本。通常的步骤是，首先写出故事梗概，其中包含主要的人物与他的对手，以及基本的情节框架；然后写出分集大纲，对情节框架进行细化，并进一步明晰人物轮廓；到这一步，虚构的事件基本成型，其中的人物也大致有了一个性格、功能的轮廓，人物之间的基本关系也确定下来了。最后，在此基础上写出剧本。进入剧本写作阶段，主要的工作就是对虚构的系列事件或者事件环节按照塑造人物、引人入胜的要求，进行重新处理，例如，调整结构，充实细节，设置悬念，落实场景，对各部分做修改、删除、增加，最后形成较为理想的情节结构。在处理情节的同时，对人物设置进行处理：丰富人物的构成层次，赋予人物有个性的性格及相关的生动细节，构思出人物弧，等等。剧本中的情节是虚构的具有因果关系的一系列事件或事件环节，人物也是虚构的，情节是人物成长的历史，人物通过情节得到塑造，两者紧密相连。剧本成熟之后，交给制片人审核；通过之后，导演介入，审读剧本，编写分镜头剧本，制片主任编制制片工作计划，建组、投拍，最后完成成品——一部电视剧就这样诞生了。从上面的流程可以看出，电视剧创作这种虚构文本的故事叙事，其所要做的是虚构出事件和事件中的人物，然后经过情节安排——对虚构事件的故事线和故事线中的人物进行叙事处理，形成最终的情节结构和在情节结构中行动的人物，在此基础上完成剧本。经过导演、演员和职员组全体成员的共同努力，将剧本转化为呈现在屏幕上的故事性艺术形象。

纪实视听节目讲故事，事件是非虚构的，但进入节目摄制提纲写作和脚本撰写阶段，将真实事件和事件中的真实人物按照故事叙事的要求进行重新安排和表现，在这一点上，纪实视听节目与虚构作品具有一致性。

有鉴于此，为了对生活中实际存在的事件和进入作品被叙述的事件做出明确区分，也为了与现有故事叙事理论接轨，本教材将进入故事叙事流程、被作为叙事题材对待和处理的事件，称为“情节”。

纪实节目故事叙事中的“情节”概念，在本教材中，似乎可以这样定义：纪实节目的情节，是指进入节目，经过叙述者处理的、包含逻辑链因而具有因果关系的、体现故事叙事规律、符合叙述目标和叙述要求的事件或事件环节；情节是叙事文本中经过创造性叙述处理的事件，它不等于生活中的事件本身。

情节与具备故事潜质的真实事件的关系是：情节来源于事件，但它经过了叙述者的处理，属于传播过程中的信息形式，是一种具备符号特性的信息，它并不等于事件本身；事件是外在于叙述的客观存在，不管你是否对它展开叙述，它就在那里。作为客观存在的事件，为情节提供基础和前提，但它不等于情节。用这样的概念对事件和情节进行区分之后，才不至于在真实的事件与叙述的情节之间纠缠不清，我们在后面的章节中才能顺利地展开论述。

有了上面的铺垫，我们可以这样来回答“故事叙事到底做什么”的问题：故事叙事是采用符合故事讲述规律的方式，将虚构的事件或者真实的事件按照特定的叙述目标，根据叙述者的叙述要求，进行充满创造精神的叙述上的处理，从而创作出故事文本的一种创造性活动。

具体到“纪实节目中的故事叙事到底做什么”的问题，我们可以这样回答：纪实节目中的故事叙事是采用符合故事讲述规律的方式，将具备故事潜质的真实事件（包括人物经历），按照特定的叙述目标，根据叙述者的叙述要求，进行具有创造色彩的叙述上的处理，将真实事件转化为节目中的情节，并应用多种故事叙事的技巧、手法，拍摄制作出纪实故事性视听节目的创造性活动。

纪实节目故事叙事的主要工作之一是将现实中的真实事件转化为节目中的情节。关于情节，有两点需要指明：第一点，成功的创作实践和叙事学研究结论告诉我们，千变万化的具体情节可以具备某些共同元素，因此，不同的具体情节可以在因果关系、逻辑链上拥有相同的模式。根据这个特点，我们可以将具有相同模式的情节归类，从而形成具有共同点的某一类“情节模式”，并将不同类型的“情节模式”进行归纳、提炼，形成文字表述，将其作为故事叙事的工具之一。第二点，任何情节，在具备特定因果关系和逻辑链模式的同时，还会具备一定的空间结构；空间结构赋予情节的各个环节分布在故事线的适当位置上。情节模式通过情节结构获得符合故事叙事规律的空间表达。

在纪实节目故事叙事领域，一个具有故事潜质的事件，经过故事叙事处理，最终转化为纪实节目中的情节，通常需要经过这样几个步骤的转化：首先，判定事件在故事意义上的归类，从而确定其属于哪一类情节模式，据此确定对其运用哪一类情节模式；其次，根据情节模式的文字描述，对应找出事件包含的情节环节，并依据情节模式拟定该事件的“情节结构”；再者，在前期拍摄的基础上，叙述者需要调整情节结构某些环节在情节中的位置、在情节中出现的顺序，从而最终形成运用在纪实节目中的“情节结构”；最后，依照这个经过调整的、最终确定的“情节结构”，完成节目制作，从而实现具有故事潜质的事件向故事叙事纪实节目的转换。

下面，我们分别就纪实节目故事叙事的情节模式及情节模式所涉及的要素进行阐述；然后，我们会探讨情节结构问题。

第二节　纪实节目情节模式及要素解读

当我们面对一个包含故事潜质的真实事件，要用讲故事的方式将它做成一个纪实节目时，首先应该做什么？最基础的工作当然是完整收集有关事件的信息，实现对一个事件来龙去脉、人物在其中的地位作用等的全面了解。这项工作完成之后，又做什么呢？接下来，是将事件转化为情节。转化的方式是：选择恰当的情节模式，根据情节模式为节目拟定针对某个具体事件的情节结构。

这里所说的情节模式，是基于千变万化的具体情节可以具备某些共同元素，不同情节在因果关系、逻辑链上可以拥有相同模式这一原理，根据事件之间或者事件内部各个环节之间本身包含的因果关系和叙事逻辑链，所构拟的包含叙事逻辑链和主要情节环节的、能够适用于同类情节的情节模板和范式。我们可以把情节模式作为将真实事件转化为纪实节目情节结构的一种处理工具。

下面，我们围绕情节模式进行详细探讨。

一、情节模式的类型

根据真实事件的具体情况和叙述者的不同叙事追求，可以将情节模式划分为如下几类。

A **类情节模式**：这一类情节模式从好莱坞编剧在经典剧情片中所采用的模式借鉴而来。大多数由主人公卷入而引发的事件或由主人公推动的事件，都可以采用这个模式。例如：警察对刑事案件的侦破、犯罪者走向犯罪深渊、人物改变命运的奋斗、人物命运由巅峰跌落至低谷乃至毁灭、当事人卷入复杂纠纷并力图摆脱、历史人物以求索为特征的传奇经历，等等，都可以适用这个模式。这个模式可以用文字表述如下：

激励事件→主人公产生动机，确定外在目标→采取行动，遭遇障碍或遭遇反行动，发生冲突→转折→采取更大的行动，遭遇更大的障碍或更强烈的反行动，发生更加激烈的冲突→转折→采取最大的行动，遭遇最大的障碍或最强烈的反行动，发生最大的冲突→总逆转→出现正面或负面的不可改变的结局。

在这个模式中，叙述者（如主持人、记者）冷静地退到一边，故事主人公的动作线构成故事脊椎，叙述者在这个模式里承担的职责是充分运用故事叙事的方法和技巧，围绕故事脊椎展开叙述；最后形成的，是主人公为追求欲望目标展开求索行动、其行动始末所构成的故事。

B **类情节模式**：在纪实节目故事叙事的实践中，有的时候，叙述者不是围绕主人公的行动所形成的故事脊椎展开叙述，而是以叙述者自我为中心，把整个事件或包含谜题的事实作为叙述对象，作为剖析的标本，以揭示事件和人物经历中所包含的谜题、传奇、趣闻等，来完成故事讲述。这个模式的文字表述是：

谜题或端倪出现→叙述者启动探索、叩问真相，力图揭开谜底→探索遭遇困境→逐步克服困境，破解谜题，初次转折出现→继续探索，遭遇新的困境和新的谜题→克服新的困境，破解新的谜题，转折再次出现→继续探索，遭遇最大的困境和最大的谜团→克服最大的困境→解开最大的谜团，总的转折出现→迎来大结局。

在这个模式中，叙述者作为主体，依循事件环节本身的因果关系，或者梳理事实中包含的谜题与揭示谜题的证据之间的逻辑关系，对事件或事实展开探索，叩问真相、破解谜题，其探索、叩问和破解行动遭遇困境或障碍，激发冲突，最终以困境被克服和谜题被破解作为转折，以此获得事件讲述的故事性。

B类情节模式的适用情形主要有以下两种：其一，某些包含故事潜质的事件，虽然也具备主人公为追求欲望目标、求索遇阻、最终实现了或未实现目标的特征，也具有一定的进程性，但事件本身较为单薄，难以应用A类模式，于是改为应用B类模式，由“叙述者求索、探究真相或谜底”来完成对这类事件的故事叙事。其二，某些事件、事实本身进程性较弱甚至不具备进程性，只包含若干谜题，包含被掩盖的事实真相，因而需要在故事叙事过程中赋予节目一个可见的进程性，以便完成故事叙事。B类情节模式由于是以叙述者为主体，因此可以自如地将叙述过程转化为求索过程，将叩问真相、破解谜题本身，转化为一个进程性事件。

这里需要进行两点说明：

第一点，B类情节模式以叙述者为主体，这个主体可以是节目主持人个人，也可以是“主持人+寻访记者”所构成的叙述者群体。例如，这种模式常见的情况是，主持人在演播室出现，担任叙述者核心角色；“本节目记者”则出现在各种需要现场采访收集信息、需要查询资料收集信息的场景中，记者可能采访遇到阻挠，或查询资料走进死胡同，由此构成“叙述者群体”遭遇障碍的情节。

第二点，故事叙事追寻的最佳状态是，叙述者在讲述故事的时候，让叙述接受人沉浸于故事之中，令其随着故事的叙述经历情绪反应、情感共鸣，享受审美过程，从而感受不到叙述者的存在。这种状态优于能够明显感觉到故事叙事者存在的故事讲述状态。有鉴于此，在事件充分具备故事潜质的情况下，应尽量采用A类情节模式，慎用B类情节模式。

C**类情节模式**：有的时候，具备故事潜质的事件呈现这样一种情况：有两位或者两位以上人物，因某种原因导致彼此关系上出现“正面/负面”或“负面/正面”或“零点/负面、正面”的改变或转折，由此构成事件的基本内容。应用于这类事件的情节模式是C类情节模式。这类模式中，往往伴随由于人物之间性格对立、价值立场对立、思想情感对立、利益对立甚至误解等引发的矛盾冲突。C类情节模式可以表述为：

具有联系的两位及以上人物，彼此具有正面的良好关系，或负面的恶劣关系，或非好非坏的关系——在两位人士或多位人士之间发生了某些事情：冲突、合作、了解真相、受到蛊惑或说服等——两人或多人关系改变：“正面价值”转向“负面价值”的“良好关系转折为恶劣关系”，或“负面价值”转向“正面价值”的“恶劣关系转折为良好关系”，或“非好非坏（零点价值）”转变为体现“正面价值”或“负面价值”的关系——按照上述模式，出现多次“正/负”“负/正”或“零/正”“零/负”价值转变——出现最终结局：两人或多人关系彻底恶化，关系定型为稳固的恶劣关系；或彻底好转，关系定型为稳固的良好关系。

在这种模式中，情节的动力通常并不来自主人公求索行动的受阻，而来自人物之间关系的“建构/破坏”或者“破坏/建构”的改变。在人物之间关系改变的过程中，人物的欲望动机、外在目标仍然存在，人物之间的冲突仍然是他们之间关系改变的动力；在这种模式中，我们甚至能找到人物求索受阻的故事模式影子。但无可否认的是，这类故事的真正魅力，在于由冲突引发的人物关系的转折变化。这是我们运用 C 类情节模式的重要指标。

D **类情节模式**：这是对包含故事潜质的正在发生的新闻事件进行故事叙事时所采用的模式。例如，对重大灾难救援事件做新闻连续报道时，就可以使用这个模式。这个模式通常以事件本身为叙述重点，事件中的人物往往融进事件里而并不刻意突出。这个模式可以表述为：

出事，打破平衡→群体主人公选择恢复平衡，启动措施→措施实行过程中遭遇困境→克服困境，改变局面→继续推进措施，再度遭遇困境→加大力度，进一步克服困境，促使局面再次改变→如此延续下去→问题解决，最后结局出现。

这种模式应用于正在发生着的事件。事件正在发生着，结局可以预期，但事件最终以何种方式发展到结局以及结局以什么方式出现，都是未知数。叙述者只能按照本模式的原理，根据对事件发展趋势的预估，做出符合模式要求的表达安排；而不能像前面 A、B、C 三类模式那样对已经发生的事件进行叙述上的全方位处理，由叙述者掌握叙述方面完整的权力。两者的不同值得注意。

二、情节模式所涉及要素解读

上面介绍的情节模式，涉及一些概念的含义。这些概念实际上指称情节所涉及的一些环节或者要素。需要对这些环节、要素做一些深入的阐释，我们才能完整地掌握情节模式，从而在故事叙事中加以正确运用。

（一）A 类情节模式要素解读

1. 激励事件

所谓“激励事件”，前面我们已经介绍过了，它是好莱坞经典编剧理论中的一个重要概念，是“故事讲述的第一个重大事件，是一切后续情节的首要导因”，它使其他情节要素开始运转起来，一个故事从激励事件开始。[①] 电影故事片绝大多数是以人物为主体的，纪实视听节目的 A 类情节模式与之相似，也是以人物为主体。那么，为什么需要一个激励事件来启动整个故事呢？有两个原因：其一，激励事件可以促使人物产生动机，从而使人物的后续行动有一个内在的心理依据；其二，激励事件能使观众理解和认同人物的动机，从而对

① ［美］罗伯特·麦基：《故事——材质、结构、风格和银幕剧作的原理》，周铁东译，中国电影出版社，2001 年，第 211 页。

后续情节发展保持兴趣。通常，一个人去做什么事情不容易一下就激起他人的兴趣，例如，一个人办养鱼场，一个人去远行，假如故事就这样平平淡淡地展开，观众很可能兴味索然。但是，一旦这一切由一个强度足够的激励事件引发，情况就完全不同。例如，某人因为家境贫困，妻子重病没钱医治，儿子考上大学，因为没钱而放弃报到，债主又上门逼债，他濒临绝境然后选择贷款开办养鱼场，情况就完全不同了：贫穷导致的危机爆发作为激励事件，促使主人公选择开办养鱼场来摆脱危机、改变境遇。在这种境况下，观众的情感天平会向人物倾斜，观众会投以持续的关注，抱着希望其成功的期待。又如，一个人远行不会引起人们注意，但如果一个无辜的人被诬陷，性命危在旦夕，于是他踏上逃亡的远行之路，要在逃亡中自证清白，并找出真正的元凶。一旦有了“无辜被诬陷”这个激励事件，远行就成为当事人动机所促成的合乎逻辑的行动，而观众也就会理解人物逃亡的动机，并关注其后续行动能否成功。

正因为激励事件对于故事的启动有着这样至关重要的作用，好莱坞编剧们在完全由创作者把控的剧情片中，特别强调激励事件的冲击力。当一个激励事件发生时，它必须是一个动态的、充分发展了的事件，而不是一个静态的或模糊的事件。这是对拥有虚构权力的剧情片的要求。但是纪实节目受到不能虚构的限制，其激励事件经常无法达到剧情片的理想状态，如果理解了激励事件的原理和作用，我们在真实事件中也能发现具有激励事件意义和价值的事件环节。例如：

发生了一起凶杀案，警方接到报案，开始介入破案。这里的激励事件是凶杀案件发生后的报案。

一个人参加艺术考试考上了大学，却因家境贫困交不起学费，无法入学，人生梦想遭受严重挫折。于是他怀着不甘的心态，离开家乡，到外部世界去寻找人生机会。这里的激励事件是因贫困交不起学费从而无法入学。

一个成功者在外面赚了不少钱回到家乡，向同乡炫耀。主人公看到后心痒痒的，于是离开贫困的家乡，到成功者曾经打拼的地方去寻找赚钱机会。这里的激励事件就是赚了钱的成功者回到家乡并炫耀。

在适用 A 类情节模式的故事叙事中，我们的第一个任务，就是在以人物为主体的具有故事潜质的真实事件中，找出事件中的“激励事件”，并在将事件通过处理转化为情节的时候，把它放在故事讲述的开始部分，用它来引发后续情节。

2. 主人公产生动机，确定外在目标

前文我们提到了激励事件对后续情节的影响，主要是通过激发主人公的动机来实现的。按照故事叙事的原理，一旦激励事件发生，主人公一定会在心理上做出反应，这是一种对激励事件带来的负面变化进行改变或对其带来的新希望进行追求的心理反应。这种心理反应会导致进行改变的行动，我们把这种心理反应称为“动机”（motive）。什么是动机？“心理学家一般认为，动机是由目标或对象引导、激发和维持个体活动的一种内在心理过程或内部动力……各种动机理论都认为，动机是构成人类大部分行为的基础。”① 用通俗的话讲，就是当激励事件发生后，主人公心里就会产生一些想法、欲求，想通过某种行动去改变激励事件带来的不利局面或者追求由激励事件开启的希望之门。

在影视作品虚构的事件中，激励事件必定激起主人公改变的动机，这是虚构作品故事叙事的基本原则。但在现实生活中，大量存在下面的情况：激励事件发生了，当事人却由于种种原因无动于衷，生活就这样继续恶化下去或者继续平庸下去。面对这样的事件，应该怎样应对和处理呢？我们的建议是：把这样的事件评估为不适宜进行故事叙事的事件。这类事件也许可以拍成具有社会学意义的纪录片，却不宜纳入故事讲述的范畴。可供故事叙事的事件，一定要具备“激励事件激发主人公动机”这样的内在联系。这也可以作为判断事件是否具备故事潜质的一个辅助指标。

主人公动机产生之后，要促使其采取行动，还得有一个环节，那就是主人公需要确定一个外在的、具体的欲望目标。这是故事叙事中的另一个原则，这个原则基于深刻的人性，具有人类心理学基础。心理学告诉我们：“动机必须有目标，目标引导个体行为的方向，并且提供原动力。个体对目标的认识，由外部的诱因变成内部的需要，成为行为的动力，进而推动行为。”② 例如：

发生了一起凶杀案，警方接到报案，开始介入破案。这里的外在目标就是破案，把犯罪分子绳之以法。

一个人参加艺术考试考上了大学，却因家境贫困交不起学费，无法入学，人生梦想遭受严重挫折。于是他怀着不甘的心态，离开家乡，到外部世界去寻找人生未来的希望。这里的外在目标是到外部世界去寻找人生未来的希望，如果把这个目标具体化，则可以是进演艺界，争取成为演员。

一个成功者在外面赚了不少钱回到家乡，向同乡炫耀。主人公看到后心痒痒的，于是离开贫困的家乡，到成功者曾经打拼的地方去寻找赚钱机会。这里的外在目标就是到成功者曾经打拼的地方去寻找赚钱机会，进而发财致富。

---

① 彭聃龄：《普通心理学》，北京师范大学出版社，2004 年版，第 326 页。
② 彭聃龄：《普通心理学》，北京师范大学出版社，2004 年版，第 326 页。

主人公的动机为其后面采取的行动提供动力，他（她）所确定的外在目标集聚着主人公需要满足的欲望，因而也被称作“欲望目标”；外在目标或欲望目标引导着主人公行动的方向。动机和欲望目标这两个元素一旦落实，我们就能确定故事脊椎——贯穿于动机和欲望目标之间的主人公行动线，并找出主人公行动遭遇的障碍或反行动这些事件环节，以此奠定故事叙事的基础。

3. 采取行动，遭遇障碍或遭遇反行动，发生冲突

人物在动机的驱使下，为了争取外在（欲望）目标的实现，自然会采取行动。行动因目标的不同而呈现不同的具体方式：办案人员勘验现场，发现蛛丝马迹，顺藤摸瓜，抓捕罪犯，是采取行动；外出打拼试图改变人生命运的人，来到大城市，首先选择到歌厅表演唱歌，然后根据自己的特长勤学苦练，最后报名参加选秀节目以图四海扬名，也是采取行动；追求发家致富者，有的养鱼，有的种韭黄，有的外出打工，等等，还是采取行动。人物一旦采取行动，就为情节发展打下了基础。

但仅仅采取行动还不是情节，也不是故事叙事关注的重心；尤其是当主人公的行动非常顺利，轻轻松松地就实现了外在目标，那这种情况下采取行动的过程，就绝不是故事意义上的情节。故事叙事关注的重心是主人公采取行动遭遇的种种“不顺”：遭遇来自自然界的障碍和来自自己内心的障碍，遭遇来自他人的反行动，总而言之是遭遇对主人公实现外在目标的种种阻力，这些阻力从各个方面阻碍、破坏着主人公实现目标的努力。由于这种阻力的存在，主人公在实现目标的道路上，注定要与其迎头相撞，这种碰撞呈现的状态在故事叙事中被表述为“冲突”。故事讲述的核心任务之一，就是让主人公的行动遭遇障碍和反行动，从而发生冲突，这是故事叙事中的关键理念之一。

冲突对于故事的意义，在戏剧作品中体现得最为充分，以至于在戏剧领域很早就形成了“戏剧就是冲突”的共识。纪实节目因其鲜明的视听特性而与戏剧有着较多共同之处，在其故事叙事中冲突的地位也非常重要。主人公的行动遭遇障碍和反行动，从而发生冲突，在故事叙事中经常被看作一个整体，并且，这个整体在以视听呈现为主要形式的文艺品类中，如戏剧、电影故事片和电视剧中，常常被简化为“冲突”。这样做的意图是强调冲突在视听类文艺作品中的重要地位，但我们应该清楚，冲突不过是主人公行动遭遇障碍和反行动、正反两种力量迎头相撞而出的状态，尽管这个状态绚烂夺目，吸引眼球，但它要以遭遇障碍和反行动作为前提和基础。

主人公的行动遭遇障碍和反行动，从而激发冲突，分别有三种情况并据此被归为三个类别：

第一种冲突类别，是主人公的行动遭遇来自无生命的自然界的阻碍，主人公与自然力量发生冲突。例如，犯罪嫌疑人遁入大山，破案人员在进行抓捕的时候面临崇山峻岭、森林密布的阻碍；养鱼主人公遭遇天气突变、鱼苗大量死亡、即将血本无归的阻碍；歌唱家在关键演出中，遭遇拾音系统突发故障，险些搞砸演出的阻碍；等等。在纪实节目故事叙事活动中，这类冲突大量存在，这与电影故事片和电视剧以人际冲突为主明显不同。

第二种冲突类别，是主人公的行动受到来自他人的阻碍，表现为由他人采取反行动来阻碍主人公的行动，主人公与反对他的人爆发冲突。在虚构类影视作品中，这类冲突占据最大比例；但在纪实视听节目中，只有一部分情况可以纳入这种类别。例如，破案人员采取种种措施，要发现并找出案件真凶，而疑犯故布疑阵，试图将破案引入歧途；环保主人公调查湖泊因企业排污引起污染的情况，不法老板雇人将其打成重伤；养鱼专业户经历一次失败之后，准备贷款引进新的鱼苗，继续养鱼，而妻子坚决反对甚至以离婚相逼，等等，就属于这一种情况。

第三种冲突类别，是主人公的行动遭遇来自自己内心某种力量的阻碍，自己内心两种想法、意愿发生冲突。主人公在动机支配下，为了实现外在目标而采取行动，但他的内心不可能是铁板一块，他与我们许许多多普通人一样，内心经常会出现矛盾状态。我们想做某事，但软弱、信心不足、对未来不确定性的恐惧等负面心理状态都有可能冒出来阻碍我们自己的决心。主人公也一样，他不但要克服外在的、来自自然界和他人的阻碍，还要克服、战胜自己内心的阻碍，才有可能实现自己的欲望目标。在虚构性影视作品中，主人公内心的冲突被特别看重，编剧、导演和评论家们认为那是让人物形象立体起来的有效途径。这值得纪实节目制作者借鉴。

在纪实节目中，人物内心冲突与前两种冲突不同，观众是无法直接看到的，但可以通过间接方式了解到。间接方式包括：第一，通过主人公外显的行为看到。人物矛盾的内心，总会借助矛盾的行为露出蛛丝马迹。第二，通过他人观察到。人物内心有矛盾，行为上就会出现一些细微变化，这在其亲人眼里，同事眼里，或者其他熟悉他的人眼里，是能够被察觉到的。第三，可以通过他自己的诉说表达出来。于是，在纪实节目的故事叙事中，采访就是获得主人公内心冲突信息的重要手段，这在后面我们将专门论及，兹不赘述。

在这里，我们还要对A类情节模式的“行动”概念做一点解释。在戏剧领域和剧情片、电视剧领域，对主人公所采取的行动一般不称为“行动”，而称为“戏剧动作”，简称“动作”。“行动”和“动作”的含义不完全相同。作为戏剧动作简称的“动作”，既包含人物的宏观行动，也包括微观的行为和行为细节，还包括内心的活动，动作这个概念是人物在动机驱使下，为争取实现目标而从事的全部活动的总和。但动作这个概念得以成立的前提是“虚构”，人物的一切活动，都是编剧或导演设定、演员表演出来的。在纪实节目中，人物的行动是客观存在的，不能虚构，只能选择，所以我们经过反复考虑，决定不在这里使用“动作”一词，而使用“行动”一词。因为在绝大多数情况下，面对已经发生的包含故事潜质的事件，我们第一时间能够获得的，只能是人物的行动状况，尤其是在拟定某个具体节目情节结构的时候，能够进入我们视域的，只有人物的行动。人物的行为、行为细节、内心活动这些东西，只有在行动的大框架确定之后，在后续的拍摄中才能够获取。正是基于纪实节目非虚构性导致的这些特点，我们做出了这样的选择。

4. 转折

这里所说的转折，是指情节发生的转折。主人公采取行动，遭遇障碍或反行动，发生冲突，这是故事叙事关注的核心问题之一，但它并不是唯一的问题。冲突发生了，后续情节会怎么样？难道就永远处在冲突状态中吗？答案是否定的。

冲突必须有结果，阶段性的冲突有阶段性的结果，整个故事的冲突有一个不可逆转的总结果，这个结果就是由转折促成的。谈到转折，就不得不提及罗伯特·麦基的“故事价值”概念。在罗伯特·麦基的词汇谱系中，故事价值是人类经验的普遍特征，这些特征可以从此一时到彼一时，由正面转化为负面，或由负面转化为正面；故事进展是故事在正面和负面价值之间动态移动的过程；故事事件有意味的变化来自生活中人类经验中二元特征（或曰“两极价值”）的转化，而转化通过冲突来完成。（参见本书第二章的有关论述）简而言之，故事情节在正面价值和负面价值之间的转折，就是故事价值；而转折的动力，来自冲突。

转折作为故事价值，其适用范围大于冲突的适用范围。有些小型的故事叙事文本，不具备电影故事片的篇幅，其故事达不到罗伯特·麦基所要求的理想境界，其中可以没有冲突或冲突很弱，但必须有转折。曾经有一则所谓的最佳微型小说：

彼得给查理发电报，说约翰某年某月某日抵达港口。查理如期至港口迎接，只接到一头死狮子。查理复电彼得：只见死狮，不见约翰。彼得电报回复：约翰在死狮腹中。

这则微型小说，没有主人公行动引发的冲突，但有一个转折，所以也具有故事性。在《故事会》这样的杂志中，有不少小故事都是以一个出人意料的转折支撑故事性。冲突一定要导致转折才完整，但转折不一定必须有冲突作为动力，它在一定条件下可以独立存在。在复杂的故事叙事文本中，冲突导致转折是获得故事性的最常见形式。毫无疑问，我们探讨的纪实节目讲故事，所形成的正是标准的复杂故事叙事文本。

明确了转折的地位和价值之后，现在我们来探讨转折的具体形式。

在虚构类影视作品中，一部剧情片或者一个完整的电视剧故事段落中，通常采用的转折形式是：主人公努力，克服阻力，但情况变得糟糕（经历“保有希望/希望落空”，即由正面至负面的转折）；主人公被迫加大价码，投注更大的力量，克服新的更大的阻力，小有收获，但随后情况变得更加糟糕（经历“仿佛成功在望/实际希望落空”，即由正面至负面的转折）；主人公不得已押上关涉身家性命的赌注，做最后一搏，情况由濒临绝境转折为大获全胜（经历“绝望/成功”，即负面至正面的转折），出现不可逆转的结局。

纪实节目的题材来源于真实事件，显然很难获得虚构影视作品那样理想、完美的情节，所以不能照搬其转折模式。通常的情况是，主人公采取行动，遭遇阻力，发生冲突。冲突的结果，可以是成功在望却转向初次失败（正面/负面转折），也可以是摆脱危机取得初步成功（负面/正面的转折）。具体形式可以根据真实事件的情况来确定，但只要有转折，就有故事性，不管这个转折朝向哪个方向。

转折发生之后，第一阶段的情节就告一段落，接下来是新一轮的“主人公采取更大的行动，遭遇更大的障碍和反行动，发生更加激烈的冲突”，然后发生新的转折，接着再次在更高、更激烈的层面重复。情节由此发展到最后阶段，出现结局——整个事件不可逆的总转折。

我们给出的情节模式，是一个理想的状态。但是在处理具体事件的时候，会遇到很多不理想的情况。为了将不理想的事件转化为理想的情节，我们需要采取一些变通办法或措施，这方面的内容，我们将在本章第四节“情节模式的运用和情节结构的处理”里介绍。

（二）B类情节模式要素解读

前面我们提到，B类情节模式主要用于不以主人公的行动作为故事脊椎，而以叙述者叩问真相、揭晓谜题的行动为主导元素进行故事叙事的情形。在这种情形中，故事讲述者将包含故事潜质的事件作为一个标本式的对象，然后分解其中的元素和环节，多视角、多方位展开叙述，十分自由。那么，在这种情况下，采用这种模式的叙述，是通过什么来获得故事性的呢？或者说，是通过什么来获得叙事动力的呢？我们认为，主要通过两个方式。其一，是运用由未知真相构成的谜题及揭示其谜底，作为叙述者所要实现的目标。通常，这类叙述模式的应用者会找到所叙述事件的总的未知真相，作为总的谜题；然后，找出事件环节蕴含的各个局部未知真相，作为局部谜题。叙述者承担起故事叙事主体的职责，把揭示一个个局部谜底直至揭示总谜底，作为叙事主体要实现的目标。其二，利用事件本身包含的通向揭示谜底过程中所客观存在的障碍，来阻碍叙述者实现叙述目标、阻碍叙述者揭示总谜底。这些客观存在的障碍，可以来自自然物，也可以来自某个人物，或者来自叙述者人为设置的障碍。这些障碍阻挡着叙述者揭示谜底的努力。叙述者需要克服一个个的阻碍，在与这些阻碍的冲突中，一步步逼近揭示总谜底的目标。每揭示一个谜底，就实现一次“真相未知/真相大白”的转折，直至最后出现一个“总体真相未知/总体真相大白”的总转折，导向大结局。B类模式中所包含的各个元素，就是在这样的语境中发挥作用。下面是对B类情节模式构成要素的解读。

1. 谜题或端倪出现

这是B类模式在故事叙事开始时所要解决的叙述问题。在叙述开始的时候，叙述者需要将总体谜题呈现给观众，或者将包含未知真相的事件初始阶段的线索、起始环节等“端倪”介绍给观众，以期唤起观众对真相的渴求、对破解谜题的期待，从而获得基本的叙事动力。

在这个叙事阶段，叙述者的主人地位十分明确，他牢牢地把握着叙述的主动权。

2. 叙述者启动探索、叩问真相，力图揭开谜底

呈现谜题、介绍端倪之后，叙述者就要展开对事件奥秘的探索、对事件真相的叩问，表现出力图揭开谜底的姿态。故事叙事的开始阶段，往往寻找最容易切入的环节，展开探索、叩问。

3. 探索遭遇困境

前面我们提到过，对于故事讲述来说，“顺利”不是故事，“不顺”才是故事。故事叙事的“天职”，就是不管什么人，不管是主人公，还是叙述者，都不能够轻易地、顺利地实现自己的目标，他们必须一路克服障碍，发生冲突，付出代价，最后才能到达成功的彼岸。对于B类情节模式来说，遭遇障碍的不是事件的主人公，而是叙述者。叙述者会遭遇一个又一个困境，叙述者力图揭示真相，但所到之处，云遮雾罩，前景茫茫，真相似乎遥不可及。

4. 逐步克服困境、破解谜题，转折出现

面对探索过程中的困境，叙述者运用事件中的材料，或通过对知情者的镜头前采访，拨开迷雾，抽丝剥茧，最后将某一部分或某个事件环节的谜题破解，实现“真相未知/揭示真相”的由负面至正面的初步转折。这个转折为揭示总体真相，向前迈进了一步。

5. 继续探索，遭遇新的困境和新的谜题

叙述者在破解了初步的谜题之后，向着揭示更为重要的谜题、破解更为重要的真相进发。一如既往，这个过程也会“不顺”，也会遭遇事件本身存在着的或者由叙述者刻意设置的障碍、困境，又会遇到新的体现局部未明真相的谜题。

6. 克服困境、破解谜题，转折再次出现

叙述者继续利用可以搜寻到的事件信息，或通过对相关人士的镜头前采访，通过推理、比对、取证等，破解谜题，促使“真相未知/真相大白”的后续转折出现。

然后，按照这个模式，叙事者继续探求，在即将接近最终真相、破解总的谜题的时候，再次遭遇重大困难；此刻叙述者运用事件材料，或通过智慧处理，或通过多方采访，最后，破解总的谜题，揭示最终真相，促使不可逆转的结局出现。

这里需要特别说明的是，叙述者所遭遇的障碍通常有两种情况：第一种情况是事件本身包含障碍，叙述者使用这个障碍来构成叙述中的障碍。例如，贵州卫视《取证》栏目中，有一期《循梦追凶》的节目，讲述的是根据一起杀人案受害者梦境的线索追捕凶手的刑事案件破案故事。这个故事的真实过程比较简单：拾荒者与受害者亲属私奔，为了恐吓、控制跟他私奔的女人，对受害者进行“警告性”杀伤。其中，跛脚拾荒者作为嫌疑人进入警方视线之内，但他已经离开当地两年了，其人音信杳无，踪迹难寻——这就是事件本身所包含的障碍，叙述者如实地使用这个材料，构成真相揭示过程中的障碍。第二种情况，是叙述者刻意设置的障碍。同样还是在这一期节目里，当案件发生后，叙述者在节目的前半部分，故布疑阵，采用情景再现的方式，设置了三个“叙述歧途”——对作案动机的三种推测：“可能一，劫财害命；可能二，非礼企图；可能三，报复杀人”，然后将三种可能逐一否定，接着才进入正题，最后揭晓真相。其中对作案动机的三种推测，就是叙述者人为地给揭示真相的过程建构障碍。

经过上面的介绍，我们可以将A类情节模式和B类情节模式做一个比较：

A类情节模式以事件主人公的行动为故事脊椎展开叙述，特别有利于表现人物命运，而人物命运是能够深深打动观众的，这是A类情节模式明显的优势。但这类情节模式的主要弱点是，其情节受制于真实事件，而真实事件又不可能如虚构类剧情片那样理想，导致节目情节经常不太理想。

而B类情节模式的优缺点恰恰相反：情节按照这种模式叙述，人物注定要淹没在事件当中；情节本身可能具有很强的吸引力，但人物命运难以作为故事脊椎的内在脉络与故事同始终，因而难以深入展示人物命运和内心变化，这会削弱节目感人的力量。但它的好处则是，在情节处理上叙述者拥有一定的自由空间，其故事讲述本身所受限制较A类模式为少。比如前面提到的《循梦追凶》的那“三种可能”的例子，叙述者并未说明这三种可能到底是警方的推测还是叙述者自己的揣测，如果不是警方的推测，那就纯然是叙述者的创造了。在电视法制节目中，采取B类模式的情况很普遍，这种模式可以保证把一个本来平淡无奇的破案事件讲述得风生水起。

（三）C类情节模式要素解读

C类情节模式是一种基于人物与人物之间关系改变的情节模式，这种模式的基本情节元素和叙事动力不是基于故事脊椎上的二元对立或对抗，其中所包含的冲突不过是影响人物关系的力量，冲突的结果不是事件链条本身的转折，而是人物之间关系的改变。

1. 具有联系的两位及以上人物

这类模式的核心是人物之间关系的改变，因此，故事讲述启动的第一步，是要明确两位或两位以上的人物，作为故事讲述的多重主人公。其中，两个人物之间应具备正面价值关系（如夫妻、母子、恋人、朋友等），或负面价值关系（反目夫妻、代沟受害者母女、一方情感受到伤害的恋人、仇人等），或零点价值关系，也就是不好不坏、一般化的价值关系。具备这样的价值关系，是这个模式得以应用的基础。两人以上的关系，通常是围绕两个主要人物。第三、第四个人物卷进两个人物的关系之中，并与两方中的一方构成联系。如江苏卫视获得2007—2008年度中国广播电视奖的情感访谈节目《人间·死而复生的妈妈》（江苏卫视《人间》栏目2007年4月20日播出）中，主人公吴长文与被赶出家门的妈妈是两位关系人，开始时吴长文被父亲吴绍银告知妈妈已死，后来发现妈妈未死，追问之下得知妈妈产后失手烧伤自己，于是对妈妈产生怨恨；父亲吴绍银恨妻子失误烧伤儿子吴长文面部，赶走了妻子。节目前半段就由这三人构成彼此关系：吴长文怨恨妈妈，吴绍银怨恨妻子，妻子思念儿子。

2. 在两位人士或多位人士之间发生了某些事情

发生的某些事情表现为：冲突、合作、了解真相、受到蛊惑或说服。

这类模式故事讲述的重心是人物之间关系的转变，但关系转变不会凭空发生，需要一定条件。这个条件可以是原来处于正面价值关系的两人之间发生冲突，或者处于负面价值关系的双方出现合作，或两人之间了解了足以促使谅解或足以激起仇恨的真相，或者受到他人的蛊惑或说服。总而言之，在两人之间要发生一些促使关系价值转变的事情。这些促成转变的事情进入节目后，与转变本身一道，构成这类模式中的情节。在前面提到的节目《人间·死而复生的妈妈》里，编导人员构筑了两条情节线：一条是吴长文在电视台帮助下寻找妈妈的故事，这是一个典型的求索故事线，是副线；一条是演播室访谈的部分，这是主线，表现的是吴长文对妈妈由怨恨到理解的“负面/正面”关系价值转变、父亲吴绍银对妻子由仇恨到原谅的“负面/正面”关系价值转变，而吴绍银对妻子关系价值的转变受到了儿子的影响。促成三人关系价值转变的主要因素，是中间发生的吴长文对母亲的寻找、主持人对当事人的劝解、吴长文对真相的了解，等等。主线部分应用的是C类情节模式。

3. 两人或多人关系改变

人物之间的关系改变表现为：“正面价值”转向“负面价值”的“良好关系转变为恶劣关系”，或“负面价值”转向“正面价值”的“恶劣关系转变为良好关系”，或“非好非坏（零点价值）”转变为体现“正面价值”或“负面价值”的关系。

这类情节模式故事价值之所在，是人物之间关系在两极价值之间的转变。例子可以参见上面对《人间·死而复生的妈妈》的分析。

多人之间关系的转变往往是围绕相关两方中主要的一方发生，受其中一方的转变影响，而发生相对应的转变。在《人间·死而复生的妈妈》中，父亲吴绍银与妻子起初是恩爱夫妻，妻子产后失手烧伤儿子，吴绍银对妻子怀恨在心；后来儿子寻找母亲并理解了母亲，因受儿子的影响，吴绍银在节目结束的前夕，部分地恢复了对妻子的理解，不再衔恨。很显然，吴绍银与妻子关系的变化，是受了儿子的影响。

4. 按照上述模式，出现多次“正/负”“负/正”或“零/正”“零/负”价值转折

一个复杂的故事，其转折不可能一次完成，所以，根据每个故事的具体情况，人物之间关系在两极价值之间的转变可以发生多次。例如《人间·死而复

生的妈妈》里，吴长文因为脸上有伤疤，父亲告诉那是他妈妈给他留下的，吴长文因为这个伤疤备受歧视，因而对母亲充满怨恨；后来他发现妈妈没有死，父亲又不告诉他实情，他就踏上寻找妈妈之路，他获得零星信息，意识到妈妈弃他而去可能有隐情，于是怨恨情绪减弱，理解之心渐生；但多方寻找不得，又生怨恨；最后在演播室观看介绍事情来由的 VCR，感到妈妈也不容易，于是原谅了妈妈。最终，在演播室母子相认，抱头痛哭，两人终于冰释前嫌。其间，连缀着几个关系上的转变，直到最后的彻底转变。

5. 出现最终结局

最终结局表现为：两人或多人关系彻底恶化、关系定型为彻底的恶劣关系；或彻底好转，关系定型为彻底的良好关系。

导致最终结局出现的转变是终极转变，当这一转变出现之后，故事叙事即告结束。需要特别指出的是，虽然从理论上讲最终结局的转变落点可以在正面价值，也可以在负面价值，但国内的纪实视听节目提倡弘扬正面价值，这影响到故事类节目的结局。通常，节目都需要一个正面价值的结局。因此，不管是正面关系价值开头，还是负面关系价值开始，节目最后往往都要落点于正面价值，这是需要特别提请注意的。

（四）D 类情节模式要素解读

D 类情节模式比较特殊，它是用于对正在进行的具有故事潜质的事件进行情节处理的模式。前面介绍的 A 类、B 类、C 类情节模式，都用于对已经发生事件的处理。D 类模式与它们不同，它用于对正在发生事件的故事叙事。

正在发生的事件经过预测评估，或也有不少能用故事叙事的方式进行处理的。例如，那些进程性很强，周期适宜——既不太长，也不太短，包含可以预料的结局，过程不会一帆风顺、一定会存在障碍和不定因素的事件，就可以用故事叙事的方法予以讲述。这种情况下，就可以应用 D 类情节模式。例如，2008 年 5 月 12 日中午，汶川地震发生，宝成铁路一列满载石油的油罐列车在宝成线 109 隧道出轨，起火燃烧。陕西卫视派出卫星直播车到现场进行连续报道，形成了《决战 109》的连续报道新闻节目，一共 42 条。当事件发生的时候，谁都不知道结局，报道者也一样。但这个事件是可以预测的，预测结论包括：宝成线不可能因为这样一场意外灾难就被放弃，隧道一定会修通，这样，一个可以确定的事件结局保证了这个故事会有结局；因为有列车出轨、烈火燃烧形成高温，高温导致隧道拱壁强度改变等问题存在，抢修过程注定不会一帆风顺，其间充满障碍甚至危险，这使得事件过程被作为情节来处理有了依据；

宝成铁路是运送救灾物资的大动脉，抢修工作不会慢吞吞地进行，一定是争分夺秒、不断推进，这样，事件的进程性注定会很强，结局的出现也不会延续很长时间。所有这一切，为采用故事讲述的方式来结构这个连续报道提供了前提和基础。于是，我们可以确定，这是一个可以用来进行故事讲述的正在发生的进程性事件。下面，我们对D类情节模式的要素略做解读。

1. “出事”，打破平衡

“出事”这个情节模式元素，指的是事件的起始点。这个起始点是后面故事的开头。在实际工作中，“出事”常常表现为某个具有冲击力的新闻事件。如隧道内列车因地震出轨，政协委员到学校调查乱收费遭受阻挠和人身威胁，等等。需要说明的是，“出事”所关联的通常是一个清晰的“点状”事件，而不是模糊状态的事件或事实。例如，某市存在严重的脏乱差问题，引发后续的治理事件，但脏乱差是一个比较模糊的状态，这就需要找到一个点状事件来作为发端。比如可以通过暗访发现反映脏乱差问题的典型个案，或者通过某外地旅客在网上爆料曝光脏乱差现象，以这样鲜明、清晰的点状事件来引发对脏乱差现象的关注和治理。

2. 群体主人公选择恢复平衡，启动措施

“出事”之后，接下来一定会出现事件的进展。这里使用“进展”这个概念，就是为了强调在处理这类事件情节的时候，要关注事件的进程，而不要把注意力放在事件环节的静态事实上。大部分进展都由群体主人公选择恢复平衡，启动措施推动。例如，抢险指挥部安排专人进入高温隧道了解隧道损毁情况，制订抢险方案。

3. 措施实行过程中遭遇困境

这个表述涉及了故事讲述的主要元素。只有进展，没有遭遇困境，还不是故事；只有包含着群体主人公遭遇困境的事件进展，才具有故事的意义和价值。这方面的道理前面已经讲得很多，这里不展开论述。例如，上面提到的陕西卫视的连续报道《决战109》，就选取了具有“遭遇困境”意义的事件进展环节：拖曳油罐车残骸前需要进入隧道弄清情况，但隧道内部温度很高，为作业造成极大困难；残损油罐车高温变形，拖曳难度很大；等等。每一个环节都充满困难甚至危险。对109隧道抢险的报道，就从聚焦这一个个困难入手。

4. 克服困境，改变局面

群体主人公面对困难和障碍，采取措施去克服困难和障碍，从而与之发生冲突。冲突结果是出现阶段性的局面改变，发生“正/负”或“负/正”两极价值转折。通常，群体主人公需要克服多个困境，经历若干局面改变，这些局面改变可能是正面的，即有利于主人公的；也可能是负面的，即不利于主人公的。若干这样的情节环环相扣，构成故事进程。显然，这就将事件本身包含的故事潜质发掘出来，所报道事件就具备了故事性。

5. 继续推进措施，再度遭遇困境

基本原理同前述“3”。

6. 加大力度，进一步克服困境，促使局面再次改变，如此延续下去

基本原理同前述“4”。

7. 问题解决，最后结局出现

从故事讲述的角度来说，最理想的结局是出现不可改变的逆转。将这不可改变的逆转纳入故事最后的部分，是完美的故事讲述所必需的。《决战 109》连续报道，最后的结局是抢修成功，满载救灾物资的列车从北口进入、驶过隧道，中央领导现场指导，总书记发来贺电。整个事件经历了“灾难爆发/抢修成功”的总逆转，故事有了完美的结局。

上面，我们介绍了 4 种情节模式，并对它们的要素进行了解读。那么，情节模式是如何应用于具体事件的呢？基本处理方法是这样的：针对具体的包含故事潜质的事件，选定某类情节模式，将事件中的关键环节按照选定的情节模式逐一对应，将这些关键环节安排在情节模式相应的位置上，形成某个具体事件的“情节结构”。情节结构形成之后，整个事件故事讲述的逻辑链就形成了，它可以用来指导节目的前期拍摄。在后期制作前夕，在节目脚本撰写阶段，叙述者需要根据前期拍摄的情况和所采集到的视听信息，结合叙述要求和叙述目标对情节结构进行调整，在此基础上完成最后的情节结构设计。最后确定情节结构通常会反映在节目脚本中，用于指导节目后期制作工作。

下面，我们探讨情节结构问题。

第三节 纪实节目情节结构

如前所述，情节模式是一种用于确定情节内部各环节关系的工具，运用情节模式对事件进行处理，就形成了“情节结构”。情节结构以事件为基础，但它已经不是事件本身，而是纪实节目故事叙事所构建的符号系统。那么，从原理上来讲，我们如何利用情节模式去构建具有故事潜质事件的情节结构呢？

在电影、电视剧这类以视听元素直接呈现故事的作品中，情节的结构是能够被观众直接感受到的框架或格局。很多时候，研究者直接用结构的概念来描述这类体裁品类中的情节。例如，亚里士多德在戏剧情节上对后世影响最大的

概念是“三段式”结构，悉德·菲尔德用于电影情节的“三幕式”结构就来源于此。罗伯特·麦基直接用“结构”概念来表示影视故事中的情节。在这样的语境下，“情节结构”和“结构”具有等义的价值。

在纪实节目的情节处理中，我们也可以使用结构的概念。电影、电视剧与纪实节目在情节处理上的主要不同在于：电影、电视剧整个事件是虚构的，对它们的情节处理，针对的是虚构事件；纪实节目的事件是真实的，对它的情节处理，针对的是真实事件。除开这一点不同，理论上，情节处理的原理和方法是相同的。正是由于相同点的存在，我们可以使用同样的结构概念，来应对和处理纪实节目的情节。

当然，由于虚构事件给了作者充分的权力，使他能够以最理想的方式去创造故事事件，因此，在电影电视剧等虚构作品中对于结构的设计、处理可以做出非常细致的规定，对结构的单位做出很细致的划分。悉德·菲尔德不但为长度为120分钟的电影故事片归纳出“三幕式”的结构模式，还具体指明了每一幕的功能和时间长度：第一幕功能为“建置”，即奠定故事基础，确定人物关系，时间长度为30分钟；第二幕的功能为“对抗”，即主人公在实现欲望目标的路上遭遇阻碍，与各种阻碍力量发生冲突，时间为90分钟；第三幕的功能为“结局”，即主人公在遭遇最大挫折之后，采取最高强度的动作，实现一个不可逆转的转折，时间长度为30分钟。

由于真实事件无法提供可以与虚构事件媲美的故事事件，所以，我们在纪实节目故事讲述中经常遇到的情况是很难获得同虚构事件故事讲述一样的完美而理想的情节处理条件。对于这种情况，希拉·柯伦·伯纳德在《纪录片也要讲故事》一书中表达了这样的意思：很多纪录片并不与剧情片的戏剧结构吻合，但能够大体上吻合。我们同意这种意见。“大体上吻合”为我们参照剧情片结构设计、处理的原则来处理纪实节目情节结构提供了前提和基础。

结合纪实节目的特点，参照剧情片结构设计、处理的原则，我们提出如下处理情节结构的方式。

一、处理情节结构的四种方式

根据四类不同的情节模式，我们可以确定处理情节结构的四种方式。

（一）对适用A类情节模式的事件进行情节结构处理

对适用A类情节模式的事件进行情节结构处理，可以参照或借鉴“三幕式”结构原理。结构的第一部分是故事的“建置”，即通过激励事件引发人物动机，人物在动机驱使下寻找并确定欲望目标，继而采取行动。时间长度不超过整个节目的四分之一。结构的第二部分是“对抗”，即通过若干事件环节，表现人物在争取欲望目标的过程中，与来自自然界、他人和内心的阻碍发生冲突，克服阻碍，实现若干转折，逐步接近欲望目标。这个部分占据整个节目的四分之二。结构的第三部分是“结局”，即安排人物采取最具风险、强度最大的行动，在充满不定性的状态下实现最后的欲望目标。

当然，很多时候，真实事件难以提供理想状态来满足上述结构的处理要求，在这种情况下，上述结构安排的价值就在于提供一种方向、一种基本的理念，即对适合A类模式的真实事件，在处理其情节结构的时候，应按照“三幕式”的基本框架和精神，将其结构大致处理为三个部分。

（二）对适用B类情节模式的事件进行情节结构处理

对适用B类情节模式的事件进行情节结构处理，首先要考虑到：其叙述主体同时也是探求真相和谜底的求索主体。这类模式的故事性来源于叙述者在探求真相或者揭秘过程中所遭遇的阻碍和经历的转折。对于适用B类模式的真实事件，在进行情节的结构处理时，仍然可以借鉴“三幕式”的基本理念和原则，只不过故事主人公被叙述者替代。在这类情节模式的适用范围内处理结构，第一部分，功能为“建置”，即叙述者启动对事件谜题的探究或对真相的探索；第二部分，功能为“对抗”，也就是叙述者在探索、揭秘行动过程中遭遇来自自然界、他人和内心的阻碍，与阻碍力量发生冲突，并经历部分谜题被解答和部分真相揭示的转折。在这一部分，通常需要经历若干逐步强化的探索—阻碍—冲突—揭秘（转折）的事件环节。这一部分在篇幅上应占据全部节目不低于四分之三的比例。第三部分，功能是“结局”，叙述者的探索在经历最大障碍之后，逼近并揭示总的谜题和最大的真相，从而把叙述推进到一个不可改变的总转折环节。

（三）对适用C类情节模式的事件进行情节结构处理

针对真实事件应用C类情节模式进行叙述，由于这种模式的特点在于人物之间关系的改变、转折，所以，不能在这里生搬硬套“三幕式”结构。这种模式的结构应该是以人物关系的转折为基本单位来设置。具体说来就是，人物之间的关系每一次“正面/负面”或“负面/正面”的转折，即为一个大的结构单元。大的结构单元中，人物之间的冲突事件构成小的结构单位。若干小的结构单位组合成大的结构单元，若干个结构单元构成整个情节的结构。鉴于C

类模式情况比A类和B类模式的具体情况更为复杂，所以，这种模式的结构更需要在把握基本精神的基础上做灵活的处理，这个基本精神就是两人或以上人物之间关系的两极价值转变，和伴随或促成人物关系转变的冲突事件本身的转折，是区分本模式结构的基础。

（四）对适用D类情节模式的事件进行情节结构处理

适用D类情节模式的真实事件，是正在发生的事件。在启动故事讲述的时候，事情的结局并未出现。对这类事件的处理，可以参照“三幕式”的精神，按照“发端”（建置）—“在遭遇困境中进展”（对抗）—“出现最后的结果”（结局）的结构来设计和安排。

二、情节结构调整

我们为了讲述故事，需要针对一个具有故事潜质的真实事件，运用情节模式为其拟定情节结构，将情节内部的各个环节的逻辑链确立起来。这是运用故事叙事方法进行故事叙事的基础性工作。情节结构中所包含的事件（情节）环节，被固化在“叙事提纲”中（后文第十章，我们将具体探讨“叙事提纲”的拟定）。有了叙事提纲，就可以进行前期拍摄了。

接下来，在进入节目后期制作之前，通常还得根据叙事需要对结构进行一定的调整。例如，如果你选择应用A类情节模式，如果你认为应该把结局中的某些场面放在最前面以激起观众观看的兴趣，那你就要把选定的这个结局部分挪移到最前面即激励事件之前；如果你认为只有一条情节线太过单调，你还需要根据事件本身提供的材料，纳入一条情节副线来丰富你的情节结构，那你就需要将情节结构处理成复线结构。当调整完成之后，最后定型的情节结构体现在纪实节目的脚本之中（纪实节目脚本的写作格式，我们将在后文第九章中探讨）。下一步节目的后期制作和视频补拍，就基本上以这个蓝图为准。

下面，我们以中央电视台栏目《讲述》中《儿子的秘密》[①] 这期节目为例，来说明情节结构的调整怎样操作。这期栏目以艺人李玉刚的奋斗经历作为故事讲述的事件。梳理其中的信息，我们可以还原李玉刚的实际经历：

李玉刚出生于一个贫困的农村家庭，生活很苦，小时候冬天没有鞋穿，靠妈妈用布片缝鞋度过严冬。考上艺术学院，因为没钱交学费而无法入学。这刺

① 《儿子的秘密》，https://www.bilibili.com/video/av27900577/。

痛了李玉刚的心，他不甘于人生就这样失败，遂走出山村到外部世界打拼，寻找机会。他在歌厅打杂，总是在最不起眼的地方待着，默默无闻。一次，歌厅女演员临时缺席，整个演出面临砸锅。在此危急时刻，他果断提出要求，获准顶替女演员救场，以同时演唱男声和女声，大获成功，赚到了平时一个月也赚不到的钱，虚荣心也得到满足。在旁人的鼓励下，他尝试男扮女装以男旦角色演出，但因基本功太差而被人轰下舞台。为了让自己具备饰演女性的基本功，他23岁时学习跳舞，吃了很多苦，曾经想过要放弃，但让妈妈过上好一点生活的意识支撑着他继续往下走。终于，经过努力，李玉刚成为在演艺市场上小有名气的男旦红伶。饰演男旦在闭塞的山村并不是一件光彩的事情，于是他向家人隐瞒自己作为男旦的真相，并为此内疚，生活在内心矛盾之中。几年过去了，虽然他在演艺上日臻成熟，但旁人一直泼冷水，说他这辈子在演艺事业上只能这样了：歌星可能因为选对一首歌而爆红，如庞龙和他的《两只蝴蝶》，但搞表演的不可能出现这种情况。他内心陷入彷徨苦闷之中。这时，他注意到央视的《星光大道》节目，于是决定参加，因为这个节目具有全国影响力，他认为如果自己在这个节目成功，就能够在全国打响名气，并能够用全国观众对自己的承认，来换取家人的谅解，从而公开自己心中的秘密。最后他如愿以偿，通过《星光大道》实现了自己闻名全国、得到家人谅解的愿望。

显然，从上面的介绍我们可以看出，李玉刚的经历是一个求索事件，可以选择A类情节模式进行讲述。其中，在家庭贫困状态下，考取大学因交不起学费不能入学，是激励事件；绝不向命运屈服，要通过自己的努力改变命运，同时改善妈妈的生活，是他的动机；出人头地是他的欲望目标；走出山村、到歌厅打工、抓住“救场”机会、根据自己的特长进行男扮女装的表演、刻苦学习舞蹈、克服内心的苦闷彷徨、选择《星光大道》做拼死一搏，是他的行动；在歌厅默默无闻、一人饰演两种声腔的风险、首次男扮女装的失败、学习舞蹈的痛苦、一直不能火爆起来的困局、成功遥遥无期造成的内心苦闷彷徨、对家人隐瞒真相的内心痛苦，都是他前进过程中的阻碍力量，这些阻碍力量与主人公争取实现目标的行动发生冲突；冲突促成了“默默无闻/救场成功赢得重视”“饰演女角登台/演出失败被轰下台”“决定学习舞蹈/遭遇痛苦打算放弃”“毫无表演基础/男旦表演出神入化”“全国扬名无望/一举大获成功”“担心家人误解/得到家人谅解”等转折；最后出现了不可逆转的结局——李玉刚实现了“扬名全国”“家人谅解”的双重目标。经过我们的分析和“反向重构”，人物专题片《儿子的秘密》中的事件轮廓即如上述。该事件对应A类情节模式的情节要素构成这个事件的情节结构；这个结构表达了一个个具体情节环节在故事逻辑链上的关系。假如我们从无到有地拍摄制作这个节目，我们可以采用“叙事提纲”将情节结构的内容用文字表述出来；这个叙事提纲可以用于指导节目前期拍摄。

在上面提到的情节结构的安排上，可以发现该节目仍然采用的是“三幕式”结构：家庭贫困的背景下，无钱上学，从而激励李玉刚走上外出打拼之路，这是“建置”部分。外出后采取种种行动、遭遇来自外部环境的和自己内心的种种阻碍，在克服阻碍中与阻碍力量发生冲突，并迎来一个个转折，这是“对抗”部分。通过采取最重大的行动，向最大的也是最难的目标——进军《星光大道》——冲击，并获得成功，从而获得最重大的结果，这是“结局”部分。

情节结构确定之后，事件的各个情节环节的关系就确定了。在此基础上，在实际播出的那个节目中，叙述者通过对情节环节的调整，确定了该事件故事叙事的最终情节结构：

将李玉刚在《星光大道》上表现的前半部分“以男旦身份亮相《星光大道》”，放在开头，拍摄了李玉刚父母和姐姐了解了他男旦身份之后的反应，然后才转入对激励事件的介绍。

在节目结尾，完整地表现李玉刚在《星光大道》一路过关斩将，最后大获全胜的结果。

叙述者还对情节线进行了调整：主情节线是李玉刚通过打拼、克服阻碍实现梦想，副情节线是他对家人掩盖自己充当男旦演员的秘密。

上述情节结构是节目最终所呈现的形态。经过这样的调整，节目更加生动，叙事效果更好，而由情节模式所确定的情节逻辑链并没有受影响，观众清晰地知道调整后的结构中各个部分的逻辑关系。

显然，由于有基于情节模式的情节结构提供的清晰而强有力的因果逻辑关系，反映在脚本中的情节结构的调整并不会引起观众的误解，反而能够发挥更好的叙事作用。

第四节　情节模式的运用和情节结构的处理

前面我们介绍了情节模式和情节结构等方面的基本知识。那么，在具体故事叙事过程中，如何运用情节模式和情节结构的知识来处理具体的真实事件呢？接下来，我们通过案例来示范如何做出处理。

一、在A类情节模式条件下的运用和处理

前面我们已经提到，情节模式的作用在于将真实事件按照讲故事的要求进行处理，为其拟定“情节结构”；情节结构的意义在于赋予以这个事件为表现内容的纪实节目具体的情节框架和情节格局。这项工作的具体运用过程包括一些基本步骤。

现在，我们做一个操作示范。请先阅读下面这份文字材料，然后我们来看看怎样在这个事件上运用前面的知识来完成故事讲述的情节处理。这份材料取自2016年8月13日一则在微信朋友圈里流传的报道：

斐济首金的故事

三年前，一个英国橄榄球教练Ryan，一个曾经当了6年英国7人制橄榄球国家队教头的主教练，受到国内的各种排挤。不得已之下，他接受了一份新工作：到距离英国16000多公里的南太平洋岛国斐济当橄榄球教练。

然而，他到那里的头5个月，斐济人都没给他发出工资。他这才发现，这个国家给橄榄球队的预算如此之少，以至于斐济的橄榄球队付不起球队大巴的汽油费，付不起平常训练时给运动员喝水的水费……更不用说他的教练费。

当年2月，一场超大台风席卷了斐济，每小时300公里的大风席卷了整个国家，造成了接近5亿美元的损失。他橄榄球队里的几个队员直接无家可归。

但是，这个教练选择留在了那里。

当时没有人能想到，他的这支队伍，在昨天刚结束的奥运会7人制橄榄球决赛中，代表斐济以43∶7的比分完胜英国，拿下金牌。

对我们来说，这可能只是一条过目即忘的奥运新闻，但对斐济这个小国的人民来说，却标志着前所未有的历史性时刻：因为这是斐济自打参加奥运以来的第一枚奖牌，而这第一枚，直接是金牌！

斐济整个国家只有90万人口，他们参加了14届夏季奥运会，3届冬奥会，没有拿到过任何一枚奖牌。

这届奥运会，他们在1/4决赛上以12∶7战胜了新西兰；在半决赛上以24∶19战胜了美国。最终在决赛上跟英国相遇，用近乎横扫的比分43∶7击败英国夺冠。

为了凑齐这支队伍，斐济动用了举国之力。他们之中有从军队抽调的军官，有监狱看守，有警察，有酒店搬行李的服务生，有种甘蔗的农民，甚至还有一些原本在国内找不到工作的无业游民。整个国家对于橄榄球这项运动的热爱，在这位英格兰前橄榄球国家队教头的带领下，让他们走到了一起。

在 Ryan 教练来到这里之前，他认为，斐济的这群队员，有成为世界强队所需要的主要素质：体型、拼搏心、速度以及传球的精确性。

而他们需要的，是更完善的管理和培训。Ryan 觉得，要是能把全队的管理提升 10%，这支球队就足以在世界上立足。

当他来到这里之后，他决定严加管理球队里的一切：球员的饮食搭配，训练的日程。比赛期间他要求收走球员们的手机，还随身带着酒精呼吸检测仪，禁止比赛期间一切饮酒活动。

之前他还因为一些明星球员不守纪律，最后干脆把这个球员赶出了国家队。

在严格的管理和辛勤付出之下，这次，他们终于有了回报。

他们打破了斐济在历届奥运会上的零金牌记录，赢得了有史以来的首枚奥运金牌！

英国皇室的安娜公主向球队颁发金牌的一刻，每位球员都庄严地跪下来，行了最正式的敬礼。

与此同时，斐济举国上下也是一片沸腾……

聚在体育馆共同观赛的人们欢呼雀跃，高兴得无法自持。

所有人脸上都是止不住的笑意。

年纪稍大的甚至感慨万千老泪纵横。

街边有人敲敲打打手舞足蹈。

路上有人乘着皮卡举着国旗游街。

大家纷纷在窗外挂起了国旗。

楼上挂起了横幅。

孩子们扛着国旗满街跑。

就连斐济总理都表示，将每年的 8 月 12 日定为公共假日以示庆祝。

2016 年 8 月 12 日，是斐济举国同庆、人山人海、锣鼓喧天、国旗飘扬的一天，也是极具历史意义的一天。

在比赛上，当比赛结束的那一刻，当所有的球员手挽手喊出“斐济”的那一刻，就在场外，他们的总教头看着这一切。当年排挤他赶走他的英格兰队，就这么被他带领的另一个队伍打败。这会儿他应该是暗爽的吧。①

在阅读了上面的文字之后，我们来启动故事讲述基础阶段的工作。

---

① 该文摘自微信公众号“英国那些事儿”，2016 年 8 月 13 日，标题和正文均有修改。

（一）评估这个事件是否包含故事潜质

这个事件属于我们在第三章中提到的“人物命运大起大落的事件”中“命运大起”的事件。英国7人橄榄球运动教头Ryan因受人排挤，落魄之际，到条件极差的国度斐济训练橄榄球队，最后在奥运会上夺得金牌。其间，充满丰富的冲突，最终赢来辉煌的转折。可以得出结论：这个真实事件包含丰富的故事潜质。

（二）为这个事件选择适用的情节模式

先看看能否在这个事件上运用A类情节模式。A类情节模式需要有明确的主人公，有主人公的行动作为故事脊椎贯穿整个情节，主人公需要有动机和由此而来的欲望目标，主人公为实现欲望目标，在动机驱使下，要采取明确的行动，他的行动要遭遇障碍或者反行动，发生冲突，主人公的行动在冲突中经历正面或负面的转折，最后出现一个不可逆转的结局。梳理起来，这个事件满足了运用A类情节模式的所有条件。当然，这个事件也能够运用B类情节模式，即以叙述者作为主人公，以事件环节和人物为对象材料，通过揭秘或探索真相的方式，完成故事讲述。但我们提倡使用A类情节模式，理由在于：

其一，A类情节模式有利于人物的表现，而这个事件中，人物和他们的内心、情感具有不可替代的价值，使用A类情节模式有利于发掘这些价值；反之，如果放弃表现人物，将是很大的损失。

其二，这个事件本身具有故事讲述的十分理想的材质，事件的自然发展呈现由低到高、逐层递进的状态。因而没有必要选择B类情节模式以借助叙述者权力来对故事结构做大幅度调整而求得故事性。因此，采用更多注重事件自然轨迹的A类情节模式较为适宜。

其三，故事叙事推崇的叙事效果之一，是叙述者退隐，让接受者意识不到叙述者的存在，由故事主人公通过情节去感染接受者。显然，A类情节模式在这方面具有优势。

于是，我们决定采用A类情节模式来处理这个事件。

（三）按照A类情节模式的要求拟定这个事件的情节结构

具体操作过程：按照A类情节模式的要求，找出事件中的相关环节或元素，放置在情节模式的相应位置，形成这个事件的情节结构。步骤如下：

寻找**“激励事件”**：在这个事件中，激励事件是主人公Ryan因受人排挤，被迫远走他乡。

找出“**主人公产生动机，确定外在目标**”所对应的事件元素：Ryan来到斐济从事教练工作，一定有他的动机——要用一个完全没有基础的、似乎根本不具备条件的球队的崛起，来证明自己的价值；由此而来，他的外在目标就是把这个完全没有基础的、似乎根本不具备条件的球队训练成王者之队。

找出“**采取行动，遭遇障碍或遭遇反行动，发生冲突**”的事件或事件环节：分析之后，我们可以发现，主人公5个月没有工资；因为台风损失，球队缺乏经费甚至付不起大巴汽油费和训练时的饮水费；组队过程中遴选合格队员遭遇的困难，说服政府采用举国力量遴选队员的努力及这一努力看似不可能实现的障碍。这几个事件环节发生在主人公行动的第一步，其中包含他采取的行动和引发的冲突，符合情节模式的要求。

找出“**转折**”事件环节：政府出面，遴选到合格的队员。第一个行动成功，实现了“负面/正面”的价值转折。

找出“**采取更大的行动，遭遇更大的障碍或更强烈的反行动，发生更加激烈的冲突**”的事件或事件环节：训练过程中经费短缺的困扰及主人公解除困扰的努力，高水平的训练遭遇队员水平、秉性参差不齐的瓶颈，手机、饮酒对训练的干扰及主人公比赛期间收走手机、禁酒等举措招致的抵制和不满；与不守纪律队员的冲突并将其除名带来的“结仇”风险；发现队员“具备成为世界强队所需要的主要素质”，提出具有独创性但包含风险的训练思路，力图“把全队的管理提升10%”，进行严格的训练，其间遭遇的技术性障碍。这些事件环节包含主人公为了实现目标采取的进一步行动，而主要行动都面临障碍或反行动，从而激发冲突。这个冲突比第一步行动所面临的冲突范围更广，程度更深，性质更加严重。

找出后续的“转折”事件环节：经费短缺得到缓解，这是“负面/正面”的转折；严格管理促使队员成为真正的选手——“负面/正面”的转折；果断开除不守纪律的队员，队伍纯化——“负面/正面”的转折；严格的管理和训练奏效，队伍素质大幅度提升——“负面/正面”的转折。

需要说明的是，上面所列出的事件或事件环节涉及的是主人公与自然力量的冲突（如经费短缺）和与他人的冲突（如队员素质、纪律的不佳），没有涉及主人公内心的冲突。但我们根据事件的蛛丝马迹，按照常理推测，在这几种情境中，Ryan一定会经历内心冲突：他刚到斐济，面临经费短缺甚至没有薪水的状况，不可能不曾动摇，放弃和坚持两种心理力量会在他内心冲突；他开除不守纪律的队员，这涉及对人的处理，相信他一定会有容留和开除两种内心选择的冲突；面对条件远远优于自己所率领的小国球队的美国队、英国队，他不可能不经历片刻的软弱、恐惧与自信之间的心理冲突。这些心理冲突也应该纳入构建“情节结构”的考虑，须知，如同我们在前面强调的，表现出令人信服的内心冲突，是使人物深刻起来的有效措施。

找出体现“**采取最大的行动，遭遇最大的障碍或最强烈的反行动，发生最大的冲突**”的事件或事件环节：来自从未获得过奥运奖牌的国度，带领毫无国际大赛经验、杂凑起来的、从未获得过奖牌的球队，主人公和队员遭遇的心理压力与奥运夺冠目标的冲突。奥运比赛中的赛场对抗：1/4 决赛对阵新西兰，半决赛对阵美国，决赛对阵英国——对手之强大与主人公“战胜对手球队、战胜排挤自己的加害者”的欲望目标水火不容，在赛场上激烈对撞，发生最激烈的冲突。显然，上述事件或事件环节较之前面的行动，是最大的行动；接踵而至的高端赛事，分量一个比一个重，与英国队的决赛，对于主人公和这支球队而言，显然是最大行动；竞技体育的赛场上天然具备激烈的对抗性冲突。

找出“**总逆转**”事件环节：主人公率领的球队一路连克三关，最终战胜英国队，实现“前途未卜/赢得金牌”“遭受排挤/报仇雪恨”双重“负面/正面”的价值转折。

找出“**出现正面或负面的不可改变的结局**”事件或事件环节：奥运会获得金牌，斐济举国欢腾，Ryan 创造了奇迹，成为斐济人眼中的英雄，欲望目标彻底实现，故事在讲述情节过程的同时，完成了主人公“人物弧”的表现：从遭受排挤、远走小国、焦头烂额，到扬眉吐气、扭转乾坤、创造奇迹，实现了主人公命运的“负面/正面”价值转折。

上面所述，就是《斐济首金的故事》这个以真实事件为基础构拟出的该事件供故事叙事之用的“情节结构”。这个情节结构的内容可以用文字将其固化在“叙事提纲”之中。

经过上面的处理，这个真实事件的情节结构雏形就具备了，情节逻辑链就建立起来了。然而，有了情节逻辑链，还需要对情节结构做进一步细化和完善，以解决下列问题：对事件的情节结构进行体现“三幕式”精神的处理；明确每个部分包含的具体内容；明确各个部分应该特别关注的内容；明确开头、结尾需要特别强调的内容；等等。通过这些努力，让情节结构对下一步故事叙事更具指导价值。

（四）细化、完善情节结构

前面我们讲过了，我们处理适用 A 类情节模式的情节结构时，要遵循

“三幕式”结构的基本精神。三幕式结构的要点是，情节结构的第一部分，奠定故事讲述的基础，即完成情节和人物的建置；第二部分，全面展开以对抗为特点的情节发展；第三部分，安排故事结局。围绕这个事件的情节结构细化和完善，可以按照以下方式处理。

1. 完成故事建置

这一部分，涉及激励事件、主人公动机和欲望目标。在这一部分，要实现几个故事讲述的目标：其一，为后面情节发展提供因果逻辑动力；其二，让观众关心主人公命运，从而关注后续情节发展，保证后面的叙述能成为“有效讲述”；其三，为故事确定一个“负面价值”的起点，与故事最后的“正面价值”形成对照，从而完成故事讲述的价值转折任务；其四，为人物确定一个“负面价值”的开端，与最后人物命运的“正面价值”形成对照，从而完成“人物弧”的建构。从这个任务要求出发，需要做如下具体工作：

对 Ryan 在英国遭受排挤的遭遇予以充分表现；对他走投无路，选择到小国斐济寻找机会的处境予以充分表现；对他处于低谷时期的种种困苦、无奈、艰辛予以充分表现；对他要改变境遇的动机予以充分表现；对他通过训练一支高水平球队的看似不可能的外在目标予以强化表现。总而言之，这一部分是负面价值为主，主人公处于极度低谷状态，十分倒霉，但充满改变命运的渴求，并萌生了清晰的欲望目标。作为情节结构的建置部分，用这种方式把情节中的开始阶段的因素整合起来，并清晰地界定它们在情节结构空间序列中的地位和功能。

为这一部分确定一个时间长度：大约相当于整个节目长度的四分之一。

2. 完成以对抗为基本特征的情节发展阶段的处理

按照“三幕式”的原理，这一部分的主要任务是对抗。主人公采取行动，他做了什么并不是这一部分的重点，他在行动时遭遇障碍，遇到麻烦，然后与障碍和麻烦作斗争，发生冲突才是重点。前面我们提到的“顺”不是故事，“不顺”才是故事，主要是就这一部分而言的。具体说来，在我们前面提到的以 Ryan 为主人公的种种行动，都要把重心放在发生冲突上。例如，主人公招募队员，遭遇困难（否则怎么会出现以举国之力选拔队员）；训练需要经费，但缺乏经费，训练过程中的饮水费没有着落，主人公甚至没有薪水；训练需要严格管理，但招来的队员社会身份各异，自由散漫，玩手机、喝酒误事；严格的训练本身也一定会遭遇很多技术性障碍；对特别刺头的队员，批评、惩罚招致反抗，最后不得已将其开除；参加奥运会，1/4 决赛遭遇新西兰，半决赛遭遇美国队，都是强敌，比赛一场比一场艰难。所有这些，都是这一部分关注和表现的重点。情节结构处理，就是要将上面提到的事件按照“先轻后重”的原则，逐一排列，将“情节结构”的脉络和逻辑，落实为一个个具体的包含冲突的事件或事件环节。

在这个部分，还必须有“转折”来为冲突打上句号。阶段性的冲突，用阶段性转折打上句号；整个故事的冲突，用关键性转折来打上句号。这个事件在“对抗”部分包含的转折包括：招募队员遭遇困难，经过主人公努力促进，政府介入，全国招聘，困难被克服，招聘到符合要求的队员（负面/正面转折）；缺乏经费，经过主人公努力，解决了难题，筹措到必要的经费（负面/正面转折）；队员自由散漫，主人公采取收走手机、禁酒措施，队员作风出现积极转变（负面/正面转折）；严格训练中的技术性障碍，被主人公一一克服，球员由业余爱好者渐渐成长为专业运动员（负面/正面转折）；对特别刺头的队员，给予机会，仍不悔改，最后痛下决心，予以开除，驱逐害群之马，儆醒其他球员，球队风气大大改善（负面/正面转折）；赛场上遭遇新西兰队和美国队，斐济队开始底气不足，后来逐一战胜（负面/正面转折）。一个个冲突导致一次次转折，情节就这样推进。需要说明的是，所有转折的实现，原动力都必须来自主人公，不能假手他人；即便偶尔有由他人来实现的转折，其原动力仍然必须来自主人公。例如，我们前面提到的招募队员遭遇困难，最后的转折来自政府力量介入，从全国招聘，实现了这个冲突的转折。但这个转折的到来，政府的介入，一定来自 Ryan 的奔走、说服，来自他艰难的促进。文章对此没有提及，但这是可以推测到的。没有 Ryan 的奔走呼吁，斐济政府怎么会突然想起要介入一个橄榄球队的队员招募？因此，在所有体现转折的事件环节，都要寻找到主人公发挥决定性作用的素材。

这个部分是故事讲述的主要部分，需要占据未来节目不低于四分之二的时间长度。

3. 完成故事结局部分的设计

这一部分的功能是提供一个不可逆的转折来结束故事。从寻求观众良好反应的角度来说，这一部分应将观众关心的、期待的、渴望的结果全部推出，对观众的愿望予以满足。就这个事件而言，应完成如下叙事任务：其一，交代故事的结局，即 Ryan 带领他的球队，战胜英国队，获得奥运会金牌，主人公的外在目标得以圆满实现；其二，给观众以酣畅淋漓的满足感，在视听节目的故事叙事中，这主要通过伴随故事结局的视听冲击来实现。因此，为了实现这个目标，应该将决赛前球队在舆论上不被看好的局面、主人公和队员面临巨大心理压力的状况进行渲染，对球队与英国队比赛的关键环节予以呈现，对比赛中比分落后的不利局势进行渲染（注：比赛中斐济队丢失了 7 分），最后详细表现决定胜负的最后一球的进球过程。胜利之后，斐济举国狂欢的场面也应予以渲染，这种场面视听冲击力非常强，很容易激起观众的共鸣，从而给观众以完满的情绪体验。

需要说明的是，如果认为上面的情节结构故事线过于单纯，需要增加一条情节线，如与主人公事业上的求索故事有关的爱情演变、友情演变故事，那么，也可以在这一步根据新增情节线的事件性质，按照相应情节模式的原理和处理情节结构的原理，将新增故事线纳入情节结构。

这一步骤所确定的情节结构，可以体现在“叙事提纲”之中，用于指导节目前期拍摄工作。

（五）调整情节结构，明确每一项具体内容在未来节目中的位置

上面处理完成的情节结构，反映的是基于故事逻辑链的情节空间框架或情节环节的空间位置、出现顺序，但是在最后完成的节目中，某些具体的情节环节并不一定按照原来确定的情节结构位置出现，会出现一些基于叙事效果考虑的调整。这一步就要进行这样的调整。例如：

为了吸引观众，在节目的开头部分，可以使用 Ryan 带领他的球队在半决赛胜出，而决赛尚未开始，因而胜负未卜的情节环节，这有助于唤起观众的强烈关注；也可以截取 Ryan 在组织球员训练中遭遇重大障碍、情绪最低落的那一个环节，这有助于激发观众心中的疑惑。

在对抗的第二阶段，对多种压力、冲突，如何排列其先后顺序，如何处理其详略比例，都需要做出考虑；在结局部分，当赢得比赛之后，如何安排 Ryan 的喜悦、队员的喜悦、斐济全国的狂欢等情节环节出现的位置，以及节目最后的结尾（不是情节的结尾）如何处理，都要在第五步工作中予以解决。

经过这个环节处理的情节结构，反映在节目脚本中；脚本是节目后期制作的蓝图。在后期制作中，还会有对情节结构出现位置、顺序的微调，但目前阶段所确定的情节结构，最接近未来节目的状态。

（六）以情节结构为依据，启动后续工作

后续工作：运用包含情节结构内容的叙事提纲进行前期拍摄；根据包含调整后的情节结构的节目脚本，进行补拍、视听资料收集和后期拍摄。

二、B类情节模式的运用及情节结构处理

在前面我们已经结合A类情节模式，详细介绍了情节模式运用和情节结构处理的问题。为了避免重复，节省篇幅，从本部分开始，我们只介绍要点，不再展开论述。请读者参见A类情节模式运用和情节结构处理的论述，举一反三地理解本部分内容。

如前所述，B类情节模式主要适用于两种情况：一种是包含故事潜质的进程性事件，由于事件本身的情节较为单薄，难以应用A类模式，故转而应用B类模式；一种是有的事件甚至事实，本身进程性较弱甚至不具备进程性，只包含若干谜题、被掩盖的事实真相等，这类情况无法应用A类情节模式，故采用B类情节模式。B类情节模式最大的特点，是叙述者出面破解谜题、叩问真相的求索行动构成故事事件的主轴，叙述推进的各个环节成为故事情节，因而叙述者拥有较大的叙述自由，可以通过种种叙述处理赋予情节以冲突元素，并通过技巧运用，使故事曲折生动起来。下面，我们以贵州卫视《取证》栏目中《突袭山村的毒蛇奇案》[1] 这一期节目为例，来说明如何运用B类情节模式及基于B类情节模式进行情节结构处理。

首先，我们根据该期节目内容，逆向还原节目所讲述的原始事件：

在广东增城一个叫做官塘村的地方，突然出现很多毒蛇，村民们忙着打蛇，并请来专家解答疑问，最后的真相是，该村郭姓村民兄弟俩，因计划生育违规被罚而心生怨恨，为了报复妇女主任宋继清，从外地买来毒蛇，倾倒在宋继清家后院，从而酿成了这桩“毒蛇奇案”。真相大白之后，郭姓村民兄弟俩受到法律的惩处。

其次，我们分析一下这个节目的叙事情况。就其容量来说，这个事件很简单，只能够支撑一条两三分钟的电视消息，但该期节目足足做了30分钟，并且故事讲述得跌宕起伏、扣人心弦。讲述者是怎样实现这个效果的呢？一方面，讲述者使用了一些有效的故事叙事技巧；另一方面，在情节模式上运用了B类模式，将叙述的主轴转移到叙述者一方，从而掌握了叙述的主动权，对叙述过程进行了大胆的处理。下面，我们来看看编导者是怎样在这个事件中运用B类情节模式的原理的。

---

① 贵州卫视《取证》：《突袭山村的毒蛇奇案》，https://v.qq.com/x/page/m0135w1izwi.html?vfrm=2-3-0-1。

（一）让谜题或端倪出现

节目一开始，就通过现场拍摄和镜头前采访，给出了谜题——官塘村突然出现很多蛇。然后，通过“这些蛇是从哪里来的？”这一问题激起观众兴趣，引发后续叙述。

（二）叙述者启动探索、叩问真相，力图揭开谜底

主持人作为叙述者出场，开启了他的探索、叩问之旅。主持人在真实事件提供的单薄材料中，沿着探索行动的轴线，添加了不少东西。首先，使用了国外恐怖大片中飞机机舱突然出现很多毒蛇的资料镜头，用惊悚的镜头，渲染出毒蛇大量出现的恐怖氛围；其次，从不同的角度，表现村民打蛇的各种情景。但蛇越打越多，并且，蛇的种类也未能确定，这是一个事件环节谜题。主持人这时使用了蛇类专家来到村子里的事件材料，蛇类专家的到来，为解密“是什么种类的蛇”带来了希望。

（三）探索谜底遭遇困境

虽然知道了毒蛇的种类，但毒蛇来源未知，这构成另一个谜题。主持人在叙述中叩问“毒蛇来源”的真相，刻意使用了三条“无效线索”来构成探索遭遇的困境。这三条无效线索到底是案件侦破过程中真正由警方提出来的设想，还是叙述者自己的猜测，节目没有介绍。但三条线索增加了情节的复杂性和曲折度。第一条线索：“这种蛇当地没有，是不是从长江下游跑过来的？”对这种猜测，主持人运用地图示意，转引专家意见，否定了这种可能。第二条线索：“这么多蛇出没，是不是地震的前兆？”主持人使用村民对井水变化的观测和地震局专家的意见，又否定了这种可能。第三条线索：“是不是村民得罪了蛇的头领，招致群蛇出洞报复人类？”主持人引用国内外报道，证实了这种可能性是存在的，但官塘村这次毒蛇大量出现，不属于这种情况。三条线索对于揭示真相是无效的，但对于增加情节的复杂性和增加探索的麻烦程度，却是有效的。叙述者所拥有的叙事上的自由度和创造空间，在这里集中表现出来。

（四）逐步克服困境、破解谜题，转折出现

主持人请来了蛇类专家，蛇类专家一眼认出，毒蛇种类是“短尾蝮蛇”，破解了蛇的种类的谜题，实现了蛇的种类的“未知/已知”转折。另外，在前述三条线索无效的情况下，主持人接着叙述：张姓专家对蛇的来源无法判明，

无奈之下，只好求助老师胡博士。胡博士一见此蛇，立刻断言：这种毒蛇是人工养殖的。情节出现了蛇的来源的“未知/部分揭示”的环节转折。

（五）继续探索，遭遇新的困境和新的谜题

在确定了毒蛇系人工养殖之后，谁与蛇类养殖有关？这是个未知数。主持人使用了体现叙述者新的探索的材料：警方开始介入，开展侦破工作。

（六）克服困境、破解谜题，转折再次出现

主持人作为叙述者探求真相的行动到了这一步，使用了警方侦破结果。警方了解到，官塘村村民郭氏兄弟曾经养殖过蛇类。这对于揭示真相是新的有价值的材料，是事件逻辑链上的重要证据，是原事件的关键信息之一。这个材料使叙述者的探求、叩问行动进一步逼近真相，构成又一个“未知/部分知晓”的转折。

（七）继续探索，遭遇最大的困境和最大的谜团

养殖过蛇类并不意味着就一定与这次毒蛇奇案有关，最后的真相揭晓还有待更强有力的证据。如果不能获得嫌疑人的犯罪动机和确凿证据，“谁是真凶”的谜底仍然难以揭开。关键的一步迈不出去，前面的努力将付诸东流。从这个意义上看，这个困境在整个探求真相、揭示谜题的行动中，居于最高的地位，其本身构成本次探索事件最大、最后的谜团。

（八）克服困境、解开谜团，总的转折出现，迎来大揭晓的结局

主持人在这个环节使用了妇女主任宋继清的证词：郭氏兄弟因为宋继清对其执行计划生育的处罚政策怀恨在心，多次对宋继清进行人身威胁。如此一来，作案动机明确了。接下来，主持人进一步使用事件本身的材料，告诉观众，警方介入，对郭氏兄弟采拘押措施，郭氏兄弟对所犯罪行供认不讳。原来，郭氏兄弟违反计划生育政策，身为妇女主任的宋继清按照规定对其进行处罚；郭氏兄弟因此怀恨在心，从外地养殖场买来几百条短尾蝮蛇，投放在宋继清家的后院，于是酿成了这起“毒蛇奇案”——真相大白，谜题揭晓，主持人作为叙述者完成了自己探求真相的求索之旅，故事讲述完成，观众收获了满意的情绪、情感体验。

以上所述，就是我们对《突袭山村的毒蛇奇案》“逆向回溯”而获得的该节目所含事件的“情节结构”；这个情节结构就是节目成品所呈现的情节状态。

该节目的编导者就这样采用B类情节模式，把一个原本比较简单的案件，讲述成了一个情节曲折、引人入胜的故事。

B类情节模式应用的另一种情况，是以包含谜题的静态事实作为故事讲述的材料。在这种情况下，按照B类情节模式的要求，让叙述者成为主人公，以叙述者求解谜题、叩问真相的探索之旅作为故事讲述的事件、情节，几乎是对这类题材施以“故事叙事”的唯一方式。中央电视台科教频道（CCTV－10）《探索·发现》栏目有一期《发现白垩纪（二）：集群死亡之谜》[①] 节目，它所面对的题材是恐龙化石层叠堆积这一发掘结果。这是一个静态事实，不是进程性事件。这个节目即把主持人作为主人公，以揭示恐龙集群死亡的谜底为欲望目标，以收集各种形态的解密信息（专家采访、化石证据、科学原理等）为求索过程，以对该化石堆积层的成因进行推理还原为主要情节环节，以这个过程中的信息获取不顺畅、证据不足难以得出结论等元素作为求索行动的障碍，围绕“埋藏点的恐龙是否集群死亡”“什么原因导致集群死亡”“为什么化石呈三角形堆积”等板块的探索和揭秘组成探求过程，最后揭秘恐龙死因。整个故事的基础是主持人作为叙述者探求谜题所形成的“探求真相事件”。

三、C类情节模式的应用及情节结构处理

C类情节模式的特点是将两个及以上人物之间的关系改变作为基本叙事要素来处理情节，这种关系改变与他们之间发生的某些事情密切相关，而矛盾冲突在其中占有重要地位。C类模式与A类、B类模式最大的不同，是其中没有一个贯穿始终的主人公为实现欲望目标采取行动而求索受阻的故事脊椎。这类模式应用在情感节目中，给人的观感通常是在吵吵嚷嚷中，人物之间的关系发生着两极价值的转变。我们以湖南卫视栏目《寻情记》中，2017年10月9日这一期节目《一个爸爸两个妈　谁能给我真正的爱》[②] 为例子，来说明如何应用C类情节模式。

首先我们通过这一期节目来还原其中包含故事潜质的原始事件。事件的经过是这样的：

20年前，朱玲玲与柳正清恋爱结婚。婚后，朱玲玲怀孕期间回湖南老家

① 央视网《探索·发现》：《发现白垩纪（二）：集群死亡之谜》，http://jishi.cntv.cn/explore/faxianbaieji/classpage/video/20100311/100997.shtml。

② 湖南卫视《寻情记》：《一个爸爸两个妈　谁能给我真正的爱》，https://www.mgtv.com/b/308937/4129471.html。

休养，柳正清与章巧发生婚外情。朱玲玲生下儿子柳诚，因与柳正清感情不和，于14年前与柳正清离婚，儿子柳诚此时5岁，归父亲柳正清抚养。朱玲玲离开柳正清，去深圳打工。柳诚6岁时，柳正清和章巧生下另一个孩子。据柳诚讲，章巧这时开始虐待柳诚。她经常打骂柳诚，给柳诚的幼小心灵造成很大伤害。这个过程中，父亲柳正清偏爱小儿子，对柳诚关心很少。柳诚要读高中，因成绩不达标需要每学期多缴1000元学费，父亲不同意，要儿子去读中专。由此，柳诚与父亲柳正清和继母章巧关系非常紧张。一次，因为几百块钱的事情，章巧发来语音信息给柳诚，声称如果柳诚不照她说的做，就要死给柳诚看。柳诚联系上了生母朱玲玲，朱玲玲赶来，看见儿子十几年来遭受虐待，心如刀绞；柳诚的伯父、姑妈等获悉此情，也悲从中来。节目组得到爆料，介入拍摄。朱玲玲带着柳诚，与柳诚伯父、伯母、姑妈一行，找到柳正清和章巧开的店铺讨说法，以朱玲玲、柳诚、伯父、伯母、姑妈为一方，以柳正清、章巧为一方，双方爆发激烈冲突。其后，柳诚和生母朱玲玲与父亲柳正清沟通。其间，柳正清不但指责儿子不顾及哺育之恩，还指责朱玲玲当年离家未尽到母亲责任，沟通不欢而散，隔阂越搅越深。至此，调解室介入。经过调解员对柳正清、章巧进行法律教育，对柳诚予以开导，最后，柳正清、章巧与柳诚在调解员的主持下，签订明确界定三方责权利、保障柳诚合法权益的三方协议。柳正清对儿子承诺愿意承担他上高中、大学的费用，继母章巧也给了柳诚一个拥抱，并关心他的生活。柳正清、章巧与柳诚之间势同水火的关系得以改变，三人之间正常的关系开始确立。

从还原之后的事件来看，其中包含的矛盾冲突发生于几个人物之间，冲突影响到几个人物之间的关系变化，但冲突并没有与纵贯始终的主人公求索遇阻相联系。这个事件可以使用B类情节模式，即叙述者探求真相的模式来处理；但使用C类模式，紧扣人物关系变化，情节可以更生动，细节可以更丰富，人物关系的变化也更感人。该节目编导就是采用了C类情节模式的原理来形成事件的“情节结构”。下面我们做具体分析。

（一）确定重要当事人的起始关系

具体的关系状况如“C类情节模式”的表述：“具有联系的两位及以上人物，彼此具有正面的友好关系，或负面的恶劣关系”。

这个事件里，柳正清与柳诚为父子，当初应该具备友好关系。柳正清与朱玲玲为夫妻并育有一子，当初也应该是友好关系。

（二）找出促使重要当事人关系改变的“某些事情”

这些事情如C类情节模式的表述：“在两位人士或多位人士之间发生了某些事情：冲突、合作、了解真相、受到蛊惑或说服。”

本事件中的这些环节包括：婚后，朱玲玲怀孕期间回湖南老家休养，柳正清与章巧发生婚外情；朱玲玲生下儿子柳诚，因与柳正清感情不和，于14年前与柳正清离婚，儿子柳诚此时5岁，归父亲柳正清抚养；柳诚6岁时，柳正清和章巧生下另一个孩子。据柳诚讲，章巧这时开始虐待柳诚；章巧经常打骂柳诚，给柳诚的幼小心灵造成很大伤害；父亲柳正清偏爱小儿子，对柳诚关心很少，柳诚要读高中，因成绩不达标需要每学期多缴1000元学费，父亲不同意，要儿子去读中专。

（三）发现处于事件中的当事人的关系改变的事件环节

当事人关系改变的情形如C类情节模式的表述：“两人或多人关系改变：‘正面价值’转向‘负面价值’的‘良好关系转折为恶劣关系’，或‘负面价值’转向‘正面价值’的‘恶劣关系转折为良好关系’，或‘非好非坏（零点价值）’转折为体现‘正面价值’或‘负面价值’的关系”，应找出其中的事件环节。

这个事件的转变是前一种情况：柳诚与父亲柳正清和继母章巧关系由尚能相处转变为非常紧张，即“正面价值”转向“负面价值”的情形。

（四）找出事件中后续发生的事件和重要当事人后续的关系改变事件

诚如C类情节模式的表述：“按照上述模式，出现多次‘正/负’‘负/正’或‘零/正’‘零/负’价值转折”，应找出具备这些特征的事件环节。

本事件是朱玲玲到来之后，由于亲生母亲出现，柳诚信心得到恢复，开始克服恐惧，主张自己的权益。而柳正清则认为自己抚养孩子14年，付出很多，对柳诚的指责全盘拒绝；章巧则对柳诚的虐待控诉矢口否认。柳诚与母亲朱玲玲及伯父、姑妈为一方，同柳正清、章巧的矛盾达到顶峰，双方冲突火爆，隔阂加深。

（五）确定事件中重要当事人关系改变、体现最终结局的事件环节

如C类情节模式的表述："出现最终结局：两人或多人关系彻底恶化、关系定型为彻底的恶劣关系；或彻底好转，关系定型为彻底的良好关系"，找出体现这些最终转变的事件环节。

这个事件发展到最后，由调解室介入，柳正清、章巧与柳诚签订三方协议，明确了柳诚的权益，借助法律的力量保护柳诚免遭虐待；柳正清与儿子的关系有所缓和，章巧与柳诚的关系也出现转机；朱玲玲心中的担忧获得释然。情况向着积极方面转化，出现了"由负转正"的积极变化。

经过上面五个步骤，这一事件的"情节结构"得以确立，情节内部各环节的来龙去脉得到清晰展现。这个情节结构可以用于指导节目的前期拍摄。接下来，需要对这个事件的情节结构进行调整；调整后的情节结构反映在节目脚本中，用于补拍、视听资料收集和后期制作。

（六）调整情节结构

我们通过节目，可以察见固化在节目成品中的最终得以实现的情节结构。《寻情记》栏目 2017 年 10 月 9 日这一期《一个爸爸两个妈　谁能给我真正的爱》节目，开头使用的情节环节是 14 年后、柳诚 17 岁时，生母朱玲玲因为儿子告诉她继母发给自己的那条威胁"死在你面前"的短信而赶到儿子柳诚身边，通过儿子的诉说得知十几年来儿子被虐待的惨状，悲从中来。一同悲伤的还有柳诚的伯父、伯母和姑妈。整个叙述的切入点就此开始。此前的情节环节通过后面的诉说、镜头前采访等交代，镜头前展现的是双方店铺争吵、家里父与子沟通失败、柳正清护着章巧指责柳诚和朱玲玲、双方彻底闹僵等情节环节。最后，镜头介绍的是调解室介入，调解员对柳正清、章巧进行法律教育，对柳诚进行开导，末了父亲、继母和儿子签订三方协议，柳诚的权益得到保障，父与子、继母与儿子之间出现关系缓和的"负面/正面"两极价值转折。

这个例子较为充分地说明了一旦运用情节模式确立了"情节结构"，明确了情节结构内部各个环节的逻辑链，则叙述者对情节内部各个环节的位置或出现顺序进行重新安排、调整处理，不会影响观众对节目内在逻辑链的理解。

四、D类情节模式应用与情节结构处理

D类情节模式是对包含故事潜质的正在发生的新闻事件进行故事叙事时所

采用的模式。当一个事件发生后，经过评估，如果这个事件具备故事潜质，如果事件满足连续报道的要求，例如，事件包含后续发展，后续发展包含冲突和转折，最后会发生一个不可逆转的结局，就可以应用这个模式。下面，我们就以陕西卫视获得中国广播电视奖、中国新闻奖的连续报道《决战 109》来说明对 D 类情节模式的应用和围绕 D 类模式的情节结构处理。

2008 年 5 月 12 日汶川大地震发生时，宝鸡至成都铁路线 109 隧道内一列货运列车撞上了山体塌方滚落的巨石，40 节车厢在隧道内脱轨。19 时 30 分，隧道内急遽升高的气温导致部分车厢起火，12 节装满汽油的油罐车随时都有爆炸危险，宝成铁路运输中断。随后，部队、消防武警官兵和其他救援人员迅速抵达现场，经过一系列抢险举措，包括抢修通往隧道口的道路、疏散周围群众 1600 多人、拟定抢险方案、封堵隧道口灭火、进入隧道探测险情、拖曳破损车辆、修复隧道、恢复通车，等等，终于迎来了胜利：2018 年 5 月 24 日 9 时 53 分，经过整整 12 天的激战，装满救灾物资的“抢 977 次”列车驶入 109 隧道。10 时整，列车顺利通过，驶往四川地震灾区，标志着地震造成的 109 隧道险情完全解除，中断行车 283 小时的宝成铁路全线恢复通车。

陕西电视台卫星直播车于 2008 年 5 月 13 日到达事故现场，通过卫星通信进行报道。从 5 月 13 日开始第 1 条报道，到 5 月 24 日隧道抢修成功，列车恢复运行，一共制播 42 条消息，完成了对这个进程性事件的连续报道。

这个事件发生之初，陕西电视台的报道人员就来到现场，或对这个事件做出了如下评估：第一，这是一个突发灾难事件，消除灾难后果，本身就必定充满抢险者与严酷灾难状况的冲突；第二，109 隧道是宝成铁路上的重要组成部分，宝成线作为连接四川和陕西的交通动脉，不可能因此废弃，所以，最后受损的隧道是一定会被修复的，结局是可以预期的；第三，由于事发地点位于崇山峻岭，交通不便，抢险救灾工作注定不会一帆风顺，一定充满变数，因此，事件过程一定是曲折的；第四，抢修工作不会一两天完成，但由于给四川地震灾区的救援物资要通过这条铁路线运输，所以也不会迁延太久。通过上面的评估，就可以发现，这个事件富于故事潜质，并且其中必定包含一个个转折，最后还有一个正面的不可逆的总转折，所以，完全适用于故事讲述。

有了上面的评估，陕西电视台就启动了具有故事化叙事特征的连续报道之旅。通过逆向推测，我们可以发现其报道步骤符合本教材 D 类情节模式的要求（注：虽然具体做法会有出入，但基本精神是一致的）：

（一）按照“出事，打破平衡”的要求，推出第一条报道

第一条报道介绍宝成线铁路109隧道因列车受地震影响出轨，隧道内车厢爆炸起火，隧道受损，宝成线交通中断。

（二）按照“群体主人公选择恢复平衡，启动措施”的要求推出后续报道

后续报道精选抢险事件环节，如调查现场情况、转移周边居民、拟定抢险方案等，予以报道。

（三）按照“措施实行过程中遭遇困境”的要求，选择事件

以第25条报道为例，为了将残损车皮从隧道中拖曳出来，必须弄清楚隧道内的情况，但隧道内由于大火烧灼，温度高达100度以上，十分危险。

（四）按照“克服困境，改变局面”的要求，选择事件环节

仍以第25条为例，消防战士身着防护服，冒险进入洞内，摸清了残损车皮情况。局面得以改变。

（五）按照情节模式的原理，推进后续报道

接下来，在后续报道中，遵循“继续推进措施，再度遭遇困境——加大力度，进一步克服困境，促使局面再次改变——如此延续下去”的模式要求，作为对其他事件环节选择和处理的原则。

（六）按照“问题解决，最后结局出现”的要求，做好最后一条节目的选材和报道

在《决战109》连续报道中，这一条消息位于第42条，也是最后一条。最后一条记录了“抢977次”列车驶入109隧道、离开洞口的场景实况，还包括列车行前国家领导人对火车驾驶员的嘱托，列车驶出隧道后群众的欢呼，国家最高领导人的贺电等。事件在这里出现不可逆的正向转折，故事在欢快的氛围里圆满结束。

上面我们对情节模式和情节结构有关的问题做了全面介绍。这项工作完成之后，我们所追求的纪实节目故事叙事就有了一个基础和前提，接下来，就可以展开后续工作了。

思考和练习

一、情节和具备故事潜质的事件，两者之间的区别是什么?

二、请谈谈你对“故事叙事到底做什么”这一问题的理解。

三、A、B、C、D四类情节模式各自的特点是什么?请谈谈你的理解。

四、请说明A类情节模式内各要素的含义。

五、请说明C类情节模式内各要素的含义。

六、请通过网络选择一个适合应用A类情节模式的事件，并运用A类情节模式，拟定这一事件的情节结构。

七、请通过网络选择一个适合应用B类情节模式的事件，并运用B类情节模式，拟定这一事件的情节结构。

八、请通过网络选择一个适合应用C类情节模式的事件，并运用C类情节模式，拟定这一事件的情节结构。

第五章　表现人物

第一节　纪实节目情节与人物的关系

在前面的章节，我们在提到选择具有故事潜质的题材、应用情节模式和处理情节结构的时候，着眼点都是“事件”。这一节，我们要探讨一下进入叙事领域的事件——“情节”，与人物的关系。因为进入纪实视听节目的事件，绝大部分都是人的行为造成的，人是情节的主使者；同时，故事叙事的优秀作品，都需要以人物为核心，在表现人物方面都非常出色。因此，故事叙事的本领，既包括高超的情节叙述能力，也包括高超的人物表现能力。故事叙事中的人物表现问题与情节处理密切相关，所以，我们需要厘清情节与人物的关系，寻求在对情节完成超卓的叙述的同时，完成对人物的表现。

为便于理解，我们先从文学作品里情节和人物的关系谈起。在文学作品中，如小说里，情节与人物的关系是“人物第一，情节第二”，对人物形象的塑造始终是小说等文字类文学作品的核心任务，而小说的人物塑造在某种意义上可以偏离情节，大段的内心描写仍然可以为人物塑造服务，因而，情节的地位在小说中就被降低了。[①]

在虚构类视听节目故事叙事中，毫无疑问，人物和情节的关系方面，人物塑造仍然是核心，只不过视听节目与戏剧一样，小说的内心描写等手法在这里无法采用，人物只能够通过展示自己的行动来使人物本身得到表现。因此，在视听节目如电影故事片、电视剧领域，亚里士多德“情节第一、人物第二”的观点是很受尊崇的。这句表述的含义是：没有情节作为看得见的载体让人物在

① 董学文、张永刚：《文学原理》，北京大学出版社，2014年版，第137页。

其中活动、表演，人物本身就得不到表现。

前面我们在第二章提到过罗伯特·麦基的观点：结构（情节）即人物，人物即结构（情节），它们是一回事，因此并不存在何者更重要的问题。情节是人物形象的外显形式，没有情节就没有人物形象；而情节本来就是人物由动机催生行动、行动遭遇障碍而发生冲突，最后实现（或没实现）欲望目标的过程；两者密不可分。鉴于视听节目的共同性，我们认为，罗伯特·麦基的观点对于我们在纪实视听节目中把握情节与人物的关系非常有价值。

从根本上来说，纪实视听节目的绝大多数事件，都是由人的活动促成的，因此，在绝大多数事件中，人都是事件的核心。虚构视听节目关于“人是故事的核心”的观念，仍然适用于纪实视听节目领域。叙述者在对情节进行叙述的时候，同时给予人物充分的注意，给以足够的表现，这本来是不言而喻的。但实际情况并不是这样简单。纪实视听节目与虚构视听节目的确有所不同：纪实视听节目的题材经常表现为已经发生的事件；这类事件以其本身的因果关系、矛盾冲突、复杂曲折等故事潜质，而可以被叙述者在淡化人物的同时直接作为主要的故事叙事对象；人物在其中可以只是一个符号元素，可以不作为有个性的角色出现。简言之，就是在纪实节目故事叙事中只讲述情节，不表现人物。目前国内不少电视节目，其故事讲述偏重于事件讲述，人物在其中没有被处理为鲜活的角色，而只是通过镜头前采访发挥信息提供者的作用；有的时候，人物以群体主人公面貌出现，这种情况下，人物纯粹沦为事件中的符号。这引发了一些奇怪的现象，例如，在一些刑事案件侦破节目中，犯罪嫌疑人有名有姓有歹毒的性格，具有鲜活生动的形象，而破案者却以“警方”“专案小组”等形象出现，破案警察连姓名都没有，只作为事件中空泛的符号而存在。这显然是不合适的。

故事叙事的理想状态，应该是既有情节的叙述，又有人物的表现甚至刻意塑造。因为，高超的情节叙述可以吸引注意力，获得良好的收视效果；而人物的性格、情感、内心世界和与人物情感紧密相连的细节等，才是打动观众心灵的主要元素。

在纪实视听节目故事叙事过程中处理情节与人物的关系，我们需要注意以下几点。

一、从“行动元”和“角色”的角度去把握情节中的人物

“行动元”和“角色”是叙事学说明情节中的人物属性的一对概念。这对概念旨在说明人物在故事事件中具有二重性：“行动元”是指人物的行动是故

事事件发展的要素；而“角色”是指人物具有生动具体的形象和性格特征。①大部分以人为主体的故事，情节是人物在动机驱使下展开行动、遭遇障碍和反行动、发生冲突，最后推动事件发生转折的过程；故事中人物的这个属性，就是“行动元”。而在情节展开的过程中，人物本身又具有生动具体的形象，具有各自的性格特征，这就是“角色”的含义。例如，虚构故事文本《西游记》中，孙悟空、猪八戒共同去拯救被妖精抓走的师父，采取一系列同方向行动，这些行动就构成情节发展的动力，从这一点上看，两人具备相同的“行动元”属性。而孙悟空、猪八戒又各有各的性格特征，他们的性格在拯救师父的情节当中表现出来：同样去拯救师父，孙悟空勇敢无畏、百折不挠，猪八戒贪吃偷懒、退缩畏葸。不管是事件推动人物去行动，还是人物采取主动姿态去行动，人物的二重性都存在。从行动元和角色的二重性角度去把握人物与情节的关系，是故事叙事、包括纪实节目故事叙事处理人物与情节关系的核心理念。根据“行动元”和“角色”概念的要求，叙述者在进行故事讲述的时候，随时都要考虑到自己故事中的人物，一方面通过其行动促成情节，一方面其本身应具有鲜明、生动的性格特征。

二、明确情节是人物内心世界成长的历史，人物内心世界在情节展开过程中获得发展、完善

故事当中能够在情感上打动观众的人物，主要不是靠他们的生理特质，如外貌气质之类，而是靠他们的内心世界。观众怎样去认识故事中主人公的内心世界呢？主要途径是靠由主人公行动所促成的情节，辅助途径则可以是镜头前诉说等方式。但辅助方式要发挥作用，必须依附于作为主要途径的情节。具备故事潜质的事件所转化的情节，可以孤立地将其看作能够用于故事叙事的材料，也可以把它看作人物内心世界成长的历史。明确了这一点，在情节叙述的同时，多一重关于人物表现的意识，就能够保证在情节得到有效叙述的同时，人物也有出色的表现。这是故事叙事的理想状态。后面，我们会结合例子进一步阐述这个道理。

三、从时间维度出发，让人物具备“人物弧（arc)”，这是故事中人物存在的理想方式

人物弧是指人物性格或命运在故事事件的开始和结尾发生某种具有转变意

---

① 参见［立陶宛］A. J. 格雷马斯：《行动元、角色和形象》，王国卿译，收入张寅德《叙述学研究》，中国社会科学出版社，1989 年版，第 119 页。

义的变化，例如，人物由懦弱变得坚强，由浮躁变得沉稳，由自卑转为自信，等等。让人物具备人物弧，是深化故事主题、提高故事叙事质量的有效途径。这在纪实视听节目的故事叙事领域仍然有效。

上面我们介绍了关于情节与人物基本关系的知识，阐述了处理情节与人物关系的三个关注点。下面我们从操作角度探讨纪实节目中如何进行人物表现。

第二节　纪实节目人物表现的叙事要点

纪实节目的人物表现是在运用情节模式拟定了情节结构之后，首先要考虑的问题。把人物表现放在情节模式运用和情节结构处理章节的后面，并不是人物表现不重要，而是因为视听节目故事叙事最基础性的工作是确定情节结构，这项工作不解决，后续工作会找不着头绪。那么，在已经完成了基础性工作之后，当我们开始考虑从叙事的角度在节目中表现人物，应该怎样着手呢？前面我们分别介绍了针对不同事件的 4 类情节模式。不同情节模式适用不同事件，在人物表现上也有不同的处理方法。下面分别说明。

一、A 类情节模式人物表现叙事要点

（一）纪实故事中的人物是具体人物

纪实故事中的人物，是指有名有姓、有个性、有情感、有内心世界的个别人物，不是指以群体面貌出现的人物。本章的标题是“表现人物”，可能有人会很不理解，认为纪实视听节目只要讲故事，就一定有人物在里面，哪怕一条新闻消息，里面也经常人头攒动，也有镜头前采访，这不是表现人物是什么？因此，我们首先要明确一点，我们所说的故事叙事中的人物，是具体的、个别的人物。这个人物有具体姓名，有属于他（她）的个性，有自己的情感，有自己的内心世界——总而言之，是一个活生生的、有血有肉的、具体个别的人。纪实故事里面，有时可能包含若干个人物，那也是若干个彼此区别明显、有各自姓名和性格及内心世界的具体个别的人物。以群体面貌出现的人，如“警方”“村委会班子”“攻关小组”这类由多人组合的人物集体，不是故事叙事所要求的“人物”。写过《西线无战事》的德国小说家埃里希·玛利亚·雷马克曾经说过：一个人的死是悲剧，一百万人的死是个统计数据。这话相当深刻地揭示了故事主人公必须是具体的、个别的人物的道理。故事要感动人，一定要聚焦具体个别的人物，这是表现人物需要注意的基础观点。

（二）“表现人物”的起点

A类情节模式适用事件中“表现人物”的起点，是让观众清楚了解人物的动机和人物的欲望目标。

应用A类情节模式讲述故事，一定是讲述主人公为实现欲望目标，采取行动受阻，最后实现或没有实现目标的过程。一般的观众凭什么关心与自己毫不相干的人物的求索经历？奥妙就在这里：由激励事件激发出主人公动机和由此而产生的主人公欲望目标，能够唤起观众的同理心；激励事件所施加的压力，迫使主人公做出选择，萌生恢复平衡、克服困境的动机，这会在主人公与观众之间建立情感纽带，从而“拴住”观众的情感和注意力，令其对主人公的后续行动乃至命运予以关注。这样，后续故事就得以在观众的关注下讲述下去。例如，一个人离开乡村去城里打拼，比较难以唤起观众的关注；但如果这个人是在接到入学通知书后交不起学费，不甘心，萌生外出闯一闯以改变命运的动机，则观众就会给予关注；如果动机中还有要闯出个结果，让贫穷的妈妈不再过贫穷的日子的内容，则观众就更希望他获得成功。这样，后续故事的讲述就会在观众关注的目光中进行。

（三）重大利益、巨大压力、内心压力对人物表现的作用

让观众知晓关乎人物命运的重大利益；选择主人公面临巨大压力的事件，关注主人公被置于巨大压力之下的情节环节；尽可能触及人物内心压力——这是表现人物的三个有效措施。

纪实视听节目的故事叙事，当展开情节叙述的时候，故事讲述者通常会面临情节的“歧路选择”，即面对纷繁复杂的人物经历，如何选择既满足情节精彩的要求，又有利于人物表现的事件环节？我们的建议是：

首先，要让观众知晓关乎人物命运的重大利益。因为一旦观众知道了这个重大利益是什么，它将怎样影响人物的命运，主人公争取这个重大利益的行动才会牢牢吸引观众的注意力。如果主人公争取的东西可有可无，无关痛痒，那观众凭什么去关注它呢？例如，一个人为了多赚钱，去种韭黄，成功了多赚点钱，失败了就少赚点，对主人公来说，无所谓。这样的故事，当然没有谁关心。但如果主人公是面临重大困境：妻子重病住院借了大量的钱，儿子即将高考，需要一笔学费，而自己在建筑工地打工，收入微薄，家庭濒临破产。在这种情况下，主人公孤注一掷，辞掉工地的工作，贷款种韭黄。成功了，则柳暗花明；失败了，则雪上加霜。一旦观众知道了这是对于主人公而言的重大利益

所在，他们就会加倍地关注主人公种韭黄的行动，并强烈希望他成功。

其次，尽量选择主人公面临巨大压力的事件，关注主人公被置于巨大压力之下的情节环节。主人公在压力之下做出的选择，一下就能凸显出这是一个什么样的人，同时，观众的情感也会被激发。例如，主人公养鱼遭遇严重失败，几乎血本无归，濒于破产边缘。在巨大压力之下，他选择抵押房屋贷款，改换品种继续养鱼，决意在养鱼这条路上取得成功。这个选择遭到他父母和妻子的强烈反对，妻子以离婚相逼要他放弃养鱼。如果在这样的多重压力之下，主人公继续坚持自己的选择并最后取得成功，则主人公的过人之处、不平凡之处、性格的坚强、内心的强大，都会得到很好的表现；观众也会在主人公身上倾注敬佩、尊重、喜爱等感情。这是故事讲述者所追求的比较高层次的节目境界。

最后，尽可能触及人物内心压力。人物遭受的内心压力是最深沉的压力，对内心压力的抗拒及克服，能使人物深刻起来。很多外显压力，如缺乏资金、他人反对、经验不足等，很容易被观众看到并理解，但仅有外显压力，人物会显得一般化，只有当外显压力作用于人物内心形成巨大心理压力时，主人公选择对抗并克服，才能够赢得观众由衷的接纳和认同。一个男人年届 23 岁，早已过了练习芭蕾舞的年龄，他却尝试去学习这种舞蹈。如果只有这点信息，观众最多表现出好奇。但如果我们同时表现，这个男人有贫穷的家庭，有贫困的母亲，有自己由于缺乏舞蹈基本功而遭遇的演出失败，有对失败之后生活归零、自己和家人重新堕入贫穷深渊的恐惧——在这样的内心压力之下，我们表现这个男人去学习舞蹈，就能唤起观众由衷的接纳、认同。

（四）把主人公放置在冲突之中

选择事件环节要聚焦于主人公对抗障碍、克服困境、与对抗力量发生冲突的过程，不要忽略主人公的内心冲突。

按照故事叙事的要求，主人公在压力之下做出选择，一定不是选择逃避（那样的话，该事件就丧失了作为故事叙事题材的资格），一定是选择同实现欲望目标的阻碍力量正面对抗，所谓“迎着困难上”，从而发生冲突。这是故事叙事最主要、最核心的内容。在冲突发生的时候，既要表现冲突本身的情节意义上的过程，也要表现人物在冲突中的态度、意志等，从而在情节叙述的同时，完成对人物本身的表现，实现人物“行动元”和“角色”的高度统一。为了实现这个目标，需要在选择的时候，排除纷繁复杂的素材信息干扰，把注意力集中在主人公遭遇障碍、克服障碍从而发生冲突的事件环节上，并综合情节叙述要求和人物表现要求进行叙事处理。

在表现主人公与阻碍力量发生冲突的时候，外显的冲突状态和过程比较容易表现，容易被忽略的是人物的内心冲突。纪实节目的可视化特点决定了人物的内心冲突难以直接呈现，需要采用主人公镜头前采访、相关者镜头前介绍和解说词（旁白）等间接手段予以表现。这就导致人物内心冲突的表现有一定的难度，对叙述者有着较高的叙事能力的要求。于是我们看到一些纪实视听作品，选择“绕着困难走”，对包含人物内心冲突的题材弃之不用，专注于表现人物与自然障碍和与他人发生的外显冲突。这是非常令人遗憾的。表现人物的内心冲突与表现人物的内心压力一样，是使人物深刻起来的重要途径。作为故事叙事的理想状态，我们应该尽可能地追求对人物面临的三重冲突——与自然障碍的冲突、与他人的冲突和人物自身内心冲突——的综合表现。

（五）保证主要转折由主人公做出选择而促成

故事最后的不可逆总转折及其所导致的结局，应由主人公或主要由主人公的选择促成。

前面我们阐述过，冲突不可能无休止地延续下去，冲突是转折的动力，冲突必将导致转折。当转折发生时，决定性的因素是主人公的努力。这就要求我们在选择包含转折的事件环节时，一定要关注那些由主人公的努力促成的转折。有的时候，转折可能来自其他力量，但也一定要由主人公的努力引发。这样的转折，才是故事叙事真正意义上的转折。这个原理在最后不可逆的总转折发生的时候，尤为重要，最后的结局一定得是主人公努力的结果。

（六）关注随着情节的进展主人公内心世界的价值演变

随着情节的进展，主人公内心世界发生沿着时间轴的“正面/负面”或“负面/正面”的两极价值演变，由此促使人物弧发生在主人公身上。这对于表现人物非常有价值，理应得到我们的关注。

应用A类情节模式的事件，情节的进展、人物命运的轨迹、出现“正面/负面”或“负面/正面”的价值转折是比较容易把握的。例如，教练将似乎完全不可能打赢的球队带进国际大赛并夺取金牌，门外汉经过努力成了鲶鱼大王，农家子弟经过打拼变身歌坛明星，等等，诸如此类的故事事件本身就包含着两极价值的转折。但是，在叙述事件情节的两极价值转折时，人们常常会忽略人物内心世界的两极价值变化。至于人物弧问题，就更难以引起人们的注意。其实，我们在探讨故事叙事的人物表现时，人物内心世界的两极价值转变是使节目深刻有力的重要因素。主人公随着情节的变化和命运的转折，其内心世界渐渐转向另一种价值，这就是所谓的“人物弧”。人物弧将赋予作品强大的人文力量和厚重的感人特质。例如，一个勤谨致力于个人发财致富的求索者，在获得财富成功的同时，自身道德境界也得到提升，开始带动、帮助其他贫穷的人一道追求财富，实现了个人内心世界“自私/利他”的转变；一个父母双亡的孤儿为生存而挣扎，得到了村子里善良人的帮助，吃“百家饭”长大，后来外出打工发了财，回乡回馈乡亲，精神世界进入博爱的崇高境界，实现人格“渺小/高尚”的转变。人物内心的两极价值转变促成了人物弧，其震撼的力量和深厚的人文内涵显而易见。

（七）注意捕捉和表现来自主人公的细节

这里所说的细节，是指来自主人公情感、内心世界、行动、价值观等方面的细节，愈丰富、愈生动愈好。

前面讲了不少有关人物表现的原理，显得有些枯燥，但务必不要由此造成一个印象：人物表现是一个僵化、乏味的过程。因此在这里要特别强调：故事叙事的人物表现是充满灵性、创造、情感、思想内涵的过程，这不但要求故事讲述者应具有创造精神，应有感知和把握情感的能力，还应有领悟表现对象精神世界的能力。纪实节目限制了对人物自由虚构的权利，一切要靠发现和捕捉。除了按照前面所述去操作，在节目的视听素材采集阶段，应该具有这样的意识：细节是节目中人物的血肉。因此，要尽一切努力去捕捉来自主人公的情感、内心世界、行动、价值观等方面的细节，而且越丰富越好，然后通过节目表现出来。一个人物深深打动观众的，永远是他自然流露出的丰富、生动、真实的细节。

二、B类情节模式人物表现叙事要点

B类情节模式是将叙述者作为求索主人公的故事叙事模式。这种模式把事件作为材料，事件中的人物不再是主人公，转而成为叙述者主人公使用的材料之一。这种情节模式，稍不注意就容易“见事不见人”。因此，在B类情节模式下从事故事叙事，叙述者尤其需要重视人物表现。在具体操作上，可以在将情节作为叙事材料分解讲述的同时，照应着表现人物。

B类情节模式在故事叙事的时候比较自由，叙述视角、视点以及时空转换等能够根据叙述需要做灵活调整。这可以为表现人物提供较为自由的空间。主持人作为叙事主人公，还可以在讲述中加入自己的评价，可以采用各种视听材料进行渲染，这都为人物表现提供了路径。

三、C 类情节模式人物表现叙事要点

C 类情节模式的故事核心要素不是人物求索受阻，而是人物之间关系改变，所以，这类情节模式更关注伴随人物关系改变的人物内心变化。因为，人物关系变化是外显的，而发生关系变化的人物其内心改变的原因，才是深刻动人的。前面我们提到的案例《人间》栏目中“死而复生的妈妈”节目，主人公吴长文对母亲由开始的怨恨，到部分理解，到更深的怨恨，再到彻底理解，掩藏在外显关系改变背后的情感变化轨迹，是节目最动人的部分。《寻情记》2017 年 10 月 9 日这一期节目《一个爸爸两个妈　谁能给我真正的爱》中，开始时儿子柳诚与父亲柳正清和继母章巧的关系较为正常，彼此感情尚可，继而因柳诚所认定的“虐待”导致他与父亲和章巧的关系恶化，造成他对父亲和继母充满怨恨甚至仇恨，最后在调解处的介入下，柳诚参与签订三方协议，与父亲和继母达成一定程度的谅解，这是显性的、可见的关系改变。在这个过程中，柳诚内心世界、情感世界也经历了一个包含“恨/爱”转变的变化过程，这个变化过程是能够打动观众的因素。因此，在 C 类情节模式中，表现人物的重心，可以放在表现人物内心深处的变化上。

四、D 类情节模式人物表现叙事要点

D 类情节模式应用于经评估具备故事潜质，但后续发展和结局的具体形式未知的进程性事件。相较于已经完成的事件，D 类情节模式适用的事件在故事叙事方面受到更多的限制；在这种模式下进行人物表现，也同样受到限制。在 D 类情节模式中表现人物，基本原理可以参考 A 类情节模式的要求，根据实际情况，酌情选取人物予以表现，在可能的情况下，尽量弱化这类模式天然具备的容易“见事不见人”的不足。

从上面的介绍可以看出，A 类情节模式最适合表现人物。A 类情节模式源自“经典故事”模式，这个模式应用于故事讲述已经有上千年的历史，对于如何应用这类模式讲好故事，人类已经积累了丰富的经验；同时，A 类情节模式以主人公为主线、以主人公求索受阻为故事脊椎的情节处理方式，为表现人物提供了前后连贯的延续空间，可以根据人物“行动元”和“角色”的原理，非常完整地将情节叙述与人物表现统一起来。因此，在同等条件下，我们推荐使用 A 类情节模式。

但我们同时也要强调，故事叙事是充满创造色彩和智慧、灵性的精神活动，不管在什么情况下，创造的可能性都是广泛存在的。因此，在 B 类、C 类

和D类情节模式适用的事件中，在人物表现方面做出卓越的表现，仍然大有可为。

我们要特别说明一下“性格”在人物表现过程中的作用。在虚构类故事作品中，人物最引人注目的因素是什么？是性格。在虚构故事作品如小说、戏剧、电影、电视剧中，作者塑造人物的基本目标是什么？是塑造有特征的人物性格。这是千百年来故事叙事经验的总结。因为故事创作者和研究者发现，要使一个人物给读者或观众留下深刻印象，最关键的一点，就是这个人物要有鲜明的具有个性的性格特征。所谓性格，是个人或自我心理特征的总和及其外在标识，如勇敢、倔强、无私、大度、聪颖、敏捷、狭隘、贪婪等。文学、戏剧或影视作品中令人难忘的永恒的人物形象，都是性格鲜明的人物。[①] 这样的原理完全适用于纪实视听节目。纪实视听节目中的人物尤其是故事主人公，一旦具备鲜明、独特的性格特征，则这个人物表现一定是成功的。虚构作品的人物是作者凭空创造的（当然，创造的时候会受原型的影响），因此，其性格是作者在创造过程中赋予人物的。纪实节目却不然，纪实节目的人物是现实存在的，作者不可能赋予他（她）鲜明的性格，只能从人物身上去发现并在表现中加以强化。要做到这一点，首先需要具备这样的意识，其次是能够娴熟运用上面介绍的知识和方法。在纪实视听节目中表现出人物有特征的性格，始终是纪实节目故事叙事的重要任务。

第三节　人物表现的典型化问题

能够进入故事叙事视野的人物，都有其独特价值，这个价值可以是对故事讲述质量的贡献，也可以是对社会意义表现的贡献。对讲述质量和社会意义有双重贡献的被叙述人物，就是“典型人物”。典型人物是文学上的一个概念。所谓典型人物，是作家、艺术家用典型化方法创造出来的既具有个别性、具体性，又蕴含着社会、人生的本质性、普遍性内容的艺术形象。[②] 后来，典型人物的概念被运用到广阔的社会领域，通常指既具有鲜明个性，又具有代表性、普遍性的人物。

国内的视听节目策划制作，在选择人物的时候，很多时候需要秉持“典型人物”的标准。尤其是表现政治属性很强的人物，例如表现各类先进人物、优

① 董学文、张永刚：《文学原理》，北京大学出版社，2014年版，第139页。
② 辞海编辑委员会：《辞海》（缩印本），上海辞书出版社，2000年版，第354页。

秀人物、杰出人物的时候，往往尤为注重典型。在对这类人物进行价值评价时，例如在各类作品评奖过程中，视听作品表现的人物是否为典型人物，在表现人物的时候是否实现了典型化，都是评价的主要标准。因此，我们需要关注这个问题。

那么，怎样去实现人物表现的典型化从而令其成为一个典型人物呢？上面我们提到，典型人物的含义其实就是人物鲜明个性和其代表性、普遍性的统一。按照这个含义的要求，我们对人物表现的典型化，需要做两方面的工作：

一方面，按照主流价值或公众道德原则的要求，从对象身上发现其具有的代表性、普遍性因素。例如，牺牲自我、奉献他人，在中国，就是具有“母题”意义的、受到主流价值褒扬和公众道德体系尊奉的精神。凡是具有这种精神的人物，如果他（她）同时具备鲜明的个性，就是符合要求的可以按照“典型化”方式进行表现的对象。

另一方面，在人物具有代表性、普遍性之后，着重关注人物的个性特征，并在故事叙事中着重表现其个性特征，将其代表性、普遍性融入对个性的表现之中。通常进入我们表现视域的人物，其代表性、普遍性都是没有问题的。各类先进人物，各类协会推荐的杰出人物，某些特殊领域官方文件推荐的优秀人物，这些人物被肯定、认可、褒扬的事迹，必然符合一定主流价值的提倡和要求，所以，其代表性、普遍性往往毋庸置疑，这是前提。前提具备之后，按照典型化的要求表现人物，需要把注意力集中于其鲜明个性。人物的鲜明个性在人物独特的经历、独特的事迹、独特的内心世界、独特的语言行为中得到体现。如果我们以其为对象制作视听节目，对个性问题不予重视，就很有可能将人物笼罩在共性、普遍性光芒的宏大话语之下，消解人物个性，导致表现对象千篇一律。因此我们提倡在获取人物个性特征的丰富素材之后，将表现的重点放在对其鲜明个性的表现上，将代表性、普遍性的元素融入其个性表现之中，从而获得特征鲜明、细节丰富，体现代表性、普遍性精神，同时又具备不可替代价值的典型人物形象。

我们以两位在乡村从医的人物为例，具体看看如何处理这个问题：

题材一 2013年感动中国十大人物之一周月华、艾起的事迹

周月华，女，43岁，重庆市北碚区柳荫镇西河村乡村医生。

周月华出生后8个月被诊断为先天性小儿麻痹症，左腿残疾，这一切并没有摧垮她生活的意志。凭着自己的执着，周月华完成了中学学业并成功从卫校毕业。卫校毕业的她找工作时却四处碰壁。找不到正式的工作，她决定自己开一间诊所。

周月华将平时省吃俭用攒下来的200元钱，加上父母赞助的全家仅有的600元积蓄作为开诊所的启动资金，又把家里堂屋修整了出来做场地，药品采购则靠两个弟弟用小竹筐一筐筐往回背。1990年11月，周月华的“柳荫镇西河村卫生室”正式挂牌营业了。

最开始行医时，周月华拄着拐杖在山间行走，出诊时那种常人难以想象的艰苦，也曾让她产生过“很难坚持下去”的感觉。但在后来的十几年间，这种感觉再也未曾出现过，因为她遇到了人生中的精神和身体支柱——她的丈夫：艾起。1995年，艾起与周月华喜结良缘。

在这之后，无论上山还是涉水，无论刮风还是下雨，只要周月华出诊，就有艾起——这个周月华的“专职司机”，有路的地方开摩托，没路的地方艾起便会揽起周月华的手，用宽阔的后背将她背到病人家里。就这样，周月华趴在丈夫的背上，翻过这座山，越过这个岭，为村民服务。

1998年的一天，凌晨三点，细雨蒙蒙。睡梦中的周月华突然被一阵急促的敲门声惊醒。原来是村民杨光照家的儿媳临产了，想请周月华去接生。“艾起，快起床!”她赶紧摇醒沉睡的丈夫。艾起二话没说，背上周月华就出诊了。路上，艾起滑倒，趴在丈夫背上的周月华一下子被摔了下来，艾起也摔下悬崖，幸好被灌木丛挡住。

在周月华儿子4岁那年的一个夜晚，周月华、艾起紧急出诊，把儿子忘在家里。儿子不小心把烧在火炉上的一壶开水打翻了，孩子被滚烫的开水烫伤了手臂。周月华大哭不已。

“周医生是个好人。”来自西河村的孤寡老人汪官珍婆婆总把这样一句话挂在嘴边。因为山上寒气重，村里的关节炎患者比较多，周月华常帮他们扎针灸、拔火罐、刮痧、推拿，从来没收过钱。直到去年村里实施了基本药物零差价销售，收入受到了影响，周月华才开始想到应该收费。“如果按照规定的标准收取费用，我怕大家承受不了，就让大家随便给吧。但对于那些经济条件不好的，还是照样不收钱。”这些周月华和艾起已经商量好了。

周月华卫生室一个月的收入只有1000多元，艾起的工资和她差不多，他们除了生活上的开销，还要负担孩子的学杂费以及每个月400元的生活费，经济状况并不宽裕。之前，周月华给诊所进行了装修和添置设备，至今还欠账6万元。为了照顾周月华，艾起也不能外出打工。亲友劝周月华到镇上开个诊所，可以增加收入，她却说，我不能走，我放不下村里的老人。

二十多年来，她靠着拐杖和丈夫的后背，“爬”遍了方圆13平方公里的大小山岭，为辖区近5000村民带去了医疗服务。现在每个季度，周月华都要丈夫背着她把所有的村民家走一遍，做健康知识的普及，“只要乡亲们还需要我，我和丈夫就会一直这样走下去，为他们看病、为他们服务”。

（注：本文稿节选自《周月华、艾起：22 年蹒跚行医不止　爱亦不止》，节选部分有修改。原文发表时间：2013－02－22，来源：中国文明网·道德模范频道，原文文末注明：作者：释君然　来源：《天津日报》）

题材二　四川省成都市金堂县先进典型、乡村医生王启蓉的事迹

王启蓉是四川省成都市金堂县五凤镇白岩村的村医。这里远离都市，地处山区，村民历来深受缺医少药的困扰。在王启蓉童年，她二哥突发重病，她与姐姐翻山越岭请医生诊治，连请两人，别人都不愿意出诊，最后只得冒着大雨翻越大山抬着二哥去五凤镇医院抢救。这些经历深深刺激了王启蓉，她立志要学医为乡亲们解除病痛。

初中毕业，王启蓉选择到成都市卫生学校就读。1996 年，她从成都市卫校毕业后，回到家乡，东拼西凑借了 100 元钱，开起了诊所，当上了乡村医生。诊所开设之初，条件极为简陋，连扑炎痛（注：贝诺酯）都买不起。第一个就诊的是感冒病人，由于没有足够的药物，王启蓉知道配方却无法给药。当时仅有五板速效感冒胶囊，于是只给病人开了三次药。但第二天，病人说感觉好些了，王启蓉倍感安慰。

能够治好病人的病，王启蓉增强了信心。她的医术也在实践中不断提高。对于疑难症的脑梗病症，她也有把握治疗。在她的精心治疗和护理下，先后有 100 多位瘫痪病人被治愈。

王启蓉还跋山涉水，上门为行动不便的老人检查身体，治疗疾病。对行动不便的病人，替他们洗澡、喂饭、洗衣服。有神志不清的病人，大小便拉在床上，王启蓉不避脏臭，耐心打扫、清理。为了救治一位多家医院都不收的名叫梁中银的肠梗阻患者，王启蓉吃尽了苦头，终于挽救了患者的生命。

对于一些经济困难的病人，王启蓉常常倒贴药费，有时还要管病人吃饭。对此，王启蓉也心痛过，因为要为好几个病人治病才能赚到一点钱，一补贴就全部出去了。但她转念一想，当初也曾在困难的时候希望有人帮自己一把，于是，本着能够帮助的就帮一帮的想法，她坚持帮助困难的病人。

她的同学看不下去，劝她到经济更发达、条件更好的地方去发展。但村民纷纷表示离不开她。王启蓉表示，我走了，这里的老百姓咋个办？我太不想看到以前的悲剧再次重演。于是她继续在乡村坚守。

由于工作忙，王启蓉经常照顾不了孩子，也抽不出时间去看望自己的父母亲。丈夫、母亲对此偶尔有抱怨。

不管怎么艰难，十几年来王启蓉一直坚持在乡村，她从病人痊愈的笑脸上，感受到了自己人生的价值，感到无比欣慰。

（注：本文稿以中共金堂县委组织部拍摄的人物专题片《山村天使》内容为基础整理而成）

对于这两个题材，按照上文提及的典型化的两个工作步骤，我们可以按下列方式操作。

一、发现人物身上包含的代表性、普遍性因素

两个题材，都是乡村医生克服艰难条件，从不同的角度牺牲个人利益，坚持为缺医少药的乡村老百姓提供医疗服务，在工作中体现出奉献精神的人物事迹。在中国乡村，有着不少类似的人物，他们具备相同的品质。周月华、艾起、王启蓉是他们中间的杰出代表。他们身上浓缩、折射着这个群体的整体状态，因而题材中蕴含着这个群体的代表性、普遍性。这两个题材注定会受到主流价值体系的褒扬、肯定，公众道德体系也会给予很高的评价。这保证了两个题材的传播价值。

二、关注人物的个性特征，并围绕个性特征进行表现，将代表性、普遍性融入个性特征的表现之中

周月华与王启蓉都具有“乡村医生默默无闻地奉献”的共性，她们都是所在领域具有代表性、普遍性的人物。在这一点确定无疑之后，我们的关注重点即需要转向发现人物的个性特征、寻找反映个性特征的具体元素。例如：

周月华患有小儿麻痹症，行动不便，行医得拄拐杖；她的丈夫艾起与她同甘共苦，帮助她，背着她翻山越岭行医。她也经历了缺少经费、诊所简陋的困境。她在出诊过程中曾经摔倒，丈夫也一道遭遇危险。她因为出诊照顾不了4岁的儿子，儿子被烫伤，她心痛不已。她曾对付不起诊疗费的病人免收费用，而自己经济窘迫。二十多年来，她靠着拐杖和丈夫的后背，“爬”遍了方圆13平方公里的大小山岭，为辖区近5000村民带去了医疗服务——这是属于周月华和她丈夫的独特的、不可替代的个性特征元素，她和丈夫默默无闻的奉献，就体现、蕴含在这些个性特征元素当中。

王启蓉也经历了开办诊所期间经费不足、缺少药品的困境。她默默无闻的奉献表现在：救治了100多位疑难病症瘫痪症患者；为患者提供贴心服务，不怕脏、不怕苦、不怕累；翻山越岭为老年人检查身体、治疗疾病；为经济困难

的病人提供免费吃住、倒贴药费；因不能照顾孩子和父母而内疚；为了山村缺医少药的悲剧不至于重演而拒绝同学的善意劝告，坚持扎根农村。

上面提到的两位人物各自具备的个性特征元素，一下子就将两人区别开来，而她们身上又同时具备这类人物的代表性、普遍性。由此，她们就成为视听节目叙事中既具备代表性、普遍性，又彼此区别的两位典型人物。

但上面的个性特征元素仅仅是可供进行人物表现的资源，要让这些资源在人物典型化表现中发挥作用，还必须在获取到人物个性特征的丰富素材之后，将表现的重点放在对其个性特征的表现上，将代表性、普遍性的元素融入其个性表现之中。中共金堂县委组织部拍摄的名为《山村天使》的纪录片，以王启蓉为主人公。这部片子就将表现的重点放在对王启蓉个性特征的表现上。片子重点表现了如下内容：当年在给二哥治病时所遭遇的困境和绝望对王启蓉的影响；王启蓉耐心医治脑梗病人王晋国，让四处求医无效的他逐步恢复；王启蓉为肠梗阻患者、20 多天拉不出大小便、已经被多家医院放弃治疗的梁中银治疗，其间采取种种伴随脏、臭、累的措施，“吃尽苦头”之后，挽救了病人生命；王启蓉让经济困难的病人吃住在家中，免除其药费，病人家属对着镜头表达感激之情；王启蓉为儿女不在身边的高龄老人夫妇免费检查身体，为其购买蔬菜，关心其生活；王启蓉孩子脚扭伤，她没工夫照料，丈夫抱怨；她回家看父母，母亲有怨言，王启蓉难过掉泪；王启蓉婉拒同学劝其离开的建议，继续选择扎根乡村；等等。在上面这些个性化的元素当中，“乡村医生默默奉献”的代表性、普遍性得到生动具体的表现。

发现人物的代表性、普遍性，寻找其个性特征和细节，在表现时将重心放在对个性特征和细节的表现上面，通过其代表性、普遍性涵盖之下的个性特征和细节的表现，实现“典型人物”的表现。这就是叙事过程中人物表现典型化的逻辑线。

第四节　人物表现的社会关系网络问题

我们前面一直强调，在纪实节目的故事叙事中，尤其是在最主要的 A 类情节模式的故事中，要确定主人公，并围绕主人公的“动机—行动—遭遇障碍和反动作”来展开故事叙事。但围绕主人公并不是“将主人公作为唯一”，而是要将主人公作为社会关系网络中居于中心地位的成员。任何人都处在一个复杂的社会关系网络中，主人公也不例外。具体说来，人物的社会关系网络由如下几部分组成。

一、主人公和重要当事人

在纪实节目的故事叙事中，主人公为一个人的情况比较多，但也有一个团队的几个人拥有共同的动机和欲望目标的情况，例如，侦破小组负责侦破同一个案件，该小组由若干人组成。他们分工合作，采取朝着同一个大方向的行动——这种情况下的侦破小组中的成员属于“复合主人公”。有的时候，两个以上的人物，各有各的动机，各自采取行动，最后殊途同归，实现相似的目标。例如，两个节目组，分别策划、实施，最后创制出两档不相伯仲的真人秀节目。这种情况可以视为“多重主人公”。

不管是复合主人公还是多重主人公，其中的组成人物一定是有名有姓、有独立的内心世界和相对独立的行动线的角色；以“小组”“团队”面貌出现、虽有名姓但看不到个人内心且没有独立行动线的人物，不是我们所说的主人公。

在人物关系改变作为主要故事元素的事件中，彼此具有一定关系、随着故事的发展彼此关系发生转变的几个人物，同属于“重要当事人”。重要当事人中，通常也有一个人物居于故事叙事的重心地位，这个人物也可以视为主人公；另外的与其关系发生改变的人物，则可以视为其他重要当事人。

二、反对者

主人公确立之后，他（们）并不是孤立存在的。阻碍其行动的对立面人物是人物社会关系网络中的重要一极。阻碍主人公的人物并不一定是坏人，他（们）只是阻碍主人公实现目标的行动，仅仅是具有这样一种叙事功能。例如，一位身患绝症的山村教师，自知来日无多，于是不顾劝阻要继续为自己的学生上课；而出于关心，医生、同事、家人都反对他这样做。这种情况下，这些反对者都不是坏人。

通常，反对者对主人公的形象有着重要的影响：反对者越强大，则主人公战胜了反对者之后，形象就越有魅力；相反，反对者很弱势，则主人公也显得一般化。因此，在叙事的时候，对反对者的表现不能掉以轻心。

纪实节目故事叙事中，来自客观世界的障碍起着阻碍主人公实现目标的作用，而不是由人物来反对，这种情况占了相当大的比重。这是纪实节目与虚构影视作品显著的不同之一。这种来自客观世界的障碍也遵循类似的原则：障碍越大，主人公克服障碍之后，形象就越有魅力；反之就一般化。

三、支持者

主人公很多时候并不是单打独斗，在其实现目标的过程中，通常会有一些人物在主人公采取行动实现目标的过程中，发挥支持主人公的作用。由于他们并没有与主人公拥有同样的动机和目标，所以，他们不是复合主人公的成员，而仅仅发挥支持主人公的叙事作用。

在支持者中，会有多种复杂情况。有的时候，某个人物开始时是支持者，但遭遇障碍之后动摇了，成为反对者；有的时候，某个人物仅仅是一个支持者，但在事件进展过程中，与主人公发生情感共鸣而谱写爱情篇章，从而加入主人公一方，成为复合主人公中的一员。

四、知情者

知情者是指对主人公从动机到行动到目标实现整个故事脊椎的各个环节知道内情的人。他们是主人公求索之路的见证者。在纪实节目故事叙事中，知情者发挥着重要的作用。例如，某个人采取行动，要通过饲养河豚致富。在这个故事中，主人公萌生动机，他的好朋友可能是知情者；他积极准备饲养条件，他的朋友、鱼塘施工者可能是知情者；他由于没有经验，第一次饲养失败，他的朋友或邻居可能是知情者；他采取措施，改善饲养条件，解决饲养中遇到的问题，向他销售有关设备设施的商家可能是知情者；他大获成功，收获致富的成果，作为下家的河豚采购商人、当地分管养殖业的领导干部等可能是知情者。

知情者在纪实节目故事叙事中，可以从不同角度为叙事提供丰富的情节信息和细节信息，甚至从某种意义上说，他们是纪实节目故事叙事不得不依靠的力量。如果没有知情者在节目中的贡献，故事叙事很可能是主人公的独角戏或独白戏。这不仅单调乏味，而且在对过去时态的情节进行叙述的时候，我们甚至可能找不到更合适的表达方式。后文介绍视听表达方式的时候我们将对此详细探讨。

把人物的故事放在人物关系社会网络中表现，这是纪实节目故事叙事的一个基本理念。我们在制作节目的时候，要尊重、践行这个理念。

思考和练习

一、请就纪实节目里情节与人物的关系，谈谈你的看法。

二、“行动元”和“角色”的概念分别指什么？

三、对于“情节是人物内心世界成长的历史”这个纪实节目故事讲述观点，你是怎么看的？

四、为什么说纪实故事中的人物，是指个别人物，不是指以群体面貌出现的人物？

五、为什么要把主人公放置在矛盾冲突之中？

六、什么是“典型人物”？

七、为什么对人物进行典型化表现需要关注人物的个性特征和细节？

八、人物社会关系网络由哪几部分组成？

九、主人公与反对者的关系是什么？

十、在人物关系改变的故事里，主人公与重要当事人的关系是什么？

第六章　叙事技巧

在纪实节目故事讲述的过程中，根据情节模式拟定情节结构、调整情节结构、表现人物，所有这些都是故事叙事非常必要的基础性工作。但仅仅靠上面这些努力，还不能讲好故事。一个好故事，是综合运用多种因素的结果，这多种因素中就包含叙事技巧。叙事技巧是故事叙事的强有力的增效剂，在某种情况下，某些技巧甚至可以独立支撑起故事叙事，如悬念设置技巧在探秘纪录片中的应用。下面，我们分别介绍以下这些技巧。

第一节　悬念处理及设置

一、悬念概说

悬念及其处理、设置是所有故事叙事技巧中最为重要的技巧。但对于什么是悬念有多种解释，讲故事的人和研究故事的人唯一的共识就是，悬念是讲故事过程中足以激发观众好奇心和期待感，让观众特别想知道故事后续发展的那种处理。詹姆斯·斯科特·贝尔认为："悬念（suspense）是指任何在故事中未经释放的张力，它让读者渴望看到接下来将要发生的事情。"[①] 保罗·约瑟夫·古林诺说："它（本书作者注：指悬念）向观众抛出一个疑问却不立即给出答案。它通过激发观众的好奇从而将观众的注意力引向故事未来的发展方向。"[②] 但落实到具体什么是悬念，则众说纷纭，莫衷一是。

---

① ［美］詹姆斯·斯科特·贝尔：《冲突与悬念——小说创作的要素》，王著定译，中国人民大学出版社，2014 年版，第 11 页。

② ［美］保罗·约瑟夫·古林诺：《序列编剧法》，王幼怡、程玉红等译，世界图书出版公司，2013 年版，第 9 页。

我们经过整理，结合自己的研究，从有助于指导纪实节目故事叙事出发，将悬念做如下定义和分类。

悬念的定义是：悬念是叙述过程中的一种经过特定方法或特殊技巧处理而形成的特殊的情节呈现状态。这种状态表现为通过对情节进行处理以赋予情节张力和悬疑，或通过对信息进行投放控制以激发观众的好奇心和破解谜团的愿望，从而吸引观众欲罢不能地接受事件叙述，并将这种对后续情节发展及对结局的关注保持到故事的终点。悬念的处理和设置指的是在故事叙事中运用基于悬念原理的技巧进行情节处理和信息投放控制的具体工作，这种工作的目标是创造出具备悬念效用的情节呈现状态。

悬念可以分为两类：旨在增强情节张力的悬念和对信息进行投放控制所形成的悬念。我们以电视剧《猎毒人》大结局中的场景来说明这两种悬念状态：

> 生死搭档吕云鹏和江伊楠在逃生过程中，跑到下面是波涛汹涌大江的悬崖边上，吕云鹏一不小心坠落悬崖、跌向江中，千钧一发之际被江伊楠抓住右手掌。为了避免两人被抓的命运，吕云鹏要江伊楠放手，江伊楠坚决不同意。
>
> 僵持中，吕云鹏用力挣脱江伊楠的手，跌落江中，瞬间不见踪影。三个月后，江伊楠（包括观众）才知道，吕云鹏并没有死。他被救活之后，领受新的任务，在泰国曼谷与江伊楠相见，两人组成新的搭档，在禁毒斗争中继续共同战斗。

上面的情节中，吕云鹏与江伊楠手拉手悬挂在江边悬崖上，已经与观众建立了情感纽带的主人公吕云鹏命悬一线，他到底会不会掉进滔滔江水之中？这一刻牵挂着观众的心——这是由情节处理形成的充满张力的状态，是悬念状态之一。吕云鹏掉进江中，其实他没有死，三个月后还得以同江伊楠重逢——这是控制信息投放形成的悬念状态。因为，如果故事讲述者不采取现在电视剧大结局的那种信息处理方式，而是在吕云鹏掉进江里的那一刻，马上出现字幕配旁白“吕云鹏其实没有牺牲，三个月后他将在泰国曼谷与江伊楠重逢，两人走上猎毒新战场……”这样的话，就不会有现在大结局扣人心弦的效果。

从上面的例子我们还可以发现，两种类别的悬念状态是相互联系和相互作用的，不同悬念可以同时出现。美国电影悬念大师希区柯克“悬念=紧张+疑问”的定义，就充分揭示了两种类别悬念的相互关系：“紧张”来源于情节张力，“疑问”来自信息投放控制。有的悬念技巧，甚至干脆就是两种类别的融合，后面我们会具体探讨这方面的情况。总之，为了能够实现吸引观众欲罢不能地接受故事叙事的目标，我们应该积极地使用悬念设置的方法和技巧。

二、悬念设置的方法和技巧

前面提到的悬念状态有两种类型，与之相对应，我们把分别运用于两种类型情境中的悬念处理和设置的方法、技巧，也分成两类。

第一类：致力于增强情节张力的悬念处理。

首先我们要解释一下“情节张力”这个概念。所谓情节张力，就是在情节发展过程中，经过叙述者刻意处理，情节具备强烈的紧张状态，这种紧张状态让观众情绪、注意力高度紧绷，让观众急切地想知道后续发展和结局。判断情节张力是否具备或者是否强烈的观察角度有两个：一个是情节本身是否具备产生张力的特质，另一个是情节作用于观众是否有绷紧观众神经、激发观众紧张情绪的效果。

增强情节张力来设置悬念有多种具体方法，其中具有概括意义的是“悬崖挂壁”（cliff hangers）。从字面意义理解，悬崖挂壁就是把已经与观众建立了情感纽带、被观众深深牵挂其命运的人物悬挂在悬崖上，令其命悬一线；而詹姆斯·斯科特·贝尔将悬崖挂壁定义为“任何尚未解决的危险，无论这样的危险源于外部环境还是人物的内心世界”[①]。悬崖挂壁非常有助于我们理解增强情节张力的悬念处理。

这一类悬念处理方法主要有如下几种。

（一）把令人同情的人物置于一种生死攸关的情境中

这种方法，其实就是悬崖挂壁法。这种处理方法有两个要点：一是人物要令人同情，二是将人物置于生死攸关的情境中。这里的生死攸关，不一定是真正生理学意义上的人物生死，而是具有更广泛意义的“成败”：财富、感情、命运方面具有重大价值的事物，处在赢取还是丧失的情境中，也属于特殊表现形式的“生死攸关”。在纪实视听节目中，如主人公为摆脱财务困境，倾其所有长途贩运香蕉，装载香蕉的火车行进中突遇洪水冲毁铁轨，火车受阻，香蕉即将坏掉，主人公将如何应对？这也是悬崖挂壁。单亲母亲与上高中的女儿因代沟产生隔阂，加之沟通不畅，产生严重情感危机——女儿离家出走，不接母亲电话；母亲无奈，求助情感节目，希望能借助节目的平台和主持人及心理专家的帮助，与女儿重归于好；节目组经过多方努力联系上女儿，女儿也答应上

---

① ［美］詹姆斯·斯科特·贝尔：《冲突与悬念——小说创作的要素》，王著定译，中国人民大学出版社，2014年版，第241页。

节目，但在临近录制之时，突又变卦，拒绝上节目；节目编导想方设法劝导女儿上节目，母亲焦急等待，女儿却犹豫不决，迟迟不同意；而节目录制如果不能如期进行，今后就再没有录制的机会了。这也属于悬崖挂壁。在具备故事潜质的事件中，有不少这样的环节，求索主人公或关系改变当事人，被置于重大价值改变的关键时刻，如果此刻运用悬崖挂壁这一技巧，可以在节目中放大这个关键时刻，刻意营造一种人物主人公所期望获得的求索目标或人物所期待的关系改变方向，目前处于“命悬一线”的状态。只要让这种状态出现在叙述中，就一定会创造张力，激发观众的紧张情绪和关注心理，从而吸引观众欲罢不能地观看下去。

（二）让人物面对未知的阻碍和未知的对抗力量

这种悬念技巧，被詹姆斯·斯科特·贝尔称为“超级悬念”。“当人物和读者都不知道与人物对抗的势力是什么的时候，这样的悬念就是超级悬念。”① 主人公离开贫穷的农村，只身一人去大城市寻找发展机会，未来必定充满坎坷，但将遇到什么困难？会有什么力量阻碍自己目标的实现？这一切都不知道。作为叙事主人公的记者隐藏身份进入传销组织，卧底暗访，揭露黑幕；但他不知道前面将会遇到什么困难甚至危险。上面两种状态，都可以使用“让人物面对未知阻碍和未知对抗力量”这一悬念技巧。只要告知观众主人公面对未知的阻碍和未知的对抗力量，悬念就生成了。

（三）加大赌注

加大赌注这种悬念技巧是指营造这样一种情节呈现状态：主人公为了实现求索目标，或叙述者为了实现叙述目标，或者人物为了实现关系转变目标，在关键环节，面对巨大风险或巨大阻碍力量，倾尽全力，押上自己的全部资源，从而将自己置于这样一种情境：要么就此成功，要么彻底失败。这种技巧能使情节获得很强的张力。例如，主人公通过养鱼去实现致富目标，先后两次克服障碍，获得较好的发展；但后来鱼价下跌，周围的养鱼场纷纷破产，低价抛售鱼塘；主人公决定低价购进鱼塘扩大经营规模，但此举也可能背负大量不良资产从而被拖垮导致破产。妻子、父母为此全部反对，主人公顶着压力，抵押住房贷款，购进鱼塘。这里主人公抵押住房贷款的情节环节，就是运用了“加大

---

① ［美］詹姆斯·斯科特·贝尔：《冲突与悬念——小说创作的要素》，王著定译，中国人民大学出版社，2014 年版，第 238 页。

赌注”这一悬念技巧。主人公加大赌注争取最后目标，面临要么大获成功、要么彻底破产的结局。这对于激发观众紧张情绪、提高其关注度，效果非常明显。

（四）预告将发生大事

这种悬念技巧关键词是两个：“预告”和“大事”。预告是由故事主人公或叙事主人公做出预告；大事则指将对主人公命运或故事情节走向发生重要影响的事件或情节环节。例如，民间艺人宣布，自己将参加中央电视台《星光大道》节目的比赛；警方告诉记者，某谈判专家将进入绑架现场，与身藏炸弹的绑匪周旋谈判。通过预告，观众会对未来即将发生的大事所可能导致的结果，充满伴随着紧张情绪的期待，这就赋予了情节以张力。

（五）让人物在限定的严苛条件下去完成艰巨的任务

这个悬念技巧包括两个要件：第一是限定的严苛条件，包括限定的时刻、限定的速度、限定的工具、限定的环境等；第二是艰巨的使命。在电影故事片中，这种悬念处理用在虚构的事件里，往往非常有效，有的作者甚至以这种处理作为整个故事的总悬念，将其作为故事情节的基本结构元素。例如，电影《卡桑德拉大桥》中，对载有危险病菌的列车的解救，必须在列车到达死亡终点之前完成；国产故事片《奇袭》里面由小分队在规定时间之前炸掉敌军重兵防守的大桥；满载旅客的列车或公交车，被恐怖分子安放了特殊炸弹，一旦车速低于每小时 100 公里，就会发生爆炸；主人公被恶人伤害，驾驶的轿车失控坠入港口的海中，他被变形的安全带束缚不得脱身，而轿车带着他往深海下沉。上面这些例子都属于对这个技巧的运用。有的时候干脆将两者叠加，例如，列车上安放了特制炸弹，一旦车速低于每小时 100 公里就会爆炸，而如果列车以高于 100 公里的时速奔驰，两小时后就会撞上终点站而车毁人亡。警方只能在低速爆炸、高速撞车这两个“大限”之内找出炸弹、避免撞车、排除危险。这样处理造成的情节张力当然会非常强劲。

在纪实类电视节目中运用这类悬念也很普遍。例如，绑匪要求警方在中午 12 点以前将自己的前女友送到绑架现场，否则就杀害人质，而这时的时间已经是 11 点，距离绑匪给定的最后期限只剩一个小时——这是限定的严苛时间条件；警方不可能将绑匪的前女友送给绑匪，只能将绑匪制服或击毙——这是艰巨的任务。当以上两个要件同时具备，强劲的情节张力就会产生。

（六）利用人们的戒备心理制造悬念

在人们的日常生活中，有许多基本的戒备心理。如果利用戒备心理来设置特定场景，呈现出特定的情节状态，就可以造成悬念。例如，漂亮女孩深夜孤身走在废弃的仓库里；一沓钞票放在桌上，主人却因急事被叫走；翻墙进入别人的花园，却不知有一只大狗在草丛中吐舌注视（电影《呼啸山庄》中的场景）；警方谈判人员与身绑炸药的劫持人质歹徒近距离周旋；等等。这种场景非常多，不一一列举。

设置这类悬念的关键有两点：一是找出足以引发人们戒备心理的场景，二是在叙述时呈现这个场景。例如：

杜某领取了工人的加班工资3万元，正准备清点，门口有人叫他的名字，说厂长有急事让他立刻去一趟办公室，他寻思反正马上就回来，便急急忙忙地把钱放进抽屉，没上锁，就出门朝厂长办公室走去。谁知，有一双神秘的眼睛，正在对面二楼的窗户后面，注视着这一切。

这样的场景只要在节目中出现，情节张力立刻就会产生，观众具有的戒备心理就会驱使其紧张起来，并急切地想把节目看下去，看到底最后结果如何。

（七）让意外因素介入

这种悬念设置技巧，是在事件叙述的过程中，突然让意外因素出现，以强化情节的张力，唤起观众的期待。如下悬念处理属于这种情况：

世界上最后一个人坐在屋里，突然传来敲门声；

下午5点钟，她比往常提前一个小时下班回家，当她打开房门，眼前的一幕让她惊呆了；

老李走在大街上，突然有人重重地拍了拍他的肩膀：你原来在这里！老李回头一看，顿时大惊失色。

上面的叙述方式也可以换为另一种不进行悬念处理的叙事方式：

世界上最后一个人坐在屋里，门外一只啄木鸟用嘴啄击木门，笃笃笃，像敲门声一样；

小区一个单元发生了入室盗窃案，女主人这天下午提前回家，发现家中一片狼藉，于是拨打110报警；

老李走在大街上，被刻意躲避、多年不见的债主老王一眼瞅见，老王从后面赶上去，重重地拍老李的肩膀：你原来在这里！老李顿时大惊失色。

将两种方式对比，就可以发现前者在激起观众好奇心、期待感方面有更好的效果，这是因为前面的方式通过悬念处理强化了情节环节的呈现状态，从而赋予情节环节更大的张力，而张力激发了观众的期待、关注情绪。

第二类：对情节信息投放进行控制的悬念设置技巧。

这一类悬念设置技巧，是通过叙事过程中对信息在情节中的投放、披露进行控制，从追求良好叙事效果的要求出发，让观众适时知道或不知道情节中的特定信息，从而在观众心中唤起悬疑、期待、好奇等心理，实现吸引观众关注情节后续发展及结局的叙述目标。具体设置技巧如下。

（一）制造观众与故事中人物的信息落差

这种悬念设置技巧是指在“二元对立”的情节中，让故事中的某个或某几个人物知道的情节本身包含的信息，与观众所知道的情节信息不一致，从而在观众和故事人物之间形成信息落差。具体说来，有三种情况：观众知道的信息与故事中人物知道的信息一样多，观众知道的信息比故事中人物知道的信息少，观众知道的信息比故事中人物知道的信息多。下面分别说明。

第一种情况：观众知道的信息与故事中人物知道的信息一样多。例如：

黑夜，一位瘦小的女警官持手枪追捕体型高大、凶残的歹徒，歹徒逃进一座空无一人的大楼。女警官进入一楼走廊，躲在第三间房屋门后面的歹徒听到了女警官的脚步声，他知道她来了；歹徒手持木棍，悄悄挪动袭击位置，不小心碰响了门，“咚”的一声，女警官也知道了歹徒在第三间房里面。女警官高声命令：“出来！把手放在头上!”

这就是第一种信息知晓情况，观众所知道的，与女警官和歹徒所知道的一样多。这样的情况下，观众的心理状态是：期待着最后对决的到来。

第二种情况：观众知道的信息比故事中人物知道的信息少。例如：

黑夜，一位瘦小的女警官持手枪追捕体型高大、凶残的歹徒，歹徒逃进一座空无一人的大楼。女警官进入一楼走廊，用枪指着第一间房门并用脚拨开房门，房门发出轻微“呀”声，女警官目视搜索，没人；女警官拨开第二间房门，又发出轻微的声响，还是没人。女警官情绪稍稍有些松懈，沿着走廊缓缓往前走，走到第三间房门前，房门突然打开，歹徒手举木棒朝女警官砸下。

这种情况下，女警官开第一间、第二间房门搞出的声响，使歹徒知道了女警官已经到来。但观众并不知道歹徒已经知道“女警官已经到来”的信息（歹徒可能并没有藏在一楼，而是三楼，可能听不见女警官的开门声响）。这种情况下，观众的心理状态是：感到意外和惊悚。观众会被着实地吓一跳。

第三种情况：让观众知道的信息比故事中人物知道的信息多。这种悬念技巧使用得较为普遍，美国电影悬念大师阿尔弗雷德·希区柯克专门举例说明过这种情况下的悬念。我们先以上面那个例子来说明：

黑夜，一位瘦小的女警官持手枪追捕体型高大、凶残的歹徒，歹徒逃进一座空无一人的大楼。女警官进入一楼走廊，镜头告诉我们，躲在第三间房屋门后面的歹徒手持木棍，听到了女警官的脚步声，他知道她来了，并做好了袭击准备；女警官却并不知道歹徒躲在哪里。女警官小心翼翼、充满警惕地推开房门查看房内：第一间房，没人；第二间房，也没人。这时女警官情绪稍稍松懈，向第三间房走去。屋内门后面，歹徒高举木棍，待门一开就准备一棍砸下。女警官不知情继续推门……

这种情况下，观众的心理效应处于叠加状态：期待着最后对决的到来；心中着急地期盼女警官不要去打开第三间房的房门。我们再来看看希区柯克举的例子：

观众知道桌下有一个炸弹，而且知道它将于12点55分爆炸，而墙上的挂钟夸张地响着滴答声，指针已经指向12点50分，这时候，两个人走进来，毫不知情地围坐在桌子旁开始谈话。滴答声中，时间流逝着。观众焦急得恨不得向银幕呼喊：“别再废话了，桌下有炸弹，马上就要爆炸了！”

很显然，这类悬念的第三种情况在创造情节张力上作用最大，力道最足，因而得到较为普遍的应用。

设置这类悬念的前提，是故事事件中应有“二元对立”因素，即需要有对立的双方，而且双方都不是静止的，要处于相对、相关的行动中。例如，某人为了摆脱追杀，逃到地铁站台，追杀者追踪而至。逃跑者向左张望时，追杀者避过其目光，从右侧敏捷地跳进列车后面一节车厢的车门，逃跑者朝右边张望，右边已不见追杀者的踪影。逃跑者误以为追杀者已被摆脱，于是上车找个位置坐下，松了口气；而此刻已经上车的杀手正掏出消音手枪，朝逃跑者所在车厢步步逼近。这时，观众知道的比逃跑者知道的多，对结果的关注会令其紧张兴奋，欲罢不能地观看下去。

这类悬念技巧也可以运用在纪实节目里。成都电视台《今晚8：00》栏目有一期获奖节目，就运用了这个原理。节目中，记者当着观众面封装了若干测试信函，写明要求拆信人见信后迅速打电话与记者联系，然后，将信分别投入本市一些服务机关公开设置的意见箱里，观众通过节目见证了整个过程。一周后，记者没有接到一个联系电话，便前往这些机关采访。记者的提问是“你们是如何管理意见箱的?”对此，意见箱管理人员做了五花八门的回答：“我们有严格的管理制度”“每天都有专人开箱，对意见信函分类处理，认真回复”之类。然后记者提议打开意见箱，结果发现一周前投入的那封信还躺在里面睡大觉。观众在这里知道的信息比意见箱管理人员知道的多，他们饶有兴味地期待开箱后将出现的尴尬一幕。这里的“二元对立”因素分别是记者和意见箱管理人员。

又如在情感节目里，首先，将具有情感纠葛的当事人中的女方邀请到演播现场，她声泪俱下地诉说男方负心、移情别恋的情况；接着，让其暂时回避，又请出并不知道女方已先行露面的男方访谈。此刻，观众知道的比男方当事人多，他们会兴致勃勃地听取男方的辩解，期待看他漏洞百出的洋相。这里的“二元对立”因素是男女当事人。

还比如，深圳卫视曾经取得较大成功的真人秀节目《饭没了秀》，将两组低龄宝宝分别独自踏上旅程、寻找妈妈的事件经过拍摄下来，交替剪辑后呈现给观众。其间有一个规则：两组宝宝必须设法取得联系并在指定地点会合。由于宝宝年龄太小，在实际旅程中，他们总是阴差阳错地无法顺利取得联系并会合，这急坏了电视机前的成年观众，大家揪着心期待最后的结果。这也是设置这类悬念造成的效果：正是由于成年观众知道的比孩子知道的多，他们清楚孩子哪一步是正确的，哪一步是错误的，他们目睹宝宝走错了路线却不知晓并茫然无知地朝错误的方向走下去，这样才获得了“揪心”的效果。

在情境体验型真人秀节目里，由于采用淘汰制，选手必须结盟对付某位选手以淘汰对方而避免自己被淘汰。这个规则设计是为了造成这样的效果：让观众知道选手的整个“阴谋”，而被对付的选手并不知情，使得观众对最后是被对付选手吃亏还是结盟搞阴谋的选手碰壁的结局抱以期待。很显然，这样的规则设计，也是出于对这类悬念原理的运用。

（二）扣压信息

这种悬念设置技巧是指，在故事叙事的过程中，从追求叙事效果出发，有意识地结构出这样的情节呈现状态：扣压情节链条上的某些信息，在适当的时机才予以披露。这样的处理是为了引起观众的好奇心，激发观众对后续情节的发展和结局予以关注。虚构故事叙事应用这种技巧的例子，有我们前面提到过的电视剧《猎毒人》大结局的处理。《猎毒人》中，故事讲述者扣压“吕云鹏没有死”的信息，最后在泰国曼谷，以江伊楠与吕云鹏因新任务见面，才披露了这个信息。观众的关注、好奇、期待，也在这一刻得到彻底的满足。这种技巧包括两种具体的处理方式：

第一，扣压关键信息，在适当的时候予以披露。上面提到的《猎毒人》大结局处理，属于虚构故事作品应用这种方法的例子。在纪实视听节目如法制节目、探秘节目中，这种方法也广泛应用。例如，法制节目中，发生一起凶杀案，案情是甲杀害好朋友乙，实际案情本来十分简单。可是，叙述时，围绕乙的被害，从发现现场、报案、分析乙方社会关系和生活习惯到排查、排除，兜了若干圈子，却牢牢扣住“甲是凶手”的信息，不到最后时刻，绝不让观众知晓。中央电视台栏目《地理中国》探秘节目《毒树之王》①，节目开始时扣压“见血封喉毒树所在地”信息，主持人经过寻找并克服障碍，在节目进行三分之二时找到毒树，从而披露这个信息；接着，扣压“见血封喉树汁对完好皮肤无损害”的信息，到节目最后才披露。

第二，扣压主要或大部分信息，给出关键信息的零星线索。说得直白一点，这种方式的实质其实是略微透露一点“猛料”以吊起观众的胃口。许多以激起收看兴趣为目的的节目预告片和节目进程中强调后续悬疑内容的片花就常常采用这种技巧。例如民生新闻《直播南京》中，曾经播出过一个名为《较量》的法制节目，反映对一起以租房为名实施抢劫杀人的刑事案件的侦破。其预告片文字稿本是这样的：

（导视）
【解说】女房东惨死在浴缸
【同期声】白下区刑警大队　王正杰
“尸体已经高度腐败，身上爬满了蛆虫”
【解说】凶手具备反侦查经验
【同期声】白下区刑警大队　王正杰
“现场被犯罪嫌疑人都清理过了”
【解说】一个神秘的男人身影
【同期声】王府花园的保安　李东
保安：介绍从北门进来，监视器看到的情况

① 央视网《地理中国》：《毒树之王》，https://tv.cctv.com/2011/04/26/VIDE1355509789482699.shtml。

【解说】一桩离奇的凶杀案

【同期声】白下区刑警大队　王正杰

“发现了大量的枪支弹药”

【解说】这是怎样的一个凶手，凶杀背后又隐藏着怎样的秘密？敬请关注今晚的《广角调查·较量》①

这条预告片给出了事件进程中的若干关键信息，但扣压了谁是死者、谁是真凶、事件的起因如何等主要信息和其他绝大部分信息，目的是激起观众对节目内容的好奇心。

在这个节目开始制作的时候，案件早已侦破，嫌凶也被捉拿归案。假如这个案件的预告片文稿写成这样：一个退伍兵生活困顿，以租房为名实施抢劫，在遭遇到反抗的时候，竟然残酷地把当事人勒死。下面这个节目将为您详细介绍案件发生的经过和在法律上对我们的警示，敬请收看——这样的写法从传达信息的角度来看，没有任何不妥；但从增强叙事吸引力的角度，与前面那条短片相比，效果大打折扣。从中我们可以看出设置悬念和不设置悬念的差异。

上面我们介绍了两类悬念处理或设置的方法、技巧。这些方法、技巧可以独立应用，也可以综合运用，而综合运用往往效果最好。例如，一个养鱼致富的纪实视听节目，首先选择把人物置于“悬崖挂壁”状态的事件环节，如两次养鱼失败、主人公选择背水一战，抵押房屋办理贷款，转换鱼种继续养鱼；然后选择“加大赌注”的事件环节，如对妻子不同意继续养鱼否则离婚的威胁置之不理，对父亲、母亲和朋友的规劝不管不顾，不但坚持自己的追求，还要扩大养殖规模；应用扣压信息技巧将最后到底成功还是没有成功的信息扣压，直到最后一刻才披露：养鱼终于成功，成品鱼上市大卖，收回全部成本还有盈余。很显然，像这样将不同的方法、技巧综合使用，在增强情节张力的情况下运用扣压信息的技巧，效果显然更好。

第二节　歧路与延宕

“歧路”与“延宕”是增强故事叙事魅力的两种处理方法。

① 潘知常、孔德明：《讲“好故事”与“讲好”故事：从电视叙事看电视节目的策划》，中国广播电视出版社，2007年版，第25页。

一、关于“歧路”

“歧路”这种方法是指在叙述情节的过程中，故意旁生枝节，使用无效的情节线索进行叙述，以增加情节丰富性，并人为造成叙事障碍。虚构性侦探作品多运用这种方法。例如，根据英国侦探小说家阿加莎·克里斯蒂小说改编的同名电影《尼罗河上的惨案》《阳光下的罪恶》，其中主人公比利时大侦探波洛在破案时，每每使用案情还原推理的方法，直接呈现针对每一位可能的作案者的案情推理情节线，但所有被还原呈现的案情推理情节线中，只有一条是有效的、指向真凶的，其余的都是无效情节线。作者使用的这种方法，就是“歧路”。“歧路”能人为造成叙事障碍，在增强叙事魅力方面发挥作用。

在很多情况下，真实的事件往往不能像虚构事件那样具有复杂的情节，因此，为了故事叙事的需要，纪实节目编导者常常使用“歧路”方法来增强故事的复杂性。例如，在法制节目中，经常会遇到这种情况：事件本身比较简单，按照故事叙事的要求，复杂性不足；于是，叙述者就使用“案情 N 种可能”的推测叙述，来实现情节的曲折。例如：

贵州卫视《取证》栏目有一期题为《循梦追凶》[①] 的节目，讲的是根据一起杀人案受害者的梦境线索，追捕凶手的破案故事。这个故事的真实过程比较简单：拾荒者与受害者亲属私奔，为了恐吓、控制跟他私奔的女人，对受害者进行“警告性”杀伤。这样简单的事件情节，难以支撑起一个 30 分钟节目的内容。为了使情节丰富、复杂起来，叙事者在情节的基本结构上运用了“歧路”的技巧。具体表现在：

节目的前半部分采用情景再现的方式，叙述了对作案动机的三种推测：“可能一，劫财害命；可能二，非礼企图；可能三，报复杀人。”将这三种可能性作为情节线都做了视听表现，然后又将三种可能性一一否定，接着才进入正题，最后揭晓真相。其中基于三种推测予以视听表达的三条情节线，就是运用“歧路”方法的结果。

在探秘节目中，也有这种方法的运用。前面我们曾提到的探秘节目《毒木之王》，内容是节目组对野生箭毒木（又名“见血封喉树”）的寻找之旅。其流程是这样的：

节目开始，介绍了植物园里的箭毒木，然后节目组出发寻找箭毒木的野生

---

① 贵州卫视《取证》：《循梦追凶》，https://v.qq.com/x/page/t0135bsv8op.html。

植株。先到了一个山村，找到一位会使用箭毒木汁液狩猎的男人，该猎人对着镜头表演了使用毒箭的情形，然后提供信息：村子里唯一的一株野生箭毒木已经被人偷挖，没有了——这是一条对于寻找野生箭毒木而言的“无效情节线”。第一次寻找没能找到野生箭毒木，失望的节目组又踏上新的寻找之旅，在另一个地方发现了箭毒木，但他们惊奇地发现，人们在树下休闲活动，与毒树成天亲密接触，却从没有人中毒。不得已，节目组找到研究机构寻求答案，得到回答：箭毒木汁液只有接触伤口才会毒性发作，皮肤没有破口就不会有事。真相大白，节目组找到了野生的箭毒木，并且解开了箭毒木汁液的毒性之谜。

在节目组编辑制作本期节目的时候，这些事件的全部信息已经被掌握，如果仅仅是传播科普知识，那么花几分钟就可以讲清楚。但这个节目采取的是故事化叙事，因而叙事者关心的是叙述的吸引力而不仅仅是知识传播，所以，就在节目里保留了寻找过程中的“无效情节线”。这样处理对于丰富情节、增加情节复杂性，是有价值的。

二、关于延宕

情节叙述的详略、长短是可以根据需要控制的。这里所说的延宕，是在叙述中将情节过程适当延长，以延缓悬念的破解，从而把悬念的吸引力进行最大限度的开发，增加叙述的魅力。情节的延宕必须与悬念配套而发挥作用。只有当情节有悬念设置，并与有待揭示的真相和有待破解的谜题并存，延宕才成为提升悬念作用的增效剂；否则就会削弱情节叙述的紧凑性，导致受众注意力转移。在设置了悬念的前提下，“延宕是一个过程，在这一过程中，矛盾冲突迟迟不能得到解决，人物关系迟迟不能确定，欲望客体的目的迟迟不能达到，因而观众的愿望迟迟不能满足，叙事的平衡也迟迟不能恢复”①，延宕的关键是延缓悬念破解时刻的到来，延缓给出答案的时机。

德国启蒙文学代表人物席勒在《论悲剧艺术》中说：“一个新手就会把惊心动魄的雷电，一撒手，全部朝人们心里扔去，结果毫无收获，而艺术家则不断放出小型的霹雳，一步一步向目的走去，正好这样完全穿透别人的灵魂。”②能娴熟地运用延宕方法，是故事讲述者高超能力的一种表现。

下面我们看看延宕方法在纪实节目故事讲述中的应用。中央电视台1套

① 尹鸿：《世纪转折时期的中国影视文化》，北京出版社，1998年版，第302页。
② 宋家玲：《影视叙事学》，中国传媒大学出版社，2007年版，第161～162页。

《今日说法》栏目2018年7月30日、2018年7月31日两期节目《合谋(上)》[①]和《合谋(下)》[②]，以主持人为叙事主人公，讲述了这样一个案件侦破故事：

19年前，裁缝周伟的妻子全职太太吴海琼，与肉贩卢仁俊发生婚外情，担心婚外情被丈夫周伟发现后会被迫离婚，导致失去生活来源和儿子抚养权，于是与卢仁俊合谋意图杀害周伟。卢仁俊叫上朋友程军帮忙，在吴海琼配合下，入室刺杀周伟。周伟经抢救保住性命，两年后与吴海琼离婚，带儿子去了外地。案发后卢仁俊外逃。吴海琼、程军被逮捕，以故意杀人从犯身份，分别被判处9年徒刑，2007年刑满释放。刑满释放后，吴海琼面对记者采访，把责任全推到卢仁俊身上，称自己当年对卢仁俊、程军入室杀人并不知情，与卢仁俊也仅有一次不正当关系。卢仁俊外逃后，先后使用张先甫、卢友才假名办理户口和身份证。经过警方利用人像比对系统追逃，2017年8月卢仁俊被抓获归案，证实了吴海琼与卢仁俊不正当关系保持了一年多，并参与了谋杀周伟的策划。一起19年前的凶杀案终于真相大白。

从上面的事件介绍可以看出，这个案件情节其实并不复杂，但《今日说法》的节目做了两期，总长度为56分钟，观看时并不令人感到冗长乏味。出现这样比较好的观看效果，首先得力于节目对这个事件采取了故事叙事的方式，其次在于节目很好地使用了延宕的策略。主持人作为叙事主人公通过扣压“谁是杀害周伟的真凶”这一信息从而设置了总的悬念之后，在节目上部，大量使用了吴海琼在2018年6月栏目记者采访她而她全盘翻供、对所犯罪行矢口否认、口称自己冤枉的案情描述，并沿着吴海琼的描述进行案情回溯；对另一名从犯程军的采访材料，也故意隐去足以揭示真相的部分，只使用了与吴海琼描述吻合的部分，以此结构了一个漏洞百出的虚假案情陈述，极大地延宕了案情真相的揭晓。在《合谋》节目下部，随着案件主犯卢仁俊被抓获归案，通过卢仁俊的供述和程军的另一部分镜头前采访内容，还原了案情真相。可以说，如果没有延宕意识，没有对延宕方法的采用，这个节目最多能被做成一期28分钟的节目。由此可以看出延宕对故事叙事的作用和价值。

---

① 央视网《今日说法》：《合谋（上）》，http://tv.cctv.com/2018/07/30/VIDEhKypIDnWFAxJTXorCw6Y180730.shtml。

② 央视网《今日说法》：《合谋（下）》，http://tv.cctv.com/2018/07/31/VIDEfUKE6rMhinrekjtmWXsj180731.shtml。

第三节 细节表现

关于影视作品细节的定义有不同表述。《电影艺术词典》是这样定义的："电影细节可分为广义细节与狭义细节。广义电影细节泛指所有电影视听元素。……狭义电影细节来自于文学的概念，即编剧期间设立并在现场确定的推进情节发展、刻画人物性格、渲染人物情绪、表现环境气氛以及导演借以发表、阐释其看法、观点、意念的元素。"[①] 在纪实节目故事叙事中，所谓细节当然是指狭义细节。与剧情类节目最大的不同在于，剧情类影视作品可以通过虚构来创造细节，而纪实节目只能够依赖"发现""抓拍"去使用细节。在纪实节目里，这些发现、抓拍到的细节，同样具有"推进情节发展、刻画人物性格、渲染人物情绪、表现环境气氛"的作用，同样具有编导"借以发表、阐释其看法、观点、意念"的作用。

在纪实节目的故事叙事中，由于叙述者拥有视听元素作为手段，细节的运用呈现了丰富多彩、生机勃勃的景象。很多时候，细节成为增强节目故事叙事感染力、表现力的重要元素，为叙述者所重视。例如：《舌尖上的中国》大量运用声画意义上的细节，将饮食文化这个被过度开发的题材领域中的内容表现得风生水起，赋予观众全新的艺术感受。

这方面的例子举不胜举：

成都电视台获得四川电视奖的新闻专题片《春燕姑娘寻亲记》，父母 20 年前因故将女儿送人，女儿成年后踏上寻亲旅途。记者记录了寻亲过程。为了捕捉女儿与分别近二十年的亲生父母见面一刻的细节，摄制组特地使用两台摄像机拍摄，母女之间由惊愕到相拥而泣、泪流满面的镜头，最后经慢放处理，其细节发挥出震撼人心的感染力。

成都电视台经济资讯频道曾经做过一期以白血病患儿与父亲相依为命的访谈节目。在该期节目中，作为嘉宾的父亲对记者表示，他想尽一切办法不让年仅 7 岁的孩子知道真相。而当大屏幕播放记者采访孩子的图像时，孩子对记者讲道，他知道自己得了很严重的白血病，他不愿让爸爸得悉他知道了真相，否则"爸爸会很伤心"。看到这段图像，父亲的泪水夺眶而出，观众也一同感动。

---

① 许南明、富澜、崔君衍：《电影艺术词典》，中国电影出版社，2005 年版，第 146 页。

在探秘节目里，如《走近科学》2012 年 7 月 29 日的节目《人与野猪》①，通过丰富的细节赋予野猪灵性，在猎人与野猪的冲突中，演绎了人与自然如何和谐相处的带有哲理的情节，而大量细节丰富和充实了情节，让节目具有感人的力量和较高的人文品格。

在各类真人秀节目（又被称为“网络综艺节目”），如《爸爸去哪儿》《奔跑吧兄弟》等中，抓拍到的节目嘉宾的各种有趣的动作、话语、表情等细节经过包装之后呈现给观众，是节目魅力的主要来源之一。

有的时候，细节可以具有很深的意义内涵。《今日说法》栏目组制片人钱蔚曾经提到一次个人经历。他拍过一个农民打官司的片子，准备回北京了，突然觉得这个片子不过瘾，因为没拍到判决书。于是，第二天又回去。他问这个农民，判决书放在什么地方？让我看一下。这个农民一下就兴奋起来了，马上说我带你去看。农民家的这个房子好几层进深，到了三进以后，他带着记者穿过他们家的三层楼，从一楼到二楼，二楼到三楼，到最里面的一个套间，这个屋子里面只有一张床，从床下拿出一个大箱子，大箱子里面是一个藤箱，再里面是纸箱，纸箱里面还有一个小木箱，终于，判决书从小木箱里拿出来了，同时跟判决书放在一块儿的是钱、他们家孩子的城市户口、他们家孩子的成绩册。这个细节让钱蔚兴奋不已：农民那么珍视合同，那么珍视法律，一个长镜头说明了一切。他最后剪辑时把整个长镜头都保留了下来。这个长镜头所摄取的，就是一个具备很深意义内涵的、由事件环节构成的细节。②

通过上面的例子，我们可以发现，所谓细节，就是这样一些包含视听元素、在节目中发挥着特殊作用的因素。除此之外，纪实节目中的细节，还包括利用多种视听元素，去表现、渲染特定的内容或情绪。例如，各类真人秀节目常常使用的用镜头急推转定格的画面，配以特殊音响效果，来突出现场细节；在画面上用卡通彩色文字重复并配上诙谐的音效，强调某些人物的有趣话语；等等。这些都成为节目特色不可分割的部分。细节表现，在纪实节目拍摄制作领域有着广阔的创造空间。

总之，细节在故事化叙事过程中，发挥着使叙述生动、感人、产生震撼效果的作用，对细节的刻意运用，能增强节目的艺术感染力。我们在纪实节目的故事化叙事活动中，应该充分利用细节来优化和完善我们的叙事。

---

① 央视网《走近科学》：《人与野猪》，https://tv.cctv.com/2012/07/29/VIDE1355152070683569.shtml。

② 法观天下：《〈今日说法〉原制片人钱蔚谈选题和采访》，http://blog.sina.com.cn/s/blog_68168ab30100njnn.html。

第四节 激发情绪和情感

在纪实视听节目中进行故事叙事，有一个重要的目标，就是激发观众的情绪和情感，让接受者流泪，让人们在观看过程中收获刻骨铭心的感动。前面，我们在介绍故事叙事理论工具和人物表现的时候已经提到，要实现令观众感动的目标，必须做到：通过主人公在压力之下做出的选择来建立主人公与观众的情感纽带，在主人公命运转折的时刻去实现观众情绪的激发，等等。毫无疑问，这些都是故事讲述中的基础性工作。但纪实视听节目讲述的事件不是虚构的，因此，很多时候，事件转化的情节不可能像虚构作品那样理想，单凭压力之下的选择或主人公命运转折的时刻来激发观众感情是远远不够的。在上面提到的基础工作之上，还可以借助创造一些特殊的情节环节或场景状态，来实现激发观众情绪和感情的目标。具体说来，可以从以下几方面来考虑。

一、找出情感、情绪的爆发点

通常，在具有激发情感、情绪潜质的事件中，都包含某些情感、情绪爆发点。我们要把这些爆发点找出来，为下一步的处理打下基础。

二、做好情绪爆发的铺垫和渲染

情绪爆发需要一个心理状态的酝酿过程，在爆发点到来之前，需要做一些旨在积聚情绪的铺垫，然后把握好时机推出特殊情节环节或场景状态，引发观众情绪爆发。

三、运用一些技巧来强化、激发情感或情绪

在戏剧领域的悲剧创作中，千百年来，人们探索出一些技巧，这些技巧的实质是对某种特殊的情态进行强化处理。只要情节中包含了这些情态，一旦按一定的方式对它们进行渲染，就会激发观众情绪和情感，感动观众。下面是这方面常用的技巧。

（一）悲喜对比，以喜衬托悲，或以悲衬托喜

这种技巧是将主人公的悲剧高峰，放在喜庆的气氛中展示，从而增加悲剧感的强度。越剧电影《红楼梦》交替表现“宝玉娶宝钗”与“黛玉焚稿断痴情”，就是采用这种技巧。宝玉中了“调包计”，误以为红盖头下的新娘就是黛

玉；而此刻的黛玉却不知宝玉的真实心境，误认为宝玉负心绝情，因而焚稿断绝心中对宝玉的一片痴情。婚典喜庆的气氛，映衬着真挚爱情毁灭的悲情。泸州电视台拍摄的人物专题片《告出来的劳模》的最后一节，编导也刻意运用了这种技巧。主人公在外地挣了钱，为了报答家乡，返乡担任村干部。为了能将农产品运到山外出售、帮助乡亲脱贫致富，组织乡亲集资修路。村民误解他贪污，将他告到市纪委。纪委派人调查，结果是：集资的钱修路根本不够，修路的不足部分是主人公用自己的钱补上的。道路修好之后，这个山村没有通电，他又承头集资建设电力设施，被村民告到上级。上级派人调查，结果是：集资款用于电力设施建设根本不够，大部分的款项是他拿自己的钱支付的。这一次，他基本上花光了自己的存款。村民得知真相后很感动，一致推举他为省级劳动模范。他到成都参加了表彰大会后回到山村，村民每人集资 2 元钱，摆了简陋的坝坝宴欢迎他的归来，并表达对他的敬意。他和妻子回到居所，四目相对、百感交集。外面是聚餐者的阵阵欢声笑语，而狭小的室内坐着孤独的主人公和他的妻子。编导交替剪辑两个场景：外面是动感的大全景，那是一片热气腾腾的欢乐；室内是静态的俯拍，宁静中隐含着几分悲凉，建构出令人动容的视听场景。有的时候，也可以将这个技巧反过来用，即“用悲衬托喜”。例如，在一位残疾主人公付出比别人多十倍百倍努力而在某个大型选秀节目一路“过关斩将”、最后获得冠军的那一刻，回放他辛酸的过往情景，用既往的悲情，衬托当下的喜悦，从而在观众那里唤起“含泪的笑意”，丰富节目的情感内涵。

（二）先误解善意，将好心当成驴肝肺，然后出现终于理解的逆转

双方都是坦荡而善良的，而由于某种原因（小人挑唆、缺乏沟通等），一方误会另一方的善意并施以伤害。莎士比亚四大悲剧之一的《奥赛罗》中，奥赛罗的妻子莱丝德梦娜深爱着自己的丈夫，美丽而忠贞；但奥赛罗受旗官埃古的挑唆，误认为妻子轻浮、对自己不忠，而亲手杀死了她。在妻子死后，奥赛罗得知真相，追悔莫及，拔剑自刎。朝鲜电影《卖花姑娘》里，瞎眼的妹妹为了挣钱替病重的妈妈买药，去街头卖唱，恰巧被姐姐花妮遇见，花妮不由分说，将妹妹一阵严厉斥责，责骂她为什么为了几个钱而做这样下贱的事；妹妹说出真情，姐姐理解了妹妹，两人抱头痛哭。两个例子采用的都是这种技巧。前面提到的《告出来的劳模》，也使用了这种技巧。主人公拿出自己的存款，急于帮助山村脱贫而修路、修电力设施，但两次都被村民误解为“当官的修路拉电杆，就是想吃钱”，对他产生极大的伤害；后来村民得知真相，发生逆转，

大家用朴素的坝坝宴表达歉意和善意。这种“误解/理解”的逆转时刻，就是感动观众的情绪触发点。

（三）骨肉分离

故事片《我的兄弟姐妹》里，四个未成年孩子的父母在短时间内相继亡故，哥哥在与弟弟妹妹苦撑了几天之后，终于不得不面对残酷的现实，将弟弟妹妹分送到不同的人家。于是，骨肉在撕心的哭喊中分离。在成都电视台新闻专题系列报道《在三千里川藏线上》中，汽车团担负川藏线运输任务，军官妻子临盆在即，丈夫却为了执行任务不得不离家远行，不能履行照顾妻子的责任，于是，泪眼相送，依依惜别，万千感慨。这些我们熟悉的动人场景，就是采用了这类技巧。

（四）苦苦寻求不得，见面却不认识或无法相聚

故事片《妈妈再爱我一次》中，母子被强行隔绝，天各一方；儿子长大了，出国留学归来，有了很高的社会地位，历尽波折与母亲相见，母亲却因脑部受伤而认不出儿子。最后儿子唱起母亲在其童年时教唱的歌曲《世上只有妈妈好》，用旋律唤醒了母亲的记忆。这是当年现象级的家庭伦理苦情故事片。1998 年中央电视台抗洪救灾募捐现场晚会，一位刚刚生了孩子的抗洪军人的妻子被请到位于北京的演播现场，通过视音频连线，让在九江大堤上执行抗洪任务的军人丈夫的形象出现在晚会大屏幕上。妻子通过连线对着屏幕那一端的丈夫唱了一首感人的歌。夫妻通过屏幕交流，但在空间上又远隔千山万水，构成了相见却无法相聚的场景，以此建构出感人的情绪高点，采用的就是这类技巧。

（五）与身份不相称的大爱

抗战时期，爱国将领冯玉祥将军组织支援抗战的募捐活动，其中不乏开明士绅、实业界人士慷慨解囊，但最感人的一幕出现在这一刻：几十个衣衫褴褛的乞丐结伴而来，列队向捐款箱投下皱巴巴的钞票。当时全场哭声一片，无数人被深深感动。乞丐本来是挣扎在社会最底层的可怜人，却在捐款的那一刻，表现出与他们的身份不相称的大爱，顿时令人唏嘘。前文介绍过，成都电视台经济资讯频道曾经拍摄一部新闻专题片，报道一对父子，儿子得了白血病，父亲为救治孩子四处奔波，社会介入给以关爱的事件。其中有这样一个片段：记者采访父亲，问孩子现在知不知道自己得的是白血病。父亲说，因担心孩子受

不了打击，再加上他也不懂什么是白血病，所以一直瞒着孩子，他并不知道自己得的什么病。镜头一转，记者又采访儿子，问他知道自己得的什么病吗。儿子回答知道自己得了白血病，还知道这个病很痛，最后会死。记者说：你爸爸知道这个情况吗？儿子说，自己在爸爸面前一直装作不知道，因为如果爸爸知道自己晓得得了这个病，一定会很伤心，于是自己就瞒着爸爸，说自己不知道得的什么病。几岁的小孩子，罹患恶疾，还时刻担心着爸爸的心情，表现出与他的身份和处境不相称的爱心。播映时，观众纷纷垂泪。这里采用的就是这种技巧。

（六）满怀希望换来极度失望

电影《卖花姑娘》里，妈妈重病在家，大女儿花妮上街卖花筹钱给妈妈抓药；在好心人的帮助下，很快卖完了花，换来买药的钱；花妮和妹妹高高兴兴地来到药店抓好药，一路唱着歌回家。在欢快的音乐声中，姐妹俩怀着妈妈的病即将被治愈的希望，走过鲜花铺满的山丘。回到家中，推门一看，妈妈已经离开世界。悲情于此刻达到极点。成都电视台拍过一个专题片《病房里的婚礼》。一对恋人已在筹备婚期，女方不幸罹患急性白血病，住进病房；女方为了不拖累男方，遂故意使性子，希望逼走男方；男方理解女方心情，不但不怪罪，反而百般关心，终于感动女方，女方答应与男方在病房举行婚礼。婚礼如期举行，新郎新娘脸上绽放灿烂，女方症状也似有所减轻。情况似乎在好转，观众与当事人一道都抱有希望。但一周之后，女方病况急转直下，最终撒手人寰。节目的这种处理方式，就体现了上面提到的处理方法的要求。

（七）对不幸者大规模的社会关爱

上面曾经提到成都电视台经济资讯频道拍摄的一部专题片，表现的是一个父与子的单亲家庭，儿子罹患白血病引发的故事。这个节目播出了父亲为儿子求医而一贫如洗的新闻，新闻播出后引起了广泛的反响。观众们踊跃捐钱捐物，帮助孩子治病。成都市的一所小学还决定免费接收孩子入学。在他上学的这一天，为了让他感受到爱的温暖，鼓起与病魔搏斗的勇气，学校专门举行了一个盛大的欢迎仪式。只见鼓号齐鸣，各班级列队欢迎，患病的孩子眼里噙着感动的泪花。面对此情此景，观众深为感动。

（八）永远不可能实现的深深的爱

这在各种文艺作品里反复运用，屡试不爽。文学作品《梁山伯与祝英台》

《红楼梦》以及电影《泰坦尼克号》都是证明。

（九）人们心灵深处某些情结的象征物，在关键时刻发挥拯救命运的作用

电视剧《猎毒人》中，在缅川逃出魔窟的中国人质，面对围追堵截，历尽千辛万苦来到边境的密林中，却迷路了。追兵紧追不舍，而人质不知该往哪个方向跑。边境中国一侧，接应的武警战士决定在山头升起中国国旗。国旗飘扬在山头，人质看到了国旗，仿佛看到了希望，顿时热泪盈眶。观众也深受感动。中国国旗作为国家的象征，触动了深深植入中国人内心深处的爱国情结。关键时刻，这个象征物拯救了处于危难之中的同胞的命运，所以能够在观众心中唤起汹涌的激动之情。

（十）生离死别，能感动人

这一点很容易理解，此处就不赘述了。

上面我们简单介绍了激发观众情绪、情感的一些方法、技巧。需要说明的是，情节或场景一旦与激发情绪、情感有关，就进入了一个非常微妙、需要智慧、灵气和创造性的领域，因为，与人的心灵交流，是一项难度很高的工作。这需要我们不断地学习、思考、揣摩、体味、实践。同时，在从事这个领域工作的时候，还必须秉持敬畏之心，因为，归根到底，激发人的情绪、情感，是一件庄重严肃的事情。

第五节　创造笑料和幽默

故事讲述中还有一个领域，广受欢迎但创作难度很高，看似浅近实则深奥，一般的作家、编剧轻易不敢尝试。这个领域就是喜剧领域。从故事叙事技巧的角度来探究喜剧，涉及在故事叙事过程中对笑料和幽默的创造。近年来，国内一些卫视尝试开办喜剧类栏目，如东方卫视的《笑傲江湖》《欢乐喜剧人》、浙江卫视的《中国喜剧星》、北京卫视的《跨界喜剧王》、辽宁卫视的《欢乐饭米粒儿》等。在故事叙事过程中，根据题材特点适当添加喜剧因素，创造笑料和幽默，采用这种模式的节目未来一定会大量出现。经验告诉我们，有的人可能拒绝悲剧，但没有人会拒绝喜剧和笑声。因此，这个领域大有可为。在这一节，我们将探讨在故事叙事过程中如何运用喜剧元素去创造笑料和

幽默，从而激发观众发出欢乐的笑声。①

通过创造笑料和幽默制造笑声，一直伴随着人类的故事讲述，有着悠久的历史。被视为中国戏曲源头的唐代“参军戏”就包含喜剧表演，有人甚至认为“参军戏”是相声的前身。后世各种戏曲的角色行当中，通常都有专司搞笑的“丑角”一职。在西方，作为戏剧源头的古希腊戏剧就在喜剧创作上产生过不朽的名作，并诞生了阿里斯托芬和米南德这样以喜剧名世的作家。至于莎士比亚，他的喜剧《第十二夜》《驯悍记》等，影响并不亚于其悲剧《哈姆莱特》和《奥赛罗》。早年在北京天桥等处划地站摊的相声，后来发展成影响遍及全国乃至整个东亚华人区的艺术形式，至今仍保留着旺盛的生命力；还有春节联欢晚会上倍受欢迎的喜剧小品……所有这一切都有力地证明，与笑声关联的艺术品类具有强大的生命力。

纪实节目故事叙事有时会涉及创造笑料和幽默的问题。目前，这方面的实践近乎空白，我们找不出成功的案例。这也从另一个角度说明了解决这个问题的迫切性。有一点是可以预期的：在纪实节目故事叙事领域，笑料和幽默的创造，一定会在未来拥有广泛的需求。我们需要做好准备，把握未来，机会属于有准备的人。

要创造笑料和幽默，基础和前提是要具备关于“笑”本身和创造笑声的一些基本知识。下面我们分别介绍。

一、笑的基本特点

（一）笑是一种在微观情境下发生的瞬间爆发的情感状态

笑都是在微观情境下发生的。在聚会场合，一个人讲了有趣的笑话，其他人听了哈哈大笑；一个人上衣纽扣扣错了并出现在婚礼上做主持，大家看了发笑；一个男孩鼓起勇气向女孩朗诵爱情诗表白，却屡屡读错字音，引发哄堂大笑。这些促成笑声出现的环境都是微观环境。宏大的社会背景、抽象的思维领域，与笑的产生无关。

此外，笑是瞬间爆发的情感状态。一个人发笑，是对笑料或幽默略经内心酝酿、蓦然顿悟之后，瞬间爆发的一种愉悦状态；拖泥带水的笑料激发不出这种瞬间发生的状态。一个人发出笑声后可能持续笑一阵，甚至笑岔气，但岔气之后就会恢复正常，感慨“好笑人啊，肚子都笑痛了”，但不可能一直笑下去。

① 本节参考了冉光泽：《叩问电视行而思》，四川人民出版社，2005 年版，第 368～399 页。

笑是一个较为短暂的过程。

（二）在笑发生的时候，同时存在三种相互影响的因素

笑的客体（笑料）、笑的主体（感知者）、笑发生时的情景氛围。这三者缺一不可。没有笑料，人不会无缘无故地发笑（有人没事儿偷着乐，那是笑料在他心中发酵）；笑料没有被感知，也不会有笑声；在很多国家，如果有谁在丧礼上去说笑话，人们非但不笑，还会发怒，这就是情景氛围的影响。

（三）笑声能直接反映发笑者的思想深度和道德水准

因为不该哭的人和事而哭，至多会被认为性格软弱，多愁善感；而笑了不该笑的对象，比如笑残疾人走路、笑老人跌倒，则会被认为人格卑下。笑声后面包含着高下之分、深浅之别、雅俗之异、智愚之殊，在这种区分背后是深厚的涵养积淀。

二、笑料的构成因素

笑的客体，也就是笑料，是获得审美意义上的笑的前提。那么，什么东西能构成笑料呢？

构成笑料的事物，往往在人的生活领域内产生，或与人的精神生活密切相连。“一般说来不难发现，我们周围的自然界是什么时候都不会显得可笑的。不存在可笑的森林、田野、山岳、海洋，或者可笑的鲜花、青草、庄稼等等。”[①] 笑与人的生活有关，这是迄今为止对笑的研究的一个共识。

但人的生活中，不引人发笑的事物是绝大多数，能够引人发笑的事物必须具备特别的因素。那么，这种特别的因素是什么呢？

（一）不协调因素

下面，我们来解剖一下笑料。

例一：卓别林的影片《摩登时代》。他扮演的工人由于长时间用扳手拧螺丝帽拧出惯性来，于是，见东西就拧，包括旁人的衣扣、鼻子甚至耳朵，还伴着卓别林表演时特有的夸张和神经质。

例二：赵本山、宋丹丹与崔永元合作的小品《昨天、今天和明天》中，“农村老太太”宋丹丹在回忆她与老伴（赵本山饰）的爱情经历时，咬文嚼字

① ［苏］普罗普：《滑稽与笑的问题》，杜书瀛、理然译，辽宁教育出版社，1998 年版，第 20 页。

道："要问我爱你有多深？月亮代表俺的心。"赵本山则一本正经地阐述形势："……海湾战争风烟未了，转眼又要弹劾领导。看世界，风景这边独好！"——他们使用的是东北土话。

从上面两个例子来看，其中引发笑声的，是包含在笑料中的一种"不协调"因素（有人又称之为"不谐调"）。扳手是拧螺丝帽的，用扳手拧衣扣、鼻子和耳朵是不协调的；常态下工作是协调的，神经质地干活是不协调的。农村老太太用诗一般的语言讲话，是不协调的；用东北土话说诗一般的句子，更强化了不协调。观众的笑声，便是被这特殊情景下的不协调激发的。

迄今为止从事喜剧美学研究的人，都把"不协调"作为喜剧客体的普遍致笑因素。"喜剧性笑的基础在于蕴涵某种社会性的客体对象的不谐调喜剧结构与主体心理的不谐调喜剧结构之间的对应关系激活。"① 对于这种不协调具体由什么因素构成，则众说纷纭了。亚里士多德认为是美与丑的矛盾，黑格尔认为是实际现象与审美理念的矛盾，康德认为是卑劣与拔高的矛盾，叔本华等人认为是荒谬与合乎情理的矛盾，柏格森认为是活的生命与生命的机械化的矛盾……从这些世界大师级学者的歧异观点中，我们在探知他们肯定了不协调与笑的对应关系的同时，也感到破解"什么能产生笑"这一谜题是多么的艰难。实际上，不协调只是一种状态，一种导致笑产生的状态，构成这种状态的具体情景是无穷无尽的。如果我们对千姿百态的笑料中的不协调状态加以概括，就会发现其中包含的构成不协调的条件。

1．笑料中的不协调应该与人的经验和社会生活密切相关

自然界的不协调不会导致笑的产生。比如，洪水（本该在河道里流动与溃决到堤外的不协调）、干旱（通常应该下雨却不下雨的不协调）、地震（大地稳定的常态与震动的不协调），等等，就毫不可笑。可笑的事物往往与人类社会有关。

2．笑料中的不协调应该是轻微无害的，如果有害，就不可笑

像一些喜剧电影中常用的情节：一个人开门倒洗脚水，一盆水泼出，淋了过路人一身，就可笑。但如果倒出的是开水，将人烫伤，就不可笑。

3．笑料中的不协调主要是一种微观感受上的不协调状态，而处于长时间、大范围的宏观状态的不协调就不可笑

比如，一个愚蠢的人当了皇帝，臣子报告老百姓闹饥荒，人饿死很多，他却问道：为什么这些饥饿的人不吃点肉粥？这种荒谬言论就可笑。但这个人在

① 佴荣本：《笑与喜剧美学》，中国戏剧出版社，1988年版，第40页。

位很长一段时间，这件事情本身则令人感到悲哀，毫不可笑。

4. 笑料中的不协调应该是一种突然出现的状态，渐进的不协调不能致笑

比如，一个人到黑板上去做作业，老师写下“1+1=”，他郑重地写出答案“3”，这就会引来哄堂大笑。但如果是选举，黑板上画了几十个“正”字，一个人在上面统计，把 57 票统计成了 52 票，则一般不会引发哄堂大笑。因为，前者的错误是突然出现的，而后者的错误则伴随着众人渐进的计算而逐渐暴露。这与我们前面提到的笑是一种瞬间爆发状态的特点有关。

如上所述，“不协调”是导致审美意义上的笑声产生的客体因素，这是造成“笑”的最主要因素。

（二）巧配因素

所谓巧配，是指作者将两种或以上相似、相同的材料巧妙地配合在一起，从而构成笑料。有人把这个因素称作“巧合”。但巧合并不必定导致笑声，例如，一个女孩小心侍奉一位流浪老人，后来却发现那位老人就是自己失散几十年的父亲——这也是巧合，但不构成笑料。因此，我们使用“巧配”的概念，来指称这种导致笑声的因素，以与巧合区别；同时，使用“巧配”概念，还包含强调为获得笑料，故事讲述者主动进行创造的意涵。17 世纪法国哲学家巴斯加曾说：“两副相似的面容，其中任何一副都不能单独引人发笑，放在一起时便由于其相似而激起笑声”①，指的就是巧配。

在不少关于笑的例子中，我们都能发现巧配因素的存在：

就以前面提到过的例子来说，某人开门倒水，泼了过路人一身，可笑；如果这过路人是泼水者未来的岳父，就更可笑。又如，前面引述的赵本山的“弹劾领导”，是暗指美国国会因莱温斯基事件弹劾克林顿，这句表述与克林顿被弹劾一事暗合，话语表述与国际热门时事暗合，形成巧配；而把美国总统按中国叫法称作“领导”，是显出了用词上的不协调；两种因素汇集，导致观众发出有深意的笑声。宋丹丹扮演的农村老太太使用诗句表达爱情，完全可以说成“要问我爱你有多深，海枯石烂不变心”，这同样可笑，但此处的用法“要问我爱你有多深，月亮代表俺的心”更可笑。原因在于，前者包含文化不高的农村老太操东北土话以诗句表达爱情，这构成不协调，而后者则与歌曲《月亮代表我的心》的歌词暗中吻合，话语表述与流行歌曲歌词形成巧配，正是这后一层

---

① ［法］昂利·柏格森：《笑——论滑稽的意义》，徐继曾译，中国戏剧出版社，1980 年版，第 21 页。

因素使得观众的笑声更加酣畅有味。喜剧小品作者热衷于“整歌词”，就是将作品中人物对白与热门流行歌曲歌词巧配。时下，一些作者喜欢将自己的演讲或故事讲述的人物对白与网络流行热词相配，称之为“蹭热门梗”，也属于巧配。

（三）故意反常运用智慧的因素

这种因素，是指在违反常情的情景下、状态下运用智慧，且显示出是当事人故意这样应用。本来，一个人运用智慧，是为了发现或提出问题，然后分析问题，最后解决问题。但在有的情景下，某人故意在运用智慧的时候呈现出违反常情常理的状态，例如运用智慧捉弄人，运用智慧表现愚蠢，运用智慧宣示谬误，等等，由此构成一种导致笑声产生的因素。下面举例以明之。

例一

教师在课堂上说道：“难道还有比咬开苹果发现有一条虫子在那上面更糟糕的吗？”彼得回答：“有，当发现那虫子只剩了一半。”

分析：教师提出问题，使用的是“反问”修辞技巧，是不需要回答的。彼得的回答是反常的：对不需要回答的反问作答；把回答变成让老师难堪、尴尬的捉弄行为，这并不是真正的学生回答问题，这是调皮鬼捣蛋；但我们一时半会儿还找不到切入点来责备彼得。这就是智慧，不过此刻的智慧被彼得用来捉弄老师。读者悟到这一层层意义，就发出笑声。

例二

老师问学生：为什么夏季白天长，而冬季白天短？学生回答：因为热胀冷缩，夏季热所以白天长，冬季冷所以白天短。

分析：学生的回答显然是愚蠢的，稍有常识的人都知道那错得离谱，但这个错误充满智慧，他至少掌握了热胀冷缩的物理原理，并注意到了夏天白天长、冬天白天短的客观现象。我们可以感觉到学生故意在智慧基础上表现出愚蠢，从而形成理论运用和智慧/愚蠢状态的双重不协调。这种双重不协调被读者悟到，就引发了有意味的笑声。

例三

老师说，老天爷总是很公平的，一个人如果眼睛瞎了，他听力一定好；一个人如果数学很差，他的音乐天赋就会很突出。然后，老师要小明举例。小明站起来后装模作样想了想，回答道：对，是这样。如果一个人左腿长，右腿就一定短。

分析：小明是在宣示谬误，宣示歪道理，但他的回答表面上似乎又和老师的阐述吻合。小明的回答是智慧的，但智慧在这里被故意用来宣示谬误。读者能很快悟到这一点，笑声如约而至。

读者可能发现了，我们举的例子都是可以纳入“幽默”范畴的段子。不错，故意反常地运用智慧，正是“幽默”这种特殊笑料必不可少的构成因素。

分析到这一步，我们对致笑因素的认识就深化了，归纳一下可以得出下列结论：

在喜剧审美的过程中，作为致笑的客体，笑料中所包含的致笑因素主要在于“不协调”的情景组合，相同或相似因素的巧配，以及故意的反常的智慧运用。这三者似乎是构成笑料的必备要件，可以称之为构成笑料的三要素。

根据运用三要素的情况，可以划分笑料由浅入深的不同层次。

一般而言，当笑料之中仅仅包含“不协调”的情景组合时，这种笑料通常被称为“滑稽”，这往往是一种肤浅甚至粗鄙的笑料。比如，在一些搞笑喜剧影片中常见的互相往对方的脸上涂抹颜料，你绊倒我、我绊倒你，踏住浇水管使水流断绝、当园丁低头查看时又松开脚从而喷其一脸冷水，等等，都属于这一类。

当笑料中不但具备“不协调”因素，同时也包含巧配因素，这时的笑料才能够做到有一定的意味。比如，大水冲了龙王庙，泼水泼了岳父大人，等等。

而当上面两种因素出现在笑料中，同时笑料还包含故意反常运用智慧的因素时，这样的笑料才称得上幽默，才具备告别肤浅的笑或粗鄙的笑的实力。虽然幽默也是笑料的一种，但它位于笑料金字塔的塔尖，应该是我们在故事叙事中创造笑料的高层次目标，所以，本节内容将其单列，以示重视和强调。前面所举的宋丹丹的“要问我爱你有多深，月亮代表我的心”，赵本山的“弹劾领导”，老师和彼得的问答，还有陈佩斯、朱时茂的小品《主角与配角》中“队长”与“叛徒”的角色互换（注：其中包含朱时茂角色故意反常运用智慧捉弄陈佩斯角色，陈佩斯角色故意反常运用智慧示人愚蠢）等，就属于幽默。幽默是一种“有意味的笑”。

三、“笑”的主体条件

任何笑料，都是以人为对象的，没有人的介入，笑料不成其为笑料。很自然的，我们需要转入对笑料感知主体或者笑的主体的探究。

（一）笑的主体需要一定的常识储备

常识储备在主体那里是感知不协调、巧配和故意反常运用智慧等致笑因素的“参照系”。比如上面提到的例子，学生回答夏季冬季白天长短不同是因为“热胀冷缩”原理，我们感到可笑，是因为我们掌握了这样的知识参照系：这种天文现象的成因是地球围绕太阳公转，地球转轴与黄道（地球运行轨迹的假想平面）有 45 度倾角所致。我们听到“月亮代表俺的心”从宋丹丹饰演的农村老太白云口中蹦出，感到可笑，是因为我们知道那是流行歌曲《月亮代表我的心》的歌词，在我们脑海里有这个参照系。所以，具备相应的知识和经验，是笑的主体产生笑的第一个心理条件。从创作者的角度，就是要求我们在创造笑料尤其是创造幽默时，一定要考虑接受者的常识参照系情况，要注意在一般观众知识和经验范围内来结构笑料。

（二）笑的主体需处于良好的情绪状态中

我们都有这样的经验，一群谈话很投机的同学凑在一起，当谈话进入状态时，常常笑声连连，甚至在平时并不好笑的对当年某位同学某件事情的回忆，也很容易激起大家的笑声。我们也常常看到一群女孩子嘻嘻哈哈笑个不停，但如果要她们在事后复述她们之所以嘻嘻哈哈的笑料，离开了那个环境，其实大多数所谓的“笑料”并不好笑。这正是对良好情绪状态与笑的密切关系的最好证明。从事喜剧演出的人都有一个经验，那就是观众的笑神经有一个“阈值”（注：“阈”是门槛的意思）。阈值在这里的含义是笑发生的“情绪门槛”。情绪状态越良好、越兴奋，笑就越容易发生，笑的阈值就越低；反之，当人的情绪越沮丧、越抑郁，笑就越不容易发生，笑的阈值就越高。通常喜剧性节目都不会安排在一场晚会的开头，就是因为开头观众的情绪还没有被激发，这对喜剧效果的获得是很不利的。推出笑料前需要刻意酝酿观众的情绪，这是故事讲述者在创造笑料和幽默时应该明白的道理。

（三）文化背景会影响笑的主体对笑料的心理反应

研究者发现，善于笑或者不善于笑，常常由于民族、国家乃至地域的不同，而有群体性的差异。法国人善于幽默，而日本人则长于悲剧短于喜剧。另外，即便在一个地区，一个大的人群也会因文化背景的不同而有差异。通常，文化水平不高的人更喜欢滑稽，而文化水平高的人则比较喜欢幽默。这个现象提示创作者：创造笑料或幽默应该研究对象的文化背景。

（四）笑的发生，在主体那里有一个心理上的特点，即“顿悟”

欣赏者面对笑料，逐渐解读，开始弄不太明白，怀着一种茫然和期待，突然，或者是笑料本身在演进中发生突转，或者是欣赏者一下子看透笑料的最终含义，在脑海里领悟了最后那层意义，笑声一下子迸发出来。这个心理过程，就是“顿悟”。相声笑料构成的主要手段——“抖包袱”，就是通过对笑料进行“装包袱”（即在表演过程中不断加料铺垫）的处理以培植观众心理期待，在心理期待趋势定型之后，突然给出具备不协调因素的最终信息，实现心理期待与叙事结局的突转，进而在观众心中激发对不协调情景的顿悟而发出笑声。“顿悟”对于笑料发挥作用至关重要，是笑料得以实现预期效果的关键节点。处理不好，往往前功尽弃。同样的笑料，如果在表演的时候拖泥带水，使接受者分散了注意力，或者仅仅是拖延了节奏，都会导致顿悟的缺失，从而立刻损害笑料的价值。我们可能有这样的经验：一个并不幽默的人，转述一个他认为很好笑的、从别人那里听来的段子，在叙述过程中，由于没有理解顿悟的重要性以及缺乏操纵笑料创造顿悟的经验，他在笑料的演进转折出现之前，自己先顿悟了，笑成一团，而别人却并没有从他那里同步接受引发顿悟的致笑因素，因而除他之外，没有人顿悟发笑，大家只是一脸茫然地望着他。可以这样说，顿悟的发生，是笑料本身提供致笑基础与观众积极参与理解笑料实现顿悟的完美结合，二者缺一不可。在喜剧实践中，这种顿悟的培植和把握，是所谓“艺术分寸”的重要内容。

（五）笑的出现是短暂的、不能持久的

“你不能老叫观众处于笑的状态，必须笑一下，然后再叫观众体验一下其他感情，再笑。”① 哭可以一直延续，但笑不行。因而，在笑料创造中，笑与不笑，甚至笑与悲的节奏对比便是必须深入考虑的问题。

（六）作为情感表达的笑是价值判断方式

对于笑的研究，有一个很重要的结论，那就是作为一种情感表达的笑，它在很多情况下会成为创作者或者笑的主体表达价值判断的方式。一个残疾人一拐一拐地走过来，尽管这与正常人相比是不协调的，但道德高尚的人通常能够

---

① ［苏］普罗普：《滑稽与笑的问题》，杜书瀛译，辽宁教育出版社，1998年版，译序。

体味作为残疾人的痛苦，一般人也能明了讥笑残疾人是不妥的，所以他们不会发笑。但偶尔，也能听到一两个人对此发出卑猥的笑声。在这种时候，其他人往往会投去鄙夷的目光。这种对什么事情该笑，对什么事情不该笑的探究，构成了对笑的研究的一个大类，即笑的价值判断功能的研究；而笑的这一属性也使得笑料的创造者必须在考虑怎样使人发笑的同时，也考虑怎样让人笑得“无害”。在创造笑的历史上，大概由于刻意使人发笑是一件非常难办的事情，所以很多时候人们只要能创造笑料，往往就顾不了其他。于是，在喜剧领域，低俗的东西总是拂之不去。一些大师级的思想家在研究喜剧的时候，往往不像研究悲剧那样获得很深厚的东西，于是，在他们那里，便出现了“施用于喜剧性概念的一套否定的字眼儿将喜剧性同崇高、高雅、美、思想性等等对立起来，说明对笑和全部喜剧性的某种否定态度，甚至某种鄙视。这种鄙视态度在叔本华、黑格尔、费肖尔等唯心主义哲学家的著作中表现的相当突出”①。这当然是一种偏见。因为即便是以反面人物为主角的讽刺喜剧，像果戈理的《钦差大臣》，也可以成为思想深刻的不朽名著。当然，在笑料创作领域，高品位的笑与低俗的笑并存，的确是一种客观现象；对于想在笑料创造方面有所作为的人士来说，明了这一点，尽量在自己的创造实践中注重品格、规避低俗，始终是一个不能不考虑的课题。

四、创造笑料或幽默的结构手法

在千百年来的喜剧创作中，无数作者创造了多种笑料制造方法。下面我们对常见类型逐一介绍，供读者在故事叙事中创造笑料和幽默时参考。

（一）滑稽

从伯格森在《笑——论滑稽的意义》一书中对滑稽源于“生命机械化”的论述，以及他所举的例子（如：一个老兵当了餐馆跑堂，有人对他大喝一声“立正”，他立刻两手下垂，结果盘碗打碎）中可以看出，这是一种利用行为的反常和乖谬而造成的不协调来结构笑料的方法。在卓别林喜剧电影中，由于早期无声片对人物行为动作的完全依赖，所以卓别林的笑料大部分是以滑稽来结构的。《摩登时代》里，夏尔洛在生产线上拧螺丝，过度劳累，以至于行为反常，到街上见人的纽扣就拧，就属于这一类。由于滑稽与动作密切相连，通常无法融入语言，因而这种笑的结构方式便无法容纳深刻的智慧，一般被认为是

① ［苏］普罗普：《滑稽与笑的问题》，杜书瀛译，辽宁教育出版社，1998年版，第6页。

一种比较肤浅的笑料。当然也不尽然，卓别林喜剧电影以滑稽为主要笑料，却并不影响它在总体上所具备的思想深度。

（二）打诨

打诨是在喜剧中常用的笑料结构手法。在传统戏曲中，有“插科”“打诨”的概念。“插科”偏重于指通过动作制造笑料，“打诨”则专指用语言制造笑料。打诨的特征是，演员离开剧情的规定性，或偏离观众的思维定式，以突然出现表面反常和乖背、实则包含智慧的语言，造成一种表面不协调状态，以此唤起笑声。例如，《窦娥冤》中，贪官桃杌看到告状人下跪，自己马上也下跪，旁人不解其故。他说：“你不知道，但来告状的，就是我的衣食父母。”这一段话就是打诨。在相声表演中，按理说台上只应该有表演者之间的戏剧关系，但有时演员在纠缠不休的关口，其中一人突然向观众求助：“大家说，我是不是比他高明?”也属于此类。在这两个例子中，前者包含演员讽刺贪官本质的智慧，后者包含演员善于取巧的智慧。

（三）讽刺

讽刺是一种运用非常广泛，效果又非常积极的笑料结构方式。它的特点是，巧妙地凸显讽刺对象与社会正面价值标准背离的特征，由此构成不协调，在唤起笑声的同时，激起人们对讽刺对象的鄙夷和蔑视。讽刺的构成材料往往有着深厚的意蕴或背景，由此激发的观众笑声遂显得有意义。小品《打扑克》中，处长的名片大于科长，副局长的名片大于处长，局长的名片大于副局长，而局长老婆的名片大小通吃。这里，凸显的是在不正常政治生活状态下，枕头风对工作的干扰这一反常现象，因此，针对它的笑声包含深刻的社会含义；同时，观众通过笑声实现了对这种现象的鄙夷和蔑视。这个小品笑声的唤起与“名片当扑克”的巧妙构思密切相关，所以，讽刺的特点包含“巧妙”这个关键词。在果戈理的讽刺戏剧《钦差大臣》中，作者凸显一群卑鄙的角色依循各自的逻辑兢兢业业、一本正经地干着种种肮脏的勾当，这些勾当与观众心中的正面价值标准背离而构成不协调，因而唤起了观众的笑声和对角色鄙夷的感情。在喜剧、漫画和相声体裁中，讽刺都是重要的笑料结构方式。

（四）荒诞

荒诞，是通过明显反常和悖情的情节（或细节）和情景，来获得一种与人的常识、常理之间的不协调，从而唤起笑声的笑料结构方式。比如，群口相声

《五官争功》，把眼、鼻、耳、口等器官拟人化，通过各自强调自己的重要性而导致荒谬的结论出现，讽刺没有合作精神的人；四川谐剧《梁山 109 将》，以武大郎要求排位梁山 109 将的种种要挟、无赖的表现，讽刺现实生活中职称评定中的怪现象；等等，都属于“荒诞”一类。用荒诞方式结构笑料，实践效果非常好，因为这种方式一经采用，就具有产生不协调的天然基础，试想，武大郎穿一身宋朝服装，却操着满口现代词语闹职称要待遇，扬言“不解决座次问题，大家的晚饭就不要想”，其喜剧效果会差吗?

（五）误会

在观众明白真相的前提下，具有戏剧关系的角色之间彼此误认，比如把 A 当作 B，并按照对待 B 的方式去对待 A，就是误会。喜剧意义上的误会，一定要基于喜剧性情节，同时观众一定要明白真相，这样，才能够在误解与真相之间产生具有喜剧意义的不协调，笑才会因此产生。需要强调的是，误会手法并不只在喜剧中出现，正剧、悲剧里面也可以采用误会的手法，比如，请来一个保姆，几年后才发现是自己的私生女，等等。正剧里的误会通常由观众与剧中人一道由不明白到明白真相，以获得震撼人心的效果；而悲剧的误会常常与悲惨的情节相伴，误会是为了增加悲剧效果，比如，《卖花姑娘》中，花妮的哥哥从深山救出瞎眼的妹妹，而他们彼此并不明白真相，但由于这里的误会基于悲伤的情节，所以它不是笑料。一些论述误会手法的喜剧研究文章，不太重视误会手法的运用必须与喜剧性情节相伴，这是不完整的。实际上，喜剧性情节应该是喜剧意义上的误会手法得以奏效的前提条件。

（六）纠缠

纠缠是一种特定场景下的误会，又被称作“串话”。其特点是，作为角色的甲、乙（或更多人）各说各话，他们以为他们在谈论同一件事情，他们的对话也让观众感到他们认为自己在谈论同一件事情，但观众清醒地知道他们话语的真实意思。这样，便在观众所感悟到的角色话语的真实意思与角色自身对彼此话语的理解之间造成了不协调，从而激起笑声。影片《锦上添花》中，“老解决”和“胖队长”被人介绍到一起，胖队长以为是相亲，老解决以为是对方同意支援电动机，双方各说各话，例如，胖队长羞涩地说：“你别着急呀”，而老解决则道：“我怎么能不急呢？我做梦也想着这码子事呢！”（注：“这码子事”指借到电动机后修发电站）纠缠好一阵，最后才破解。

（七）巧配

从更广泛的意义上看，“巧配”是致笑的因素之一。从微观的角度看，“巧配”可以是一种技巧，它是依赖“不同因素违背常情的巧妙搭配”原理而衍生的笑料结构方法。往门外泼水，却淋了别人一个“落汤鸡”；往楼下扔垃圾，却砸到行人头上，就是巧配。巧配越不可思议，致笑效果越好。如果这“落汤鸡”是未来的岳父，而被垃圾砸到的行人是当事者的上司，效果就更强烈。《虎口脱险》里，斗鸡眼士兵瞄准失误，误击己方飞机；《猪八戒吃西瓜》中，猪八戒踩到自己扔的西瓜皮而摔跤；电影《废品的报复》里，当事人为牟取暴利指示自己的工厂粗制滥造服装，最后他阴差阳错地购买了自己厂生产的服装，于是出尽洋相。以上情节都属于这一类。

（八）机智

这是一种比较高级、比较复杂的笑料结构方式。它的特点是，笑料制造者表现出超乎常人的智慧，以出人意表的方式制造非常有趣的巧配或者不协调状态，并依赖人的“顿悟”而激发笑声。它有时类似巧配，但需要更多的智慧，故与一般的巧配情形不可同日而语。前面提到的宋丹丹“月亮代表我的心”，赵本山“转眼又要弹劾领导”分别与歌曲和克林顿遭弹劾一事暗合，就属于机智；而赵本山《卖拐》和《卖轮椅》中，让人明知不妥，却又一时无法反驳的“强词夺理”，也属机智一类，这种机智的致笑因素植根于明知不妥和貌似有理之间的不协调；《打扑克》中，局长太太名片大小通吃的笑料，源于表面讲不通而细想有道理的逻辑与体验上的不协调，也属于机智一类。从这些例子可以看出，机智这种致笑方式在基本原理上并没有偏离致笑的“三种因素”，唯一不同的是其具体构成材料要表现出超乎寻常的智慧。这一点，说着容易，做起来难。例如在相声表演中，缺乏机智的“耍贫嘴”现象比比皆是。要使故事叙事中的笑料具备“机智”，借鉴古今中外的优秀笑话和幽默作品不失为一项可行的措施。

（九）易装

指男扮女装或女扮男装。这种结构方式需要应用在喜剧的情景下，构成不协调，才能成为致笑的技巧。例如，女主角假扮男生，才貌双全，使得另一位女性角色对其一往情深，并表白爱情。观众知晓实情，笑料由此产生。莎士比亚在其戏剧中屡屡使用这种技巧。①

（十）欺骗

主角隐瞒自己真实身份，对其他角色撒谎。例如，根据马克·吐温小说改编的电影《百万英镑》中，主角亨利·亚当拿着富豪兄弟打赌借给他的100万英镑面额钞票，隐瞒自己真实身份，制造了一场包含爱情和身份变化的喜剧。②

（十一）落跑新娘

新娘从婚礼上逃跑。这个桥段被喜剧电影反复使用，进而成为重要的笑料结构方式。有一部美国影片片名就叫作《落跑新娘》（*Runaway Bride*）。③

（十二）安排突如其来的高歌或跳舞

一个人突然对着某个人高歌起来，或者突然跳起舞来，这也是一种伴随音乐舞蹈的有悖常情的不协调状态，可以引发笑声。④

（十三）角色设计为傻头傻脑的美貌女郎

美丽的外貌和傻乎乎的内涵形成不协调状态，笑声由此产生。⑤

（十四）巧用语言

巧妙地利用语言来制造笑料是非常普遍的，上面所提及的不少笑料构成方式其实就与语言有关。这里所说的巧用语言，是指直接把语言组合成具有不协调因素或巧配因素的笑料的结构方式。

早在古希腊时期，喜剧作家就善于利用语言来结构笑料。在喜剧作家厄庇

---

① ［美］基思·基格里奥：《喜剧难写：一位好莱坞编剧的真实告白》，陈文静译，电子工业出版社，2013年版，第111页。

② ［美］基思·基格里奥：《喜剧难写：一位好莱坞编剧的真实告白》，陈文静译，电子工业出版社，2013年版，第111页。

③ ［美］基思·基格里奥：《喜剧难写：一位好莱坞编剧的真实告白》，陈文静译，电子工业出版社，2013年版，第111页。

④ ［美］基思·基格里奥：《喜剧难写：一位好莱坞编剧的真实告白》，陈文静译，电子工业出版社，2013年版，第112页。

⑤ ［美］基思·基格里奥：《喜剧难写：一位好莱坞编剧的真实告白》，陈文静译，电子工业出版社，2013年版，第112页。

卡耳摩斯的作品里，“几乎可以看到一切语言方面的喜剧手法，如双关（puns）、连珠（lists）、滑稽诨号（comic names）、长词（long words）、小词（dimimutives）、誓言（oaths）和年代错格（anachronisms）等各种手法”。“双关”是一语二义，明说A，暗指B，学生上课写情书，被老师瞥见，慌忙掩饰：“老师，我在做作业”，老师意味深长地说：“你的确在做作业。”老师的话就是“双关”。“连珠”又叫“贯口”，是指表演者伶牙俐齿地背出一长串词语，令人耳不暇听。“滑稽诨号”就是取滑稽的外名，例如给瘦人取名“干豇豆”。“长词”是指将几个单词复合成一个词，这是古希腊语特有的文字游戏。“小词”是指带有“小”义词尾的词，可能是这类词的连用，大概类似汉语的“百子歌”之类：“有个大胖子，出门坐轿子，要问做啥子，城外看妻子。”“誓言”是指用低俗的事物来发誓，比如“我敢向屎壳郎发誓”等。除此之外，还有认错字的笑料，如把“情人（g'eranon）”认作“白鹤（geranon）”。①

到了阿里斯托芬那里，除了继续使用上列语言笑料结构手法以外，还有如下几种：第一，引进多里斯人学讲希腊语的蹩脚发音，这类似四川人讲普通话不标准而形成的“椒盐普通话”；第二，外邦人讲土话，类似赵本山、宋丹丹在小品中使用东北土话，或四川笑星用中江话、乐山话、自贡话表演；第三，在严肃的场合采用不同于上流社会的粗鄙语言，这犹如《红楼梦》中的薛蟠行酒令；第四，引进俏皮的俚语、谚语，这在时下的喜剧小品中仍可听到，如小品台词中的“一把拉着老婆的手，什么感觉也没有；双手握住情人的手，一股暖流在心头”；第五，引进行业专门术语来议论严肃的国家大事，类似“目前美国正在勾兑俄罗斯”，用酿酒业术语“勾兑”来描述国家之间的外交斡旋；第六，不顾前后语境，故意生硬用词，这一类大概与王保长的“现在而今眼目下”“三嫂子，我对你是十分景仰的”相类似。②

上面列举的种种语言笑料结构方法，都可以归入喜剧的“致笑三因素”中，如：“双关”是字面意义与实际意义的不协调；“誓言”是高尚的行为品格与低俗的誓言之间的不协调；“连珠”是语言的反常结构与正常语言习惯之间的不协调加上表演者超凡的语言应用能力所体现出的智慧；“小词”则是语言成分反常而巧妙的搭配；等等，限于篇幅，就不一一赘述了。

---

① ［英］凯瑟琳·勒维：《古希腊喜剧艺术》，傅正明译，北京大学出版社，1988年版，第59～60页、第169～170页。

② ［英］凯瑟琳·勒维：《古希腊喜剧艺术》，傅正明译，北京大学出版社，1988年版，第169～170页。

（十五）幽默

在本节行将结束的时候，我们来探究一下在致笑过程中被认为档次最高、最有意味、最值得探究又最难于探究却又无法回避的技巧——幽默。

在各种致笑方式当中，幽默是最复杂的一种，因为截至目前，甚至连对它的定义也没能达成统一。但这个概念又是最能被感觉界定的，绝大多数心智健全的人士完全能够感觉到什么是幽默，并通常都能够领悟幽默作品的精妙。幽默在笑的创造领域具有品位高、内涵深、效果好的特点，闪耀着人类智慧的光芒，它应该成为故事叙事在笑的创造上所追求的目标。

"幽默"是英语 humour 一词的音译。据鲁迅先生介绍，这个翻译处理是由林语堂首先采用的。由于幽默本身的多义性、复杂性，以及它那言简意赅的智慧特征，所以对幽默下定义是一件非常难的事情。英国著名喜剧作家康格里夫认为，要确定幽默的含义，"那是一桩了无止境的操劳"，"有多少人就有多少意见"。[①] 法国幽默作家德哥勃拉则写道，解释幽默"是比宇宙引力的问题更麻烦的问题！是文艺批评上的不规则多边形！永远没有一个人能够分析一个幽默作家的心理"，"许多人常常试着给幽默下定义。有的提出考据式的定义，有的提出欧几里得的定理似的严格的定义，还有种种其他的。这些全都有道理，但也没有一个是完全的"[②]。种种情况说明，对于幽默这种致笑形态，进行数理式的定义似乎本来就与它的鲜活和智慧本质背道而驰。我们认为，对待幽默，纯理论的研究对操作的意义不大，不宜在此做无谓的纠缠。从有利于进行视听节目故事叙事中笑声创造的实际出发，对幽默的把握，只需要对它具备一个理性认识的大致轮廓，而重点在于确立了这种轮廓认识之后，通过鉴赏古今中外的优秀幽默作品，而充实记忆仓库中的幽默宝藏，并培养出幽默的气质和能力。当这种努力积累到一定程度后，你会发现，你的幽默素质和幽默创造力将获得整体的提高，进而提高故事叙事中的笑声创造能力。

对幽默我们前面已经做了初步分析，归纳起来：幽默是一种包含致笑"三因素"的，尤其表现出精妙的智慧因素的笑料。不管什么幽默，不管是直截了当还是转弯抹角，它都包含致笑的因素：或者不协调，或者巧配，或者具备精妙的智慧；而唯其具备了精妙的智慧，具备了出人意表的奇思妙想，能让人经

---

① ［英］康格里夫：《论喜剧中的幽默》，收入古典文艺理论译丛编辑委员会《古典文艺理论译丛》第7辑，人民文学出版社，1964年版，第7页。

② 徐懋庸：《杂谈幽默》，收入老舍等《幽默小品文选集》，香港汇通书店，1978年版，第1～2页。

历意想不到的“顿悟”而后发笑，才能被认为是幽默。这一段总结，相信应该是绝大多数幽默鉴赏者心中秉持的幽默入选标准。我们再分析几个实例，为便于比较，选择了与打电话有关的例子：

例一

“亲爱的，总统给我打电话来了!”“哇！真的？太棒了！——他讲了什么?”“一句话：打错了!”

分析：这是“伟大的期待”与“渺小的现实”之间的不协调。感受到这不协调的关口在于最后一句话出来后引发的“顿悟”。

例二

年轻女子在给她的男朋友打电话。“喂，现在我很害怕，电话亭外面有七八个人总盯着我。”“为什么?”“不知道。”“多久了?”“都一个多小时了!”

分析：最后一句话出来之后，读者会“顿悟”出，包含在其中的误解（有坏人）与事实（等电话）不相符合所构成的不协调，女郎傻乎乎的样子与正常人（读者）之间的不协调，以及明明让别人久等却怀疑自己受到威胁的不协调，等等。这些不协调汇聚起来，成为致笑的因素。短短的对话，包含的意思却有好几层，以至于分析的文字必定多于原文。这正是幽默的特征。

例三

我的孩子还很小的时候，一天，电话铃响了，大孩子拿起听筒。“喂，爸爸。”她说着就对他讲她这一天过得怎么样。然后，把听筒递给她的弟弟和妹妹，我丈夫每次打电话回家孩子都是这样的。轮到我讲时，我接过听筒说：“嗨，亲爱的!”——“谢天谢地，女士，”电话线那边的声音应道，“我只是打电话通知您，您订购的墙纸已经到货了。”

分析：这里的基本构成元素很简单，“误会”而已，同绝大多数幽默作品一样，“顿悟”在最后一句话出来后发生。但简单的误会并不构成幽默，在这短短的篇幅里，还有一个因素在起作用，那就是一个有着几个孩子的家庭中充满趣味的亲情。

还可以继续举例、分析下去，但限于篇幅，就不赘述了。

就此我们还可以得出结论：幽默一类有意味的致笑作品，除了包含致笑因素，也注重在作品中融入多种给人美好感受的东西。这对我们在故事叙事中从事幽默的创造是非常具有启发意义的。

除了上面归纳的种种创造笑料和幽默的方法，“顿悟”问题也应该予以再次强调。“顿悟”在笑声产生的过程中至关重要，要尽力去营造有利于“顿悟”的氛围，把握导致“顿悟”的时机。任何高妙的幽默作品，如果你用说理式的慢条斯理的方式去讲述，并中断产生“顿悟”的节奏，试试看，它会变为令你尴尬无比的乏味的述说。

最后需要强调的是，鉴于笑声天然具有高妙与肤浅的区别，具备价值判断的功能，所以在我们创造笑声的时候，不管我们愿意不愿意，我们都得认识到，我们必须在这样的状态下努力：一方面绞尽脑汁去创造笑料，另一方面又必须远离缺乏智慧的傻乎乎的笑料（一些江湖艺人和一些修养不高的相声演员不时暴露出这个毛病）；一方面我们把创造笑声作为艺术上最主要的追求目标，而同时我们又要时刻注意不能拿不该笑的事物来作笑料。但无论如何，如果我们在故事叙事的笑声创造上能够有所作为，如果我们能够赢得绝大多数观众开心的笑声，那将为目前视听节目故事化叙事打开又一个通向繁荣的突破口。

第六节　机巧处理

在故事化叙事当中，还有一个不可忽略的因素：无巧不成书。前面我们探讨了关于讲故事的很多道理、方法、技巧，这里我们探讨一下讲故事过程中机巧处理的问题。

所谓机巧，即“机缘巧合”，是故事情节中一种特殊又充满魅力的状态。本来对机巧的探讨应该放在情节模式和情节处理那一章进行，但由于纪实节目故事化叙事的特殊性，很多时候机巧处理是一种方法技巧范畴的问题，所以我们在这一章探讨。

为了说明什么是机巧，我们先看下面这个故事：

清朝光绪年间，在上海一家洋行工作的贾先生，替老板收完欠款后不小心将巨款遗失在“十六铺”茶馆。贾先生焦急万分，老板不听他的解释，派人跟着他沿路寻找。老板扬言，如果找不到，就要将贾先生送官。

做生意失败准备乘船返乡的义先生恰好坐在了这间茶馆的这个位置，也恰好发现了贾先生遗失的这个皮袋子。当时的义先生正处于穷困潦倒的境地，这1800银圆可以让他东山再起，可以让他衣食无忧。义先生有过一瞬间的犹豫和纠结，但诚信和善良的一面终是占了上风。他想：不行，钱财是各有其主的，如果我把钱拿走了，失主因此而丧失名誉，甚至失掉性命，我的罪孽可就大了！既然让我拾到了这些钱财，我就应该尽到责任、物归原主。于是他选择了坐在茶馆等待失主。

赶到茶馆的贾先生拿到失而复得的钱袋子后，对义先生说："您真是我的救命恩人！没有您，我今晚就要上吊了！"在几番给钱表达谢意被拒绝后，贾先生提出第二天在某酒楼恭候义先生以聊表心意。

结果第二天义先生一到酒楼，抢先向贾先生道谢："多亏您昨天丢了钱，让我捡回了一条命！"原来义先生准备乘坐的那条船因为急浪被打翻，船上的人全部遇难。

故事到此还没结束，贾先生的老板获知此事后也对义先生很感兴趣，两人见面后非常投缘，老板遂高薪聘请义先生主管账目，后来还招义先生做了上门女婿，并把生意全交给他打理。义先生的诚信、仁义赢得了人们的赞叹，大小客商也纷纷找上门来与他做生意，他家的生意越做越大，后来义先生竟拥资数十万元，成了当地的大富翁。

上面这个故事，包含"人物求索"的元素（贾先生丢失巨款、沿路找寻、最终找到巨款）和"人物关系改变"的元素（归还巨款、义先生是贾先生的恩人，设宴感谢、停留一晚、捡了性命，贾先生是义先生的恩人），但真正让其成为听众、读者认可的故事，还是靠其中包含的"机缘巧合"。人们一定会感叹：故事里的情节、人物关系，太巧了。由于"太巧"，这个故事应该是一个虚构的故事，它满足了普通人心中的梦想，传达了"善有善报"的价值观。

真实的故事事件中，具备这样"太巧"因素的实在不多，但叙述者可努力营造包含机巧的情节环节或者场景。

例如，江苏卫视《人间》有一期节目《死而复生的妈妈》，主人公吴长文求助节目组，节目组替他找到被爸爸谎称"已经死亡"的亲生母亲。最后的母子见面环节，吴长文在演播厅唱起《世上只有妈妈好》，节目组让母亲在演播室隔壁的房间通过电视机目睹这一切；吴长文却并不知道母亲近在咫尺。在情绪高点到来的时候，母亲从演播厅台侧走上舞台与吴长文相认，母子抱头痛哭，情绪达至顶点。这样的情节环节设计，可以看作对机巧这一技巧的运用。

以下这些情况，都可以看作故事讲述过程中的机巧处理：

贵州卫视《取证》栏目的节目《循梦追凶》，将破案关键线索与梦境相联系，赋予破案过程神秘色彩。

以电台女主持人的热线沟通节目为线索，引出奉献者故事。最后一个热线电话打入者是节目组刻意安排的知情者，讲述一个"父亲忙于工作没能关心女儿"的故事，其中表达了父亲的歉疚之情。女主持人听到最后，发现那位父亲竟然是自己的爸爸，自己就是故事中的"女儿"，不禁潸然泪下，由此将节目推向情感高潮。

选秀类真人秀节目中，选手提出一个心愿，想和自己的母亲见面。演播厅道具门洞开，母亲翩然而至，选手喜极而泣。

10 年前做节目，主持人采访了一位生活艰难却不改乐观的中年人，视频在网上流传，引发众人关注；10 年后，主持人找到这位当年的中年人，在同样的地点进行后续采访。

情感节目，夫妻感情由出现危机转折为重归于好，最后双方和好的那一刻，安排在当年夫妻新婚时栽种的“世纪树”旁边进行拍摄。

限于篇幅，不一一列举。

纪实节目故事叙事所依凭的真实事件，其中包含情节机巧的情况并不多见（当然，不是完全没有）。但在具体情节环节或场景上，叙述者可以利用机巧的原理进行处理，从而增强故事讲述的魅力，增强故事的感染力。

本章我们详细探讨和介绍了几种在纪实节目故事叙事中运用得非常普遍的叙事技巧，这些叙事技巧的运用是提高讲故事水平的必不可少的条件。还有一些技巧，例如“伏笔/分晓”“最后一分钟营救”“反讽结局（赔了夫人又折兵式结局）”等技巧，但由于其在纪实类节目中运用比较受限，也运用得较少，我们就不展开阐述了。

思考和练习

一、请就什么是“悬念”，谈谈你的看法。

二、悬念包含哪两类？各自的特点是什么？

三、被詹姆斯·斯科特·贝尔称为“超级悬念”的技巧是一种什么状态的悬念？

四、“扣压信息”的悬念设置技巧指的是什么？

五、“歧路”和“延宕”分别指什么处理方法？

六、请结合你所掌握的实际例子，说明细节表现对纪实节目故事叙事的重要性。

七、请结合你所掌握的实际例子，对激发情绪的某一种技巧进行说明。

八、请结合实例，谈谈不协调因素对笑料的作用。

九、请使用你自己的语言，谈谈你对“幽默”的理解。

十、叙事技巧在纪实节目故事叙事过程中的地位和作用如何？请谈谈你的理解。

第七章　叙述者、叙事视角和人称运用

前面，我们分析了故事叙事的必要性，介绍了进行故事叙事的理论工具，在此基础上，探讨了纪实节目故事叙事的题材选择、情节模式运用、人物表现和叙事技巧等方面的问题。本章我们探讨与叙述者、叙事视角和人称运用有关的问题。

任何故事，都得由特定的人作为叙述主体讲述出来，因此，讲述人是故事叙事中很重要的因素。叙事学用“叙述者”的概念来表示讲述人。叙述者在讲述故事的时候，其实就是讲述自己看到的内容，或者讲述别人看到、自己知道的内容。既然讲述的是看到的内容，就会涉及观察和讲述的角度，于是，“叙事视角”概念便产生了。叙述者讲述自己看见或别人看见自己知道的内容，还有一个人称选择问题，因为“我”看见什么和“他”看见什么，“我”作为旁观者看见什么和“我”作为亲历者看见什么，“他”作为旁观者看见什么和“他”作为亲历者看见什么，用不同的人称讲述出来，效果会有很大差异。于是，这又引发了对人称的运用探究。当“叙述者”“叙事视角”和“人称”运用综合在一起，就会引发更为复杂的情况。

正因为叙述者、叙事视角和人称运用等诸如此类的问题非常重要且比较复杂，它们便顺理成章地成为叙事学关注的重点。

那么，叙述者、叙事视角和人称运用对于我们进行视听节目故事叙事有什么意义和作用呢？我们在这里通过案例分析来说明这个问题。

贵州卫视《取证》栏目有一期名为《循梦追凶》的节目，其基本内容是这样的（为便于称说，我们为每一段内容编上序号）：

A：家住上海浦东新区一个村镇的陈女士一天中午突然被蒙面人砍成重伤，在搏斗过程中陈女士曾经拉下蒙面人的面罩，但不认识这个男子。警方到达现场后犯罪嫌疑人逃之夭夭。警方曾经分析了三种作案动机：谋财害命、劫色非礼、杀人报复，但都被一一否定。案件一度陷入僵局。后来，陈女士提到自己做噩梦时梦见杀手是一个跛子，警方提取现场脚印证实凶手确实是一个跛子。而陈女士记忆之中自己认识的跛子只有一人，那就是两年前失踪的一个拾荒人；并且与拾荒人一道失踪的还有陈女士的弟媳小华。这个线索引起了警方的注意。这时，警方掌握的电话清单中一个奇怪的电话引起了警方注意。通过奇怪的电话，警方找到了小华。小华提供了自己因为与丈夫发生矛盾，一气之下抛弃家庭与拾荒人私奔，后反悔想回到亲人身边，却被拾荒人威胁要杀掉她的亲人的情况。而拾荒人是个跛子。于是，警方从小华处获取拾荒人的照片，请陈女士辨认，陈女士一眼认出拾荒人就是凶手。真相至此大白，凶手随即被缉拿归案。

上面的文字是根据那一期节目内容整理的，是节目最后呈现的状态。其中，主持人是叙述者，叙事视角是有所限制的，即叙述者对案件的披露是逐步进行的，真相在最后一刻才予以揭示；人称采用的是第三人称。如果我们进行一点改变：叙述者不变，仍旧为主持人；叙事视角采取全知视角，第一时间无保留地把全部信息都交给观众；人称仍旧保留第三人称，那么，这期节目就应该是这个样子：

B：家住上海浦东新区一个村镇的陈女士一天中午突然被蒙面人砍成重伤。警方到达现场后犯罪嫌疑人逃之夭夭。根据陈女士提供的“犯罪嫌疑人是一个跛子”的线索，警方经过周密的侦查，抓获了犯罪嫌疑人跛子拾荒者。拾荒者供述作案动机：他是要用砍杀亲人的方式，警告与其私奔、后来悔悟准备与其分手的陈女士弟媳小华不要离开自己。目前案件在进一步审理之中。

如果我们将叙述者改变为参与破案的民警甲，叙事视角采取有所限制的视角，采用第一人称，则节目就应该是这个样子：

C：我是上海浦东新区公安分局刑警队的民警甲。×年×月×日中午，我们接到某村镇群众打来的报案电话，报称当地发生一起凶杀案。接报后我们迅即赶到现场。受害者为陈女士，当时正在自己开的小卖铺里午休，被突然闯入的蒙面人砍成重伤，经抢救后脱离危险。在调查中我们了解到，砍杀她的犯罪嫌疑人是一个跛子，在搏斗过程中陈女士曾经拉下蒙面人的面罩，但不认识那个男子。在我们到达现场之前，犯罪嫌疑人已经逃之夭夭。我们返回警局后成立了侦破专案组，对犯罪嫌疑人的动机进行了分析。首先考虑是否谋财害命，但根据陈女士抽屉里的现金一分不少的情况，排除了这种可能性；其次，有同事提出是否为劫色非礼，但陈女士并没有受到性侵犯，这种可能性也被否定了；最后，大家的意见集中在杀人报复上，但经过调查，陈女士善于与人相处，并没有仇家，这种可能性也被否定。案件一度陷入僵局。后来，陈女士提到杀手是一个跛子，我们提取现场脚印证实凶手是一个跛子。经排查，陈女士记忆之中的跛子只有一人，那就是两年前失踪的一个拾荒人；并且与拾荒人一道失踪的还有陈女士的弟媳小华。这个线索引起了我们的注意。经过技术侦查，我们从陈女士的电话清单中发现了一个奇怪的电话，通过奇怪的电话，我们在当地民警的协助下，找到了人在外地的小华。小华讲出了事情的原委：自己因为与丈夫发生矛盾，一气之下抛弃家庭与拾荒人私奔，后反悔想回到亲人身边，却被拾荒人威胁要杀掉她的亲人；拾荒人是个跛子。我们从小华处拿到了拾荒人的照片，请陈女士辨认，陈女士一眼认出拾荒人就是凶手。真相至此大白，我们遂将凶手缉拿归案。

上面三种情形，A 和 C 的引人入胜效果明显，C 采取民警甲视角，且使用第一人称，在亲历感、陌生化导致的新奇感（警方视角对一般观众而言是神秘的）方面，更胜一筹。B 则信息简略完备，让观众在较短的时间内知悉事件的来龙去脉，但在故事的吸引力上，明显弱于 A 和 C。从纪实视听节目故事叙事所追求的效果而言，A 和 C 才是我们所需要的。A、B、C 三者的差异，就是叙述者、叙事视角和人称运用不同带来的差异。由此可以知道，为了获得最佳的叙述效果，我们需要掌握和运用这方面的知识。

第一节　叙述者、叙事视角和人称运用释义

一、叙述者

如前所述，叙事学的一些基本原理也适用于纪实节目。叙述者是叙事的主体，与虚构文本一样，纪实节目也有叙述者。叙事学是以虚构的文字文本为其主要研究对象的。从虚构的文字文本出发，叙事学将叙述者分为四大类：“根据叙述者相对于故事的位置或叙述层次，可以区分为故事外叙述者与故事内叙述者；按照叙述者是否参与其所讲述的故事并是否成为该故事中的人物，可以区分为非人物叙述者与人物叙述者；根据叙述者可被感知的程度，可以区分为外显的叙述者与内隐的叙述者；根据叙述者与隐含作者的关系，可以区分为可

靠的叙述者与不可靠叙述者或者可信的叙述者与不可信叙述者。”① 上面四种分类方法中，后面两种与文字文本有关，与纪实节目关系不大，我们阙而不论；前面两种与纪实节目关系密切，下面我们重点讨论。

（一）故事外叙述者与故事内叙述者

通常纪实节目为了便于叙事，都设置有主持人。当主持人完全没有介入故事，仅仅是作为新闻单位或制作机构的代言人、作为节目信息的串缀者出现在节目中，这种情形下的主持人就是故事外叙述者。

但并不是凡主持人都是故事外叙述者。我们在第四章介绍的B类情节模式中，叙述者不是围绕主人公的行动所形成的故事脊椎展开叙述，而是以叙述者自我为中心，把整个事件或包含谜题的事实作为叙述对象，作为剖析的标本，以揭示事件和人物经历中所包含的谜题、传奇、趣闻等，来完成故事讲述。这时，主持人就是这个探求真相的求索事件的主人公。在这种情况下，主持人成为故事内叙述者。

有的时候，纪实视听节目邀请当事人担任主持人或主要讲述人，例如，在介绍探险经历的故事化叙事中，将探险队队长请到演播室担任主讲人，这种情况下的主讲人或主持人，就是故事内叙述者。

故事外叙述者和故事内叙述者各自建构的叙事场景不一样，效果也有可能很不相同。

故事外叙述者叙述时所处位置高于所叙述故事，高高在上，俯瞰其所叙之事，从而拥有最大的叙述权限。在与后面将探讨的叙事视角搭配的时候，既可以进行信息掌握不受限制的“全知叙事”，也可以进行信息投放的选择、控制从而实现“限知叙事”。但故事外叙述者的叙述亲历感较弱，其距离故事较远的位置恰恰在这一点上成为其短板。

故事内叙述者与故事处于同一层面，其身在故事之内。因此，这种叙述者的叙述亲历感强，可信度高。故事内叙述者不一定都是故事主人公，也不一定都以主讲人的身份出现。纪实节目故事叙事常用的现场知情者镜头前访谈，其叙述者定位就属于故事内叙述者。故事内叙述者与下面提到的“人物叙述者”概念有一定程度的重合。

---

① 谭君强：《叙事学导论——从经典叙事学到后经典叙事学》，高等教育出版社，2008年版，第58页。

（二）非人物叙述者与人物叙述者

非人物叙述者指的是叙述人不是故事中的人物，而是置身于故事之外的别的人士。例如，法制节目结尾部分，常常请出法律、社会学、心理学方面的专家，对故事事件所蕴含的意义进行点评，这些专家就属于非人物叙述者。

人物叙述者要复杂一些。根据人物在故事中参与程度的不同，法国叙事学家热奈特认为，“其中至少应该区分出两种不同的种类：一种是叙述者是其叙事的主人公，如勒萨日的《吉尔·木拉斯》；另一种则是叙述者在其中只起到次要的作用，这种次要作用往往是扮演观察者和目击者的角色，如麦克维尔《白鲸》中的伊希梅尔，康拉德《吉姆爷》中的马洛等”①。在纪实节目故事叙事过程中，事件主人公承担主讲人角色，或讲述故事的主要情节，肯定属于人物叙述者；经常还有一些旁观者的镜头前访谈，这些旁观者要么目击了事件，要么浅层次卷入事件，了解部分故事信息，他们出面对故事事件进行细节补充或做出评价，这种情况也属于人物叙述者。由于视听节目具有使用视听手段表现对象从而让观众直面对象的特点，以及画面镜头的现在进行时态与所讲述故事过去时态之间的矛盾，后面这种旁观者、知情人虽然在纪实节目所叙述故事中介入程度不深，但他们在叙事上的作用并不小。这一点，我们在后面还会专门探讨。

需要说明的是，故事外叙述者与故事内叙述者的分类强调的是叙述者与故事的关系，而非人物叙述者与人物叙述者的分类则强调的是叙述者与故事中人物的关系。

叙事学关于叙述者的研究，关注的是“谁说”的问题，要完成叙事，还要解决“谁看”“怎么看”的问题。“谁看”“怎么看”的问题，就是叙事学上的“叙事视角”问题。下面我们转入对这个问题的探讨。

二、叙事视角

前面我们介绍了叙述者方面的内容。叙述者是做出叙述的主体，在故事讲述中，他（她）发挥着“说”的作用。但叙述者的“说”又必须与“看”联系在一起，要么自己看，要么转述别人“看”的内容。“在对叙事文本的情景、事件、人物等进行描述时，总有一个看待所有这一切的视角，或者说观察点，

① 谭君强：《叙事学导论——从经典叙事学到后经典叙事学》，高等教育出版社，2008年版，第61页。

通过这一观察点将所看到的一切呈现出来，并借由同一个或不同的叙述者之口将它们‘说’出来。”[1] 简言之，叙事视角（narrative perspective 或 narrative point of view）就是叙述者观察和叙述故事的角度。“事件无论何时被描述，总是要从一定的‘视觉’范围内描述出来。要挑选一个观察点，即看事情的一定方式，一定的角度，无论所涉及的是‘真实’的历史事实，还是虚构的事件。”[2]

叙事学诞生之后的几十年中，对于叙事视角的概念，不同的研究者提出了不同的术语，造成一定程度上的歧异。直到法国叙事学家热奈特采用“聚焦”（focalization）的概念取代了过去人们使用的过于专门的术语，才渐渐形成了为人们广泛接受的概念。现在人们谈论叙事视角，使用的术语就是“聚焦”。聚焦这个概念，“涉及的是谁在作为视觉、心理或精神感受的核心，叙述信息透过谁的眼光与心灵传达出来，在叙事文本中所表现出来的一切受到谁的眼光的‘过滤’，或者在谁的眼光的限制下被传达出来。……聚焦显示出由一个或多个特定的聚焦眼光的秉持者、及聚焦主体观看、感知的方向与范围，与此同时，在这一聚焦主体的聚焦范围内，存在着他或她所‘看’的东西，也就是聚焦的对象”[3]。

对于叙述聚焦的分类也是众说纷纭，但人们较为普遍接受的是热奈特的分类方法。热奈特把叙述聚焦分为三类，分别是：

第一类：无聚焦或零聚焦叙事。这是一种叙述者无所不知的叙事姿态，其公式为“叙述者>人物”（叙述者所知道的多于任何人物所知道的）。

第二类：内聚焦叙事。这是一种叙述者选择故事中人物的视角进行叙事的角度。其公式为“叙述者=人物”（叙述者只说出某个特定人物所知道的情况）。内聚焦包含三种具体情形。其一，“固定式内聚焦叙事”，整个故事文本采用固定人物的视点来叙述；其二，“不定式内聚焦叙事”，故事文本中的视点在不同人物之间不断转换；其三，“多重式内聚焦叙事”，不同的人物以不同的视点叙述同一个故事。

第三类：外聚焦叙事。外聚焦属于“客观”的或“行为主义”的叙事，叙

---

① 谭君强：《叙事学导论——从经典叙事学到后经典叙事学》，高等教育出版社，2008 年版，第 82 页。

② ［荷］米克·巴尔：《叙述学：叙事理论导论》，谭君强译，北京师范大学出版社，2015 年版，第 137 页。

③ 谭君强：《叙事学导论——从经典叙事学到后经典叙事学》，高等教育出版社，2008 年版，第 83～84 页。

述者只叙述他（她）看到的，而不去触及他（她）无法看到的，例如人物的内心活动。其公式为“叙述者<人物”，即叙述者说的少于人物所知道的。[①]

围绕经典叙事学的基本概念，结合新闻等非虚构文本的叙事特点，我们再来看看曾庆香先生的观点。曾庆香先生认为对叙事视角的分析主要包括四个层面，这有助于我们深入理解叙事视角的概念意涵。这四个层面是：“其一，全知视角和限知视角；其二，外视角和内视角；其三，单一视角和多元视角；其四，第一人称叙事和第三人称叙事。”[②]

全知视角叙事指叙述者所掌握的情况多于故事中的任何一个人物，知道他们的过去与未来，热奈特的“无聚焦或零聚焦叙事”类别就属于全知视角；限知视角则指叙述者或者主动放弃全知的权利，只是通过故事中的某个人物的视野观察事物，或者只了解部分情况，热奈特的“内聚焦叙事”和“外聚焦叙事”属于限知视角。

外视角和内视角指叙述者观察的位置处于故事之内还是故事之外，这个区分我们是放在“叙述者”身份、角色这部分进行探讨的。由于叙述者身份角色与其观察视角密切相关，归类时由于采用不同标准或出于不同需要，是可能有所重合的。

单一视角指叙述者仅从某一个人物的视角叙述事件，不存在叙述视角发生转移。因此，它会给故事造成一些知和不知、真实和空幻的联想空间。多元视角是若干个角色视角和叙述者视角在动态中进行组合，或者说由不同人物所承担的观察、叙述故事的主体不断变换，对事件进行全方位多侧面的描述。热奈特的“固定式内聚焦叙事”“不定式内聚焦叙事”可以纳入多元视角叙事这一类，但多元视角的概念外延更宽泛，在“零聚焦”“外聚焦”叙事中，也存在多元视角的情形。例如，在电视片中，几个人物出面对事件进行零聚焦叙述；或者在纪录片中，若干主体对人物经历进行外聚焦叙述，这些情况都是有可能的。

第一人称和第三人称的运用，与叙事视角问题密切相关，但鉴于实践中在叙事视角一致的情况下，人称是可供叙述者选择的手段，所以，我们把人称运用单列为一类。[③]

---

① ［荷］米克·巴尔：《叙述学：叙事理论导论》，谭君强译，中国社会科学出版社，1995 年版，第 89～90 页。

② 曾庆香：《新闻叙事学》，中国广播电视出版社，2005 年版，第 129 页。

③ 曾庆香：《新闻叙事学》，中国广播电视出版社，2005 年版，第 129～130 页。

三、人称运用

人称包括“我、你、他（我们、你们、他们)”，分别被命名为“第一人称、第二人称、第三人称”。在叙事学领域，基本只运用“第一人称”和“第三人称”，“第二人称”极为罕见。第二人称为数不多的例子，都可以用第一人称或第三人称替代。如法国作家米歇尔·布托尔的长篇小说《变》，讲述了一个以第二人称“你”指代的名为莱昂·台尔蒙的主人公的故事。该小说开篇写道：“你把左脚踩在门槛的铜凹槽上，用右肩顶开滑动门，试图再推开一些，但无济于事。”结尾是：“你在里昂车站买的那本小说至今还未打开，它一直放在长椅上，在你座位的左方。你把它挪到你的座位上，让它替你占座。”① 其实，这里的“你”如果换成“他”，毫不影响意思的表达。因此，严格意义上的第二人称叙事难以存在，故可以忽略不计。

由于故事叙事的个人化特征，所以实际叙述过程中，第一人称叙述基本上是以单数“我”在进行。有时，在主持人叙述话语中会出现“我们不禁要问”之类的说法，那不过是一种修辞方式，旨在强调自己观点的代表性，并不是实指有多人在同时叙述。第一人称叙事最大的特点是叙述者从个人的视角出发，要么以亲历者的视角，要么以知情者、见证人的视角，去展开叙述。显然，这种人称形式的叙述，亲历感、真实感都很强烈。此外，在进程性情节演进的叙事中，第一人称叙述一般只述及当前，不涉及未来，这与故事叙事情节推进的逻辑天然一致，因而是进行故事叙事的有效人称形式。第一人称叙事非常明确地属于“限知叙事”，故其在信息呈现的完整性、全面性方面不具优势。但故事叙事追求的是叙述的吸引力价值，并不特别在意信息完整性、全面性问题。

第三人称叙事，通常情况下使用单数的“他（她)”。这也与故事叙事追求人物个性化表达的特征有关，但在纪实节目中，有时也可能使用复数的“他（她）们”，例如当以一个团队或小组作为故事复合主人公的时候所进行的叙述。在第三人称叙事中，叙述者置身事外，不在故事中扮演角色，不介入情节当中，具有“非人格化与间离性”的特征。②

第三人称在与“全知叙事”和“限知叙事”关系上，就显得复杂一些。毫无疑问，第三人称叙述由于采用这种人称的叙述者与所叙述之故事的主人公具

① ［法］米歇尔·布托尔：《变》，桂裕芳译，收入柳鸣九《新小说派研究》，中国社会科学出版社，1986 年版，第 379～444 页。

② 曾庆香：《新闻叙事学》，中国广播电视出版社，2005 年版，第 130 页。

有“间离”关系，叙述者不受故事本身进程的影响，可以方便地进行全知叙事，故而第三人称常常被用于全知叙事。那么，是否第三人称就只被用于全知叙事呢？答案是否定的。正因为采用第三人称的叙述者对所掌握信息拥有任意处理的权利，那么，当他采用审慎、限知姿态进行叙事，也可以实现限知叙事。尤其在纪实节目的故事叙事中，大量存在采用第三人称而又进行限知叙事的案例。

上面，我们对叙事学中有关叙述者、叙事视角和人称等概念，进行了意义阐释；下面，结合纪实节目故事叙事的具体情况，对如何在叙事中运用有关理论工具进行探讨。

第二节　纪实节目故事叙事的叙述者、叙事视角和人称运用

纪实节目故事叙事，可以在影视叙事学中去寻找理论工具。影视叙事学是继承叙事学的理论基因，结合电影电视的具体特征，而形成的一门年轻的学科。前面我们介绍的理论内容，都被纳入影视叙事学的基本组成部分。影视叙事学的先驱是电影叙事学。“电影叙事学的研究走向除了有……深受结构主义影响的电影语言结构表意理论，此外还有深受符号学影响的注重于影像符号分析的电影第一符号学，及受精神分析及接受理论影响的电影第二符号学。除了以上所涉及到的偏重于结构、符号分析的电影叙事理论外，其他还有以米特里、波德威尔为代表的电影叙事综合理论。”①

由于影视叙事学的理论基因来自结构主义、俄国形式主义与符号学，所以，当代影视研究有着强烈的类语言学的研究倾向，“太多理论将叙述错误类比为影像或口语的再现，强调某些电影技巧，过度着眼于某些叙事手法而造成见树木不见林之弊”②。例如，某些电影叙事著作将“聚焦”研究的视野锁定在“摄影机位置”上，提出“零聚焦：从天狼星……的角度如在某些大战争场面中可以注意到的全景镜头；摄影机（继而观众）凌驾于人物之上，比他们‘看见的’更多，……外聚焦：摄影机跟拍人物，话筒录下讲的话，除观众看见、听到和从所见所闻中归纳出的东西外，不给观众任何别的信息；对一个（或多个）人物的内聚焦（固定式、不定式或多重式），摄影机跟拍一个人物，

① 宋家玲：《影视叙事学》，中国传媒大学出版社，2007年版，第17～18页。
② 宋家玲：《影视叙事学》，中国传媒大学出版社，2007年版，第18页。

但额外信息可以通过以下方式提供：一个占据银幕的人物在画外解说；……人物进行内聚焦是，摄影机替代演员提供一个‘主观视角’”①。这样的研究成果不是本章内容所需要的。

本章所说的对叙述者、叙事视角和人称等理论工具的运用，指的是在纪实节目故事叙事过程中，从整体内容讲述和呈现这一角度出发的运用，而不是视听语言使用角度的运用。按照这个要求，我们从实际叙事需求出发，从以下角度进行一些探讨。

一、主持人叙述者、叙事视角和人称运用

在纪实节目故事叙事过程中，主持人作为叙述者进行故事讲述的情况最为多见。在撰写纪实节目故事叙事文字稿本的时候，如果选择主持人作为叙述者，首先就需要确定以什么叙事视角和人称来展开叙述。主要有如下三种具体情形。

（一）以故事外叙述者姿态、采取内聚焦视角、运用第三人称进行叙述

这种叙述组合最为常见。在前述A类和C类情节模式处理的情节结构叙述中，经常可以见到这样的组合。这种组合的运用情景是：

主持人以媒体人的身份，介绍他/她的求索故事，以及人物A、B、C之间关系改变的故事。叙述的时候，情节发展到哪一步，就介绍到哪一步，绝不提前透露后面的信息。以这种组合方式进行叙述的文字提纲可以是这样的：

我们今天要介绍的故事主人公是朱敏才和孙丽娜。

朱敏才曾是一名外交官，妻子孙丽娜曾是一名高级教师，退休后两人没有选择安逸的日子，而是奔赴贵州偏远山区支教。9年来，他们的足迹遍布贵州的望谟县、兴义市尖山苗寨、贵阳市孟关等地。

2010年两夫妇扎根遵义县龙坪镇，继续他们的支教生涯。

生在贵州黄平，长在贵阳的外交官朱敏才，得知家乡师资严重缺乏，退休后放弃在北京悠闲自在的生活，去山区义务支教。尽管已经古稀之年，但他们表示：“只要我们还能动，就希望在这里继续教下去，让山里娃也能和城里娃一样，能大声流利地说好英语、学好英语。”

---

① ［法］弗朗西斯·瓦努瓦：《书面叙事·电影叙事》，王文融译，北京大学出版社，2012年版，第160~161页。

山区洗澡难、买菜难、乘车难、看病就医难，各方面都极不方便。卧室跟男厕所共用一面墙，夏天臭气熏天，孙丽娜晚上要戴着两个口罩才能睡觉。因为长时间在山区生活，加上高原强烈的紫外线照射，现在孙丽娜的右眼完全失明，左眼视力只有0.03，检查身体时还发现体内重金属超标。朱敏才也患有高血糖、高血脂、呼吸暂停综合征等危险疾病。但他们依然坚守岗位，带给孩子生动活泼的课堂氛围。

他们义务执教不拿一分钱报酬，在省吃俭用资助贫困生的同时，还在积极为学校建电脑教室、修学生食堂四处联系，争取支持和帮助。

夫妇俩在北京治病期间，仍心系山区的孩子，为他们捐了20台电脑。孙丽娜还将阿里巴巴“天天正能量”奖给她和丈夫的10万元奖金转赠给了学校，用于建电脑教室。

在支教9年后，他们被中央电视台评为“最美乡村教师”。

（注：本节涉及朱敏才、孙丽娜事迹的文字，根据中央电视台“感动中国2015年度人物颁奖盛典”提供的事迹材料和《朱敏才、孙丽娜：“发挥了余热，我们最满足” 来自北京的退休外交官夫妇贵州支教9年》[①] 一文整理，下同）

（二）以故事内叙述者姿态、采取内聚焦视角、运用第三人称进行叙述

在前述A类和C类情节模式处理的情节结构的叙述中，可以见到这样的组合，其运用情景是：

主持人以现场见证人和知情者的身份，介绍他/她的求索故事，以及人物A、B、C之间关系改变的故事。叙述的时候，一方面，情节发展到哪一步就介绍到哪一步，绝不提前透露后面的信息；另一方面，以“现场见证人”的身份，大量采用到现场进行体验式主持的处理方式，拉近与讲述对象的距离。

以这种组合方式进行叙述的文字提纲可以是这样的：

站在我身边的两位，就是今天要介绍的故事主人公。这位是朱敏才，这位是孙丽娜。

我先介绍一下他们俩。朱敏才曾是一名外交官，孙丽娜曾是一名高级教

① 郝迎灿、黄娴：《朱敏才、孙丽娜：“发挥了余热，我们最满足” 来自北京的退休外交官夫妇贵州支教9年》，http://theory.people.com.cn/n/2014/0710/c40531-25265896.html。

师。他们退休后没有选择安逸的日子，而是奔赴贵州偏远山区支教。9年来，他们的足迹遍布贵州的望谟县、兴义市尖山苗寨、贵阳市孟关等地。

2010年，他们来到了这里，镜头前的遵义县龙坪镇，继续他们的支教生涯。

主持人："您对我们观众讲几句好吗？"

朱敏才："只要我们还能动，就希望在这里继续教下去，让山里娃也能和城里娃一样，能大声流利地说好英语、学好英语。"

朱敏才和妻子对贵州山区教师奇缺的状况很是担忧。他们想方设法要让山区的孩子受到较高水平的音乐教育和英语教育，为这个目标尽自己的一份力量。

我们现在驱车前往朱敏才、孙丽娜最初支教的小学。（车辆在盘山公路上缓缓行驶）这道路两边都是大山，颠簸的简易公路路况不好。

这就是朱敏才、孙丽娜刚到贵州支教的小学。这里是山区，洗澡难、买菜难、乘车难、看病就医难，各方面都极不方便。这里曾经是朱敏才与孙丽娜两夫妇的卧室，跟男厕所共用一面墙，夏天臭气熏天，孙丽娜晚上要戴着两个口罩才能睡觉。（主持人请朱敏才、孙丽娜介绍当初艰苦生活的细节）

因为长时间在山区生活，加上高原强烈的紫外线照射，现在镜头前的孙丽娜健康状况很不好。（孙丽娜介绍右眼完全失明，左眼视力只有0.03，检查身体时还发现体内重金属超标的具体情况）

朱敏才也患有高血糖、高血脂、呼吸暂停综合征等危险疾病。（朱敏才介绍健康状况不佳的具体情况）

这里是教室。孩子们在这里学英语、学唱歌。他们并不知道朱老师和孙老师上课时忍受着病痛的折磨。

朱敏才和孙丽娜义务执教不拿一分钱报酬，在省吃俭用资助贫困生的同时，还在积极为学校建电脑教室、修学生食堂四处联系，争取支持和帮助。现在我们请学校的老师介绍一下这方面的情况。（学校老师介绍有关具体情况）

（主持人归纳介绍，转换段落）

在长期艰苦的生活和繁重的教学任务下，朱敏才、孙丽娜累病了。这里是北京×××医院。我们请医院的主治医生介绍朱敏才、孙丽娜在治病期间的情况。（主治医生介绍两人的病情）

在北京住院期间，朱敏才、孙丽娜仍然心系山区的孩子。请看，这是20台电脑的清单，这是10万元汇款单，孙丽娜将阿里巴巴"天天正能量"奖给她和丈夫的10万元奖金转赠给了学校，用于修建电脑教室。（朱敏才、孙丽娜

介绍有关细节）

朱敏才、孙丽娜的事迹感动了很多人，也感动了我。他们的奉献精神得到了人们的赞誉。在支教9年后，他们被中央电视台评为“最美乡村教师”，这是我们的社会对朱敏才、孙丽娜夫妇以及他们所代表的奉献精神的崇高褒奖。

（三）以故事内叙述者姿态、采取内聚焦视角、运用第一人称进行叙述

在前述B类和D类情节模式处理的情节结构的叙述中，可以见到这样的组合，其运用情景是：

主持人以真相探求者的身份，探索他/她的事迹谜题或探求事实背后的真相，从而形成叙述者求索的故事，或以主人公之一的身份经历并讲述具有进程性的新闻事件。叙述的时候，由主持人掌控信息的投放，直到最后一刻，才揭示真相、解开谜题。

以这种组合方式进行叙述的文字提纲可以是这样的：

【主持人】今天我要给大家介绍两位主人公。他们一位是外交官，一位是高级教师。都退休了。这张照片，是我们今天节目主人公在一次颁奖盛典上领奖时拍下的。照片上的两位老者，是朱敏才和孙丽娜夫妇俩。他们获得的是什么荣誉呢？他们为什么会获得这个荣誉呢？请听我慢慢道来。

【视频要点】朱敏才、孙丽娜回溯介绍：2005年，孙丽娜看到电视正播到贵州一个年轻女教师背着孩子给学生上课，试探着跟老伴朱敏才商量：“我还没教够书，咱们去贵州支教吧？”（主持人将视频作为揭示谜题的材料使用，在视频解说词中有体现这种定位的承上启下的串联语，下同）

【主持人】朱敏才是贵州人，当下爽快地答应了。于是夫妻俩来到贵州当老师。当时，孙丽娜对距离北京数千里的贵州一无所知，朱敏才离开家乡40年，先后在外经贸部和驻外使馆工作。他对贵州也知之不多。那么，等待夫妻俩的将是什么呢？

【视频要点】尖山苗寨的学校校舍由每家背7000斤石头垒成，没有窗框。办公室一隔两半，外面办公，里面是卧室，跟男厕所共用一面墙，夏天臭气熏天，有时戴着口罩才能睡觉。

【主持人】这种环境，会动摇朱敏才和孙丽娜的决心吗？

【视频要点】朱敏才、孙丽娜满腔热情地在简陋的教室里上课，课堂气氛活跃。同校老师介绍，尖山苗寨的学校当时4个班只有一个老师，只开设了语

文、数学两门课程。朱敏才夫妇到了这里之后，为孩子们开设了音乐课、体育课、英语课，每天早上7点左右，学校便传出琅琅的读书声。

【主持人】孩子们接受朱老师和孙老师高质量的课堂教学，素质能力提高不少。

【视频要点】课堂上，朱敏才指挥孩子们唱响《我们的祖国是花园》；课堂上，女孩子与孙丽娜用英语互动。

【主持人】看着孩子们成长起来，朱敏才和孙丽娜感到欣慰。但旁人很难知道，老两口在生活上是怎样过来的。

【视频要点】山区洗澡难、买菜难、乘车难、看病就医难，各方面都极不方便的种种表现。

【主持人】即便在这样艰苦的条件下，夫妻俩也从来没想到退缩。他们还规划着山村小学的未来。他们想让贫穷山村的孩子们能够吃上一口热饭，能够用电脑上课。

【视频要点】遵义县龙坪镇中心村小学的食堂和电脑房，同校老师介绍朱敏才、孙丽娜夫妇为建设食堂和电脑房的付出。

【主持人】朱敏才、孙丽娜9年时间，辗转望谟、贵阳、兴义、遵义等地，如朱敏才所讲，“哪里需要就到哪里去”，把优质的课程带到一个又一个贫困山村。但在这个过程中，他们付出了巨大的健康代价。

【视频要点】医生介绍配画面，孙丽娜的右眼完全失明，左眼视力只有0.03。医生讲，已经不再建议她继续治疗了。检查身体时还发现体内重金属超标。朱敏才也患有高血糖、高血脂、呼吸暂停综合征等危险疾病。

【主持人】夫妻俩身体亮起了红灯，再坚持下去就会有生命危险了。在医生的警告下，不得已，他们回北京治病。但他们仍然惦记着山区的孩子。这里有两样东西，你们猜猜是什么？

【视频要点】北京医院里，孙丽娜介绍募集到的捐赠给山村小学的20台电脑清单，和将阿里巴巴“天天正能量”奖给她和丈夫的奖金捐赠给学校的10万元汇款单。

【主持人】病情好转，两夫妇就会再次回到贵州山区，回到可爱的孩子中间。他们的教学都是义务的，多少年来，从来没有拿过一分钱报酬。有人对他们的选择很不理解，可他们又是怎么看的呢？

【视频要点】朱敏才表示：“只要我们还能动，就希望在这里继续教下去，让山里娃也能和城里娃一样，能大声流利地说好英语、学好英语。”孙丽娜表示：“发挥了余热，是我们最大的满足，只要还能爬起来，就会在这待下去。”

【主持人】这就是朱敏才和孙丽娜的内心世界。他们在退休之后的义举，受惠最大、感受最深的要数他们教过的孩子了。

【视频要点】朱敏才、孙丽娜执教的山村小学男孩子、女孩子接受采访，谈对朱老师、孙老师的感激之情。

【主持人】朱敏才、孙丽娜夫妇的这种精神感动了包括我在内的无数人。他们被中央电视台评为“最美乡村教师”——现在可以揭晓了：节目开头的这张照片，就是夫妇俩上台领奖那一刻的记录。这是我们的社会对朱敏才、孙丽娜夫妇以及他们所代表的奉献精神的崇高褒奖。

【视频要点】山村，山坳中的小学。孩子们的琅琅读书声隐约而至。山鸟群飞，朝阳下山峦起伏。

需要说明一下：由于叙事学的文本分析非常复杂、严谨，上面三个以主持人为叙述者的叙事视角和人称运用组合示例，如果要严格地从学术研究的角度对其进行叙事学分析，其在分类上可能有不够严密的地方。但在纪实节目故事叙事的实际工作中，这三种情况大量存在且其差异能够被实际工作者感觉到，三种情况的差异还导致工作模式的不同。我们这里的分类以这种实际情况为基础。示例仅供读者在故事叙事纪实节目拍摄制作中参考，它们不是刻板的教条。

二、事件主人公或重要当事人为叙述者的情形

在纪实节目故事叙事活动中，节目编导可以根据叙事需要自由选择叙述者。有时候，我们为了获得更佳的陌生化效应，或者更强的亲和感，或者为了更便捷地剖析人物内心，也可以选择主人公或重要当事人作为叙述者。采用这种方式的组合是：主人公或重要当事人作为叙述者、采用内聚焦视角、运用第一人称进行叙述。这种组合的运用情景是：

主人公或重要当事人叙述自己的故事，采用第一人称，叙事视角严格限定在主人公或重要当事人选定的叙事切入点和事件的时间切入点，采用限知叙事，未来的事情由于在叙述时间线之后，所以不能叙述。随着时间线延伸，事情进展完毕，叙述方告结束。

以这种组合方式进行叙述的文字提纲可以是这样的：

我叫朱敏才，退休前是外交官；我妻子孙丽娜，是位高级教师。我们退休多年了，但现在还在贵州的大山里支教。有人问我，别人退休了都安度晚年，你们退休跑到深山里去支什么教？我要告诉他们，我出生在贵州黄平，深知山区教师奇缺，孩子们不能受到良好的教育。受不到好的教育，就改变不了贫穷

的命运。而我们可以帮助那里的孩子们学习英语，能够为改变这个状况尽一份绵薄之力。就是出于这个原因，我和妻子退休后坚持到山区教孩子们学英语。

退休9年来，我们先后在贵州的望谟县、兴义市尖山苗寨、贵阳市孟关等地支教，2010年之后，我们选择了遵义县龙坪镇，在这里支教。

山区的生活是很苦的。洗澡难、买菜难、乘车难、看病就医难，很不方便。这里是我们的卧室，跟男厕所共用一面墙，夏天臭气熏天，我老伴晚上要戴着两个口罩才能入睡。老伴因为长时间在山区生活，加上高原强烈的紫外线照射，现在右眼完全失明，左眼视力只有0.03，检查身体时还发现体内重金属超标。我也患有高血糖、高血脂、呼吸暂停综合征等危险疾病。这些疾病带给我们很大痛苦，但每当我们在教室里看到孩子们开心的笑容和认真学习的样子，我们就忘记了病痛。

我们整个支教过程中没有拿过一分钱报酬。在北京治病期间，我们为学校捐赠了20台电脑，还把阿里巴巴“天天正能量”奖给我和老伴的10万元奖金转赠给了学校，用来建设电脑教室。

我们被中央电视台评为“最美乡村教师”，其实，我们不过是凭着良心和对山区孩子的关爱之情，做了一点应该做的事情。

三、知情者作为辅助叙述者的情形

采用故事叙事的纪实节目，除了上面提到的叙述者情形，还有知情者作为辅助叙述者的情形。因为一个节目，不可能仅仅由主持人、主人公或者重要当事人一个人叙述到底。这无论是从信息完整的角度，还是从表现的丰富多彩角度，都不可能采取一个人叙述到底的方式。常见的情形是，在主持人、主人公或重要当事人承担主要叙述职责的基础上，同时启用若干知情者从不同的角度，对情节内容或情节环节、事件场景等，进行辅助叙述。这些知情者可以是主人公的亲属、朋友，也可以是事件发生时的现场目击者，甚至可以是主人公或重要当事人的反对者。他们从各自的角度，围绕故事脊椎或人物关系改变的环节，进行辅助性叙述，补充情节环节和细节，描述场景，从而完成故事情节乃至人物表现的多角度、多侧面信息补充。在这种情形下，叙述组合方式通常是：知情者作为辅助叙述者、采用内聚焦视角、运用第一人称进行叙述。例如：

女生×××（遵义县龙坪镇中心小学六年级学生）：孙老师教我们英语课。原来我们只有语文课和数学课，孙老师来了，才开设了英语课。现在我可以用英语说话了。

山民×××（尖山苗寨山民）：我们这里穷得很呢。这个学校是每家背7000斤石头垒起来的，连窗框都没有。这里是小学的办公室，中间隔断，外头办公，里头睡觉。隔壁就是厕所。

男士×××（朱敏才朋友）：老朱是外交官呢。1965年从贵州大学英语系毕业，到外经贸部工作，后来又在坦桑尼亚、尼泊尔、加拿大等国家工作了17年。他和爱人去贵州山区，老实说，有人是不太理解的。他们讲，年纪那么大，老两口身体不好，去受那份罪，何苦呢！我倒不这么认为。

女老师×××（遵义县龙坪镇中心村小学老师，朱敏才、孙丽娜同事）：那边是刚刚盖起的食堂和电脑房，这都是用朱老师、孙老师捐赠的钱和募捐筹的款修的。两位老师说要让学生吃上热饭，用上电脑，一直忙着这事。20台电脑已经到了，是朱老师孙老师募捐来的；他们还捐了10万元钱——听说是阿里巴巴给他们发的奖金，全捐给这里了。

男老师×××（遵义县龙坪镇中心村小学老师，朱敏才、孙丽娜同事）：朱老师孙老师身体不好，这里生活条件糟糕，他们的病更严重了。他们这次又病倒了，在北京住院呢。我和孩子都很想念他们，也祝愿他们早日康复。

…………

（注：上面的访谈词依据《朱敏才、孙丽娜："发挥了余热，我们最满足" 来自北京的退休外交官夫妇贵州支教9年》[①] 一文设计）

将知情者辅助叙述与主持人、主人公或重要当事人的叙述交错剪辑，是纪实节目故事叙事活动中获得生动的故事叙事状态的常见处理方式。

第三节 选择最恰当的叙述者、叙事视角及人称方式

前面我们介绍了关于叙述者、叙事视角及人称方式的若干种情况。那么，面对一个具体的具有故事潜质的事件，在利用情节模式拟定了该事件故事讲述的情节结构之后，采用什么样的叙述组合方式才是最恰当的呢？可以从以下几个方面去考虑。

一、评估选题事件，根据事件本身的情况做出选择

纪实节目故事叙事，对题材事件本身依赖极大。例如，适用A类情节模

① 郝迎灿、黄娴：《朱敏才、孙丽娜："发挥了余热，我们最满足" 来自北京的退休外交官夫妇贵州支教9年》，http://theory.people.com.cn/n/2014/0710/c40531-25265896.html。

式的事件，其经典故事的要素完备，主人公求索之路充满挫折、障碍和冲突，最后的转折十分鲜明而强有力；而适用C类情节模式的事件，人物甲、乙、丙等的关系转变频度高、幅度大，最后的结局强而有力，其关系改变的故事要素完备。如果题材事件故事潜质丰富，具备以上这样的特点，则它就为进行高质量的叙述提供了良好的基础，在这种情况下，就适宜采用“以故事外叙述者姿态、采取内聚焦视角、运用第三人称进行叙述”的叙述组合，或者“以故事内叙述者姿态、采取内聚焦视角、运用第三人称进行叙述”。这两种叙述组合都具有尊重事件本身价值的特点，能够在故事叙事时适当收敛叙述者主观介入的锋芒，而凸显题材事件本身的价值；同时，这两种叙述组合在完成故事叙事目标的同时，能够更多地保留事件给予观众的真实性感受。显然，既让节目具备故事叙事带来的魅力，又保证观众对事件真实性深信不疑。这对于纪实节目而言，是一种比较理想的状态。

但是，有的时候，节目的题材事件本身不够理想，例如，事件过程过于简略，障碍和冲突强度不够，转折幅度不尽如人意；或者题材对象并不是一个事件，仅仅是包含谜题和未知真相的事实。在这种情况下，事件或题材本身难以提供用于故事叙事的良好基础。要完成高质量的故事叙事，叙述者需要更多的主观介入。这个时候，就适用“以故事内叙述者姿态、采取内聚焦视角、运用第一人称进行叙述”。采用这样的组合，主持人作为事实真相的探求者和谜题的揭示人，在节目中步入探索之旅，整个故事进程由主持人的探索过程构成。主持人是探索事实真相和谜题的主要参与者，以参与者的身份，采用“我怎么怎么”的口吻，出示证据、采访专家、查阅资料、组织现场还原、提示用动画演示，等等，逐层深入地克服云遮雾罩的重重障碍，最后揭示真相、揭晓谜底。

需要说明的是，主持人使用第一人称，并不意味着在节目中不断地使用“我”这个人称代词。很多时候，主持人并不频繁使用代词“我”，而只是在节目叙述过程中扮演探索真相主人公的角色，也属于这一类；有的时候，主持人称“我的同事专程前往现场拍回画面”并使用在节目中，但他本人并未出现在现场，这种情况下，他仍是叙述主人公和探索真相的主要责任人。这种情况，仍可以视为其使用第一人称。

二、根据故事叙事的诉求，做出恰当选择

有的时候，叙述者对纪实节目进行故事讲述，除了对事件情节进行叙述以期获得良好的叙事效果，还要考虑尽量通过剖析和揭示人物内心的变化轨迹来强化人物在叙述中的感染力。这种情况下，就可以考虑采用“主人公或重要当

事人为叙述者”的叙述组合。这种组合，其实质是由主人公或重要当事人取代主持人，承担起叙述者的责任，并且使用第一人称叙述自己的事情。这种组合最有利于展示、剖析主人公的内心世界，其对内心世界的展示、剖析顺畅、自然，毫无违和感，一些非常隐秘、细微的心理活动也可以顺利表现。

三、根据拍摄条件，因时因势做出选择

选择叙述组合，很多时候还受到客观条件的制约。例如，使用“以故事内叙述者姿态、采取内聚焦视角、运用第三人称进行叙述”的组合，则节目组成员一定要到现场进行拍摄，否则这种组合所要求的亲历感、现场感就难以实现。使用“主人公或重要当事人作为叙述者、采用内聚焦视角、运用第一人称进行叙述”的叙述组合，更是必须取得事件主人公或重要当事人的同意及配合，这一点无法保证，则这种叙述组合就无法实现。

四、基于创新意识，做出选择

上面所介绍的叙述组合都是常规的情形。但是，故事叙事是一个充满创造性的过程，因循守旧、墨守成规是故事叙事的大敌，创造、出新是永恒的主题。按照这个原则，每一次当我们准备去完成一个纪实节目故事叙事的时候，都要考虑采用什么样的叙述组合才具有新意。在这样的思路指导之下，我们的选择就多了一个变量。总而言之，一个讲故事的纪实节目，应该在主要因素上尽可能地给人耳目一新的感觉，而不能陈旧老套。

思考和练习

一、请谈谈你对叙述者、叙事角度和人称的理解。

二、叙述聚焦分为哪三类？请结合实例谈谈你对不同叙述聚焦方式的理解。

三、全知视角的特点是什么？请结合实例谈谈你的理解。

四、限知视角的特点是什么？请结合实例谈谈你的理解。

五、请运用“以故事外叙述者姿态、采取内聚焦视角、运用第三人称进行叙述”的叙述组合，为一个勤劳致富的经典故事事件拟定叙事提纲。

六、为什么选择叙述组合方式需要评估选题事件？

七、为什么说叙述组合方式的选择会受到拍摄条件的限制？

第八章　主题、环境与场景、风格、审美表达、节奏

纪实节目的故事叙事与虚构故事叙事一样，是一个多种叙事因素在运动中实现的过程。有人将其比喻为“交响乐”。一部“交响乐”，其中有旋律，有和声，有不同乐器的组合，包含思想内涵，表现情绪情感。故事叙事也类似，除了前面我们介绍的种种因素，还有其他一些因素会在故事叙事中发挥作用，需要叙述者在策划、实施故事讲述的时候予以统筹考虑。下面我们分述之。

第一节　主题：思想与情感

我们使用故事叙事的方式制作一个纪实节目，到底是为了什么？这个问题，实际上是追问我们做节目的目的是什么。追问到最后，就会引出关于“主题”的问题。

主题，是节目的灵魂，是节目需要实现的终极目标。有人说，主题就是节目要表现的思想。这种说法是不完整的。因为，在纪实节目故事叙事过程中，我们的叙述努力，主要指向唤起观众良好的感受；我们对各种叙事方法、方式、技巧的运用，都是为了唤起观众的美好感性体验。在故事讲述过程中，我们的目标，是通过叙述结构出一个视听信号体系，令其主要作用于人脑的右半脑，从而唤起种种与体验相关而不是与说教相关的心理反应。如果离开一定的背景抽象地强调“节目要表现的思想”，就有可能引发这样的风险：把我们制作节目的努力，引向对抽象概念或空泛思想的说教，从而冲击、弱化故事叙事对感性体验的重视。

当然，从另一方面来看，节目制作与故事叙事也不能完全陷入仅仅作用于感官的泥淖，而忽略其思想深度和价值倾向。因为，这既有可能背弃我们节目

制作的社会责任，也不符合绝大多数成功的故事叙事纪实节目的实际。节目发布之后，肯定要起到思想熏陶、价值引领的作用，这毋庸置疑。

那么，在与故事叙事密切相关的领域，我们应该如何去处理主题问题呢？下面，我们先了解一下两种关于主题的观点，然后提出我们的看法。

董学文、张永刚在《文学原理》中是这样论述主题的："什么是主题？主题是文学作品中通过形象体系显示出来的中心思想和主导情绪……在文本中，主题是潜在的，它隐藏于形象体系深处，不占据文本的实际空间……主题这种特性，决定了它无法离开文本而存活，人们在文本出现之前找不到主题，那时它还只是作家有待表现的思想与情感；文本形成之后，它便隐没于形象，人们一旦将主题从文本中剥离（它可以用抽象的语言进行概括），主题又还原为抽象而单调的思想与情感（情感本身是感性的鲜活的，但对它的理性表述则是单调抽象的），失去感人的活性与魅力，不再具有任何鉴赏价值。"①

罗伯特·麦基在《故事——材质、结构、风格和银幕剧作的原理》一书中，将我们所指称的"主题"含义，放在了"结构（注：意同'情节'）与意义"这一节进行论述。他使用了与电影故事意义表达有关的两个概念，一个是"主控思想"，一个是"思想和感情的相遇"。什么是主控思想呢？"主控思想可以用一个句子来表达，描述出生活如何以及为何从故事开始时的一种存在状况转化为故事结局时的另一种状况……主控思想具有两个组成部分：价值加原因。它在最后一幕的高潮中明确了故事的重大价值是正面性质还是负面性质，同时还要确定这一价值转化为现在这一最后状态的主要原因……价值加原因，便表达了故事的核心意义。"② 关于"思想和感情的相遇"，罗伯特·麦基写道："一个讲得好的故事能够向你提供你在生活中不可能得到的那一样东西：意味深长的情感体验……从这个意义上而言，故事本质上是非理性的……艺术家和观众之间的交流是直接通过感觉和知觉、直觉和情感来表达思想。"③

将上面中外学者的观点综合一下，结合我们的思考，关于故事叙事纪实节目的主题，可以做出如下概括：

第一，故事叙事纪实节目的主题是体现作品意义的要素，主题包括思想和情感两个方面。主题并不等于中心思想。

---

① 董学文、张永刚：《文学原理》，北京大学出版社，2014年版，第76～77页。

② ［美］罗伯特·麦基：《故事——材质、结构、风格和银幕剧作的原理》，周铁东译，中国电影出版社，2001年版，第138页。

③ ［美］罗伯特·麦基：《故事——材质、结构、风格和银幕剧作的原理》，周铁东译，中国电影出版社，2001年版，第132～133页。

第二，故事叙事纪实节目的主题依附文本的形象体系而存在，它从节目的形象体系，包括故事情节、人物表现中流露出来。主题的表达融入节目形象体系的创作，既统领、规约形象体系的创造，也通过完成之后的形象体系表现出来。

第三，故事叙事纪实节目主题中的思想主要表现为其中的主控思想，也可以表述为思想倾向或价值倾向，它由故事讲述中正负价值的转折加上促成转折的原因构成。它是故事讲述者思想倾向或价值倾向在故事情节、人物表现过程中的流露。它不是通过说教表现出来的。通常，故事主题中的思想伴随故事接受者的接受过程，对故事接受者发生潜移默化的影响。

第四，故事叙事纪实节目主题中的情感是故事讲述者在叙述过程中，通过纪实节目形象体系流露出来的带有倾向性的感情和情绪。这种感情和情绪会伴随故事接受者的观赏过程，在接受者那里引发同构的情绪反应，从而发挥其作为主题构成成分的作用。

基于以上阐述，我们可以这样来处理故事叙事纪实节目中故事情节、人物表现与主题的关系：通过对题材事件进行审视，发现其中的思想倾向或价值倾向资源，体验其中包含的积极的感情、情绪，结合故事讲述者自身的思想认知和情感倾向，在故事叙事过程中，关照着其中的思想资源和情感内涵，在以故事叙事为主要目标的同时，兼顾思想倾向或价值倾向的表达，并对其中包含的感情、情绪内涵进行刻意开掘和强化，从而在故事叙事结束、节目完成之际，让主题的思想和情感融入节目成品的形象体系，在观众观赏的同时发挥作用。这种作用包括：领悟作品的思想内涵，潜移默化地接受作品价值倾向的熏陶，并于观赏中在作品影响下被感动，产生感情、情绪共鸣，从而以入于眼、入于耳、动于情、悟于心的方式接纳作品主题。例如，对前面提到的“朱敏才、孙丽娜夫妇退休后赴贵州山区支教”的故事，做成节目之后，思想倾向和价值倾向可以表述为“向两位老人的义举和高尚的人格致敬”，感情、情绪的共鸣可以通过对他们为山区孩子受到良好教育而做的种种付出，包括以健康为代价的付出所对应的场景、细节来唤起。当朱敏才、孙丽娜的故事通过视听节目讲述完毕之后，观众深深认同其中的思想倾向或价值倾向，并被节目所叙述的两人的事迹深深感动，在唏嘘感慨的同时认同节目隐含的思想倾向——该故事的主题就以这样的方式实现了其价值。

第二节　环境与场景

这一节，我们探讨纪实节目故事叙事的环境选择和场景处理的问题。纪实节目以视听元素为表现符号，是通过眼睛看、耳朵听发挥作用的。前面我们介绍、阐释、论述了不少讲故事的道理，但不管怎么讲故事，都有一类需要解决的问题，那就是：叙述者讲述的某个故事放在什么环境中展开，故事环节的微观处理放在什么场景中实现等诸如此类的问题。

一、故事叙事中的环境

故事叙事中的环境，是指故事发生的外部条件，包括时代和地点。按照罗伯特·麦基的观点，“时代是一个故事在时间中的位置。……地点是故事在空间中的位置”[①]。

在纪实节目中进行故事叙事，首先会面临故事事件发生在什么时代的问题。例如，叙述的是一个民国时期的事件，显然与叙述一个当代事件，在时代条件上是不一样的。理想的纪实节目故事叙事，应该充分运用镜头前访谈、视听资料、档案资料、背景音乐音响等因素，赋予故事以相应的时代感。这是我们关注“时代”这一外部条件的理由。

“地点”则是故事所处的物理空间。由于叙述者在视听节目故事叙事时，对于镜头前采访、现场还原、事件发生地拍摄等方面有着极大的处置权，所以，为了获得最佳的纪实性故事叙事效果，我们建议，在进行纪实节目故事叙事的时候，应该严格按照故事情节的实际发生空间来完成故事讲述。例如，一个刑事案件侦破故事，其案件发生地、侦破工作涉及的重要地点，如重要线索获得地点、对犯罪嫌疑人的抓捕地点等，都应尽可能在原发地拍摄。又如，一个韭黄种植专业户的勤劳致富故事，其所经营的菜地、仓储、主要销售市场以及他的居所等，也应该在节目视听表达中出现。再如，一个民国时期的地下情报工作者的传奇经历故事，就应该使用民国背景的影视资料、民国时期的图文资料，乃至民国时期的代表性歌曲、乐曲，来营造出属于那个时代的特殊视听氛围。通过上面提到的努力，赋予每一个事件的故事讲述以独特的视听色彩，从而赋予故事叙事以醇厚的时代感和娴熟专业的质感。

---

① ［美］罗伯特·麦基：《故事——材质、结构、风格和银幕剧作的原理》，周铁东译，中国电影出版社，2001年版，第80～81页。

二、场景处理

在纪实视听节目故事叙事过程中，还有一个对叙述质量影响明显的因素：场景处理。例如，纪实节目故事叙事中通常都离不开对主人公、当事人或知情者的镜头前采访。成功的节目往往都根据节目内容和叙事事件性质精心选择、创造采访对象位于其中的采访场景。纪录片《三节草》中，对主人公肖淑明的采访就将其置于具有深邃意味的黑色背景前，让其身着民族服装，运用照明勾勒出带有肖像摄影审美情调的主人公沧桑的面容。当事人在这样的场景中侃侃而谈、娓娓道来，从而实现了人物、人物特点、人物经历、人物性格、人物社会定位、人物文化属性与场景的高度统一。同时，我们也看到不少这方面处理得不太成功的例子。有的纪实节目在处理采访场景时甚为率性随意，将主人公安排在一个未经审视、评估的位置后就开始录制镜头前采访。有一个节目，内容是讲述在“5.12”汶川大地震中分别失去妻子和丈夫的两位人士，擦干眼泪、重新组成家庭、开启新生活的故事。这个故事的情节结构包含生离死别，包含爱情，包含面对重大灾难顽强生存下去的价值观，具有非常深厚的思想倾向资源和情感情绪内涵。但这部作品对当事人采访的场景，被随意安排在一个院坝里，旁边堆放着杂物，鸡鸣狗吠噪音错杂。主人公在其中诉说着哀婉的往事，却被芜杂混乱的场景严重干扰，从而影响了作品的观感和品质。在影视虚构故事叙事中，由于场景的重要性，摄制组会专门聘请美工师、道具师、置景师进行场景的设计和创造，务求逼真还原生活与历史；非虚构故事叙事虽然无法按照这样的规格和标准进行创造，但尽量选择合适的场景，通过适度改造让场景尽可能地与人物和内容统一，从而更好地为情节叙述和人物表现服务，为内容和主题表达服务，是纪实节目故事叙事中的一项重要工作。

第三节 风格及其实现

风格是故事叙事纪实节目一个高层次的追求。什么是风格呢？大致地讲，风格是“通过一系列作品显示出来的独特而稳定的艺术风貌和精神格调”[①]。纪实节目故事叙事到了较高层次，就需要追求作品的风格了。风格具有“涵容性”“意会性”的特点。在我国，常常使用如下词语来描述和界定风格：“雄

① 董学文、张永刚：《文学原理》，北京大学出版社，2014 年版，第 158 页。

浑”“绮丽”“高古”“豪放”“自然”“婉约”，等等。从这些词语中，我们能够大致感知风格所指为何。

成功的故事叙事纪实节目，除了各种指标达到比较高的专业层次，通常也都具备较为鲜明的风格，这是叙事作品最后发挥传播作用的重要指标。例如，系列纪录片《舌尖上的中国》（编导陈晓卿）精审、活泼，纪录片《三节草》（编导梁碧波）深厚、凝重，理论文献电视片《红旗漫卷西风——红军长征在四川》（总导演钱路劼）严谨、厚重。上述三个作品的风格差异，是其各自艺术个性的有机组成部分，亦成为区分三者的重要因素。因此，在纪实节目故事叙事过程中，赋予作品以风格，应该成为叙述者的追求之一。

那么，通过什么途径或者方式可以赋予作品风格呢？

一、故事叙事的内容可以成为赋予风格的依据

通常，刑事案件侦破故事可以赋予其惊悚、悬疑、紧张的风格；个人奋斗、勤劳致富的故事可以赋予其质朴纯粹、务实沉稳的风格；为他人或为集体奉献的故事可以赋予其温情、感人的风格；科普探秘故事可以赋予其冷静、思辨、富有人文情怀的风格；等等。

二、节目主持人的禀赋可以影响风格

主持人夸饰、外向，有助于节目张扬风格的形成；主持人智慧、善思，可以促成节目内敛的风格。

三、节目包装也可以对风格发挥作用

字幕形式、美术形式、音乐音响、道具景片等元素的选择和运用，都可以对风格产生影响。卡通化包装的前沿时尚、活泼轻松；年代感、历史感包装的凝重、沉稳，对节目风格的形成能发挥一定作用。音乐调性、音响品类，对风格的影响尤为明显。这些都是赋予作品风格的有效手段。

四、在拍摄制作中体现出风格

在故事叙事的视听表达过程中，不管是前期拍摄还是后期制作，都可以通过手法、方式的运用体现出风格。例如，镜头是采用多个短镜头组合，还是运用长镜头表现；是刻意大量使用静止画面，还是有意使用运动长镜头表现；是采用纪实、朴实的画面表现内容，还是采用刻意美饰的画面表现对象。这些处理方式都会对最后风格的形成发挥作用。

五、故事叙事手段运用的程度也可以影响风格

根据纪实节目性质和叙述者的偏好，故事叙事的手段在纪实节目中的运用可深可浅，可收敛可奔放。例如，新闻专题节目的故事叙事，由于受节目真实性这一最高标准的制约，一般在故事叙事的手段运用上比较内敛，不做过于夸饰的运用；而法制节目则往往深度地、全面地运用故事叙事的方法、手段，在这方面可以做到无拘无束、尽情挥洒。这样处理的结果，造成新闻专题较为沉稳、法制节目十分炫彩的叙述效果，由此形成风格上的差异。

需要强调的是，在寻求赋予节目风格的努力中，通常是在具有了这个意识之后，通过综合运用上面提到的手段来实现目标。对于叙述者和所完成的故事叙事作品而言，风格的形成是叙述者创作成熟的标识，也是作品臻于成熟的重要指标。因此，要促使自己的作品日臻成熟，应重视赋予其独特而稳定的风格。

第四节　审美表达

在前面的章节我们探讨了不少纪实节目故事叙事技术层面的问题，在这一节我们要探究故事叙事的审美表达问题。

一、美学简介

提到审美表达，就离不开对“美学”的简介。人类对美的感知和创造很早就开始了，而美学作为一门学科正式确立则肇始于1750年。这一年，德国人鲍姆嘉通出版了《美学》一书，这本书被公认为是美学的奠基之作。其中，对于“美学”鲍姆嘉通使用的是“Aesthetica”，音译为“伊斯特惕克”，他为“美学”下的定义是：“美学是一门感性认识的科学。”① “美学的目的是感性认识本身的完善（完善的感性认识），而这完善就是美。”② 因此，严格说来，“美学”的意译应为“感性科学”，中文译作“美学”是20世纪初从日文转译过来的。

---

① ［德］鲍姆嘉通：《鲍姆嘉通说美学》，高鹤文、祁祥德编译，华中科技大学出版社，2018年版，第11页。

② ［德］鲍姆嘉通：《美学》，简明、王旭晓译，文化艺术出版社，1987年版，第18页。

由于美学是研究人的感性认识的学科，而感性认识往往难以进行量化研究，这就导致“美学这门学科有一个特点，就是它的许多基本理论问题同时也是本学科的前沿研究课题”[①]。这种情况在其他学科里是比较少见的。因此，关于美学的定义、概念、学科结构，所有这些基本的问题，都存在众说纷纭的情况。我们在这里推荐李泽厚的观点。李泽厚认为：“美学——是以美感经验为中心，研究美和艺术的学科。”[②] 为叙述精炼起见，我们在这里同时推荐李泽厚提供的两幅关于“美学”学科的示意图（见图 8-1 和图8-2）。

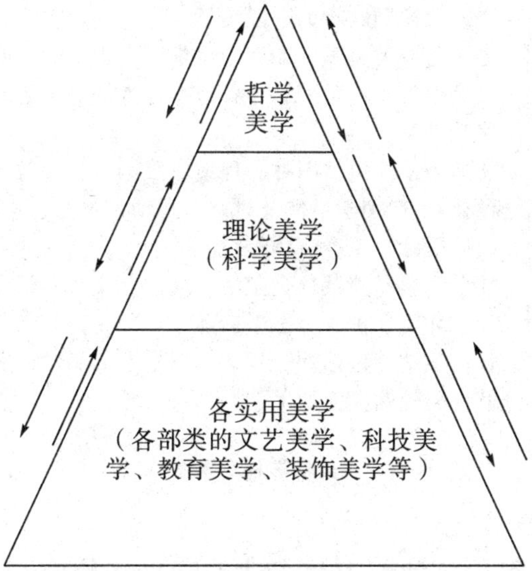

图 8-1 美学学科示意图（一）[③]

从图 8-1、8-2 中可以看出，“实用美学”位于美学学科结构的最底层，它是美学所探究的原理、规律在艺术创造、实用美创造等领域的应用。我们在这一节探讨的，应属于实用美学中文艺部类里与电影美学接近的视听美学的内容。

① 叶朗：《美学原理》，北京大学出版社，2009 年版，前言。

② 李泽厚：《美学四讲》，长江文艺出版社，2019 年版，第 15 页。

③ 李泽厚：《美学四讲》，长江文艺出版社，2019 年版。

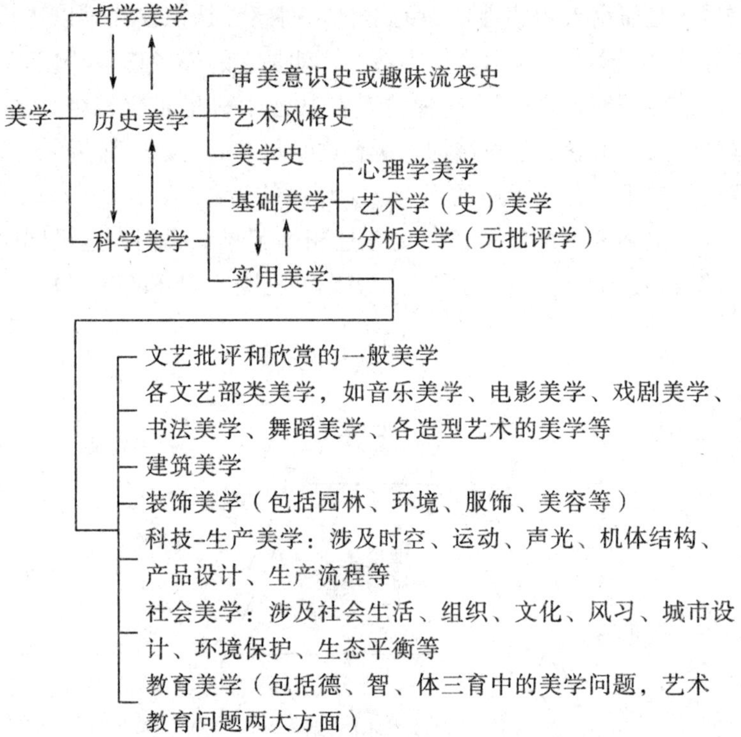

图 8-2　美学学科示意图（二）①

二、纪实节目故事叙事审美表达的意义和价值

为什么纪实节目故事叙事需要审美表达呢？可以这样说：

——没有审美表达，山峰仅仅是地壳板块的褶皱，而有了审美表达，崇山峻岭就显出雄奇和壮美；

——没有审美表达，梅花仅仅是一种蔷薇科的落叶乔木，而有了审美表达，她就具备傲霜斗雪的品格；

——没有审美表达，一张脸不过是头骨外部包裹着一层叫作“肌肉”的有机物，而有了审美表达，那满脸的皱纹便镌刻着岁月的沧桑，忧郁的双眼就包含着失意的无奈；

…………

如果我们留意一下纪实视听作品，就可以发现如下事实：

---

① 李泽厚：《美学四讲》，长江文艺出版社，2019 年版。

在新闻消息类节目和事件性专题节目中，叙述事实是最基本的表达模式。而用电视画面来叙述事实，从单个镜头的拍摄，到运用蒙太奇把镜头连缀成一条完整的节目，任何摄像人员都要依循画面构图均衡、镜头运动平稳、选择恰当拍摄角度、镜头内部物象层次分明等原则；任何编导都要遵守镜头组接流畅、镜头景别和运动方向匹配等蒙太奇原则，以及音乐、同期声运用与画面配合的原则。这些原则绝不仅仅是一些机械的操作技能，它们实际上是一种表达编摄人员对客观世界理解的方式，显然，它们已经进入视听美学表现手段的范畴了。在贝拉·巴拉兹的经典著作《电影美学》中，我们可以看到作者如何热情洋溢地把“景别”“特写”“分切镜头”“机位”和“蒙太奇”等表现手段看作新的美学文化形式而大加肯定。①

在人物类专题片和纪录片中，除了仍然需要遵循上面提及的原则，一种更深层次的美学追求广泛存在于成功的作品中。像常常引起轰动的“汗水”题材（鞠躬尽瘁、死而后已的人物题材）、“泪水”题材（艰难人生、打拼改命的人物经历题材），其引起轰动的契机和轰动形成的心理机制，就与古典美学中悲剧美和崇高美的传统范畴密切相关。纪录片所钟情的“特定人物在特定文化中的生存状态”，也往往通过编摄者有意味的表现方式，如神秘氛围、恍若天籁的谣讴、充满造型魅力的物象，等等，来完成表达。这种“有意味的表现方式”，正是标准的审美表达元素。

至于音乐电视（MTV），则更是对先锋派、超现实主义等电影流派所积累的审美表达手段的集大成者，它把物象、光影、流动的线条作为抽象音乐美的诠释因素，让编导者的审美意象直接诉诸观众的视听觉，而与观众进行心灵对话。这是视听媒体诞生后，一种新型的审美形态所催生的又一种典型意义上的审美创造和审美表达过程。

除了上述通过种种视听元素、影视表现手段来实现审美表达，我们还需要特别提及，在纪实节目故事叙事过程中，还可以通过情节叙述和人物表现本身，来体现出审美表达的追求。罗伯特·麦基在总结了电影故事创作经验的基础上，就故事叙事的审美表达所提出的观点，对于我们有较强的启发意义。他写道：“在生活中，思想和情感融合的瞬间极为罕见，……但是，尽管生活将意义与情感分得很清，但艺术却能将二者统一起来。故事是一种设备，通过它

① ［匈］贝拉·巴拉兹：《电影美学》，何力译，邵牧君校，中国电影出版社，1979年版。

你可以随心所欲地创造出这种领悟，这种现象便是人们所熟知的审美情感。”①审美表达，就是要在故事叙事过程中，去创造意义和情感的融合，并以之唤起观众的领悟。这是一个非常简明扼要并具有操作指导价值的表述。

三、纪实节目故事叙事审美表达的措施

按照这个要求，我们在纪实节目故事叙事过程中去实现审美表达，就可以考虑如下措施。

（一）运用视觉元素的措施

运用视觉元素的措施包括构图精美、和谐、均衡，照明的表现力处置，摄影机机位的创造性设计和运用，镜头内部运动的流畅和陌生化，镜头外部组接的精心处理，等等；促使观众基于形式美的愉悦情感和对艺术或生活的深刻理解相融合，使其心灵中涌现领悟。

（二）运用听觉元素的措施

运用听觉元素的措施包括音乐的恰当选择及运用，音响的恰当选择及运用，解说、镜头前采访从内容到音质的精心处理，乃至对播音员或采访对象在性别上的刻意安排等，由此构建出富于创造性的节目音乐、音响、解说和镜头前访谈话语系统；让观众在承受听觉元素情绪冲击的同时，领悟到其中包含的深邃的关于生活、生命的意义。

（三）故事叙事方式方面的措施

故事叙事方式方面的措施包括在情节叙述和人物表现的过程中，不断地将情节的意涵和人物行动所体现的价值，与感动、爱恨、喜怒等情感情绪融为一体，在观众那里唤起伴随情绪激发的领悟。

四、综合运用多种元素实现审美表达的例子

为了进一步说明这种基于综合运用多种元素创造出的意义与情感融合的、充满审美魅力的片段，我们举几个例子：

其一，在系列纪录片《舌尖上的中国》中，作者通过高标准的画质、唯美

① ［美］罗伯特·麦基：《故事——材质、结构、风格和银幕剧作的原理》，周铁东译，中国电影出版社，2001 年版，第 132 页。

的构图、精心设计的拍摄机位和镜头运动及组接方式、精心处理的音乐音响，构建出充满视听愉悦感的中国美食烹饪视听语言系统，给观众强烈的赏心悦目的情绪体验；并以此诠释“中国美食文化博大精深”的价值认定，从而促使观众在享受美食视觉饕餮大餐的同时，愉悦接纳作品的思想或价值倾向。

其二，某纪录片结尾，一位在山村小学辛勤教学的老师身患绝症，时日无多，他在家人搀扶下，最后望一眼山坳中他与孩子相处、培养孩子成长的小学校舍。主观镜头：画面中，镜头从小学校舍缓缓拉开，叠化由左至右、缓缓横摇的起伏群山，三两小鸟啁啾中，渐渐融入孩子们的琅琅读书声。孩子们的读书声越来越清晰、响亮，镜头渐渐摇向天空，群鸟飞过，晚霞满天，夕阳无限。淡出，转黑屏，孩子琅琅读书声延续中，由下至上拉出白色的职员字幕。这个片段将老师为山村孩子奉献青春、“蜡炬成灰”的价值意义，与无限眷恋、依依不舍的感动融为一体，在作品结尾，创造了观众伴随着感动的对主人公生命意义的领悟。

其三，一位来自四川北部山区的年轻女性，在成都打拼，历尽千[illegible]最终在保险行业站住脚，拥有了丰厚的收入，有了家庭、丈夫和可爱的孩子。作品讲述她的成长故事。“但她内心深处，一直保留着一份眷恋，一份对生养自己的故乡的眷恋”——解说词如是介绍。这是对人物内心“根的记忆”的意义提示；而解说词后的画面，是一片朝晖中宁静的成都城区远景横摇，伴随着这画面的，是在作品中第二次出现的女主人公故乡的山歌清唱；质朴清新[illegible]间歌谣像清泉流淌，现代都市的光影如梦幻流逝。作品用“声画分离”的方式很好地诠释了女主人公的心境，结构出较为复杂的伴随着感动的对生存意义的领悟。

其四，在探求恐龙灭亡原因的故事叙事纪实节目中，在小行星拖曳着火尾砸向墨西哥湾尤卡坦半岛外海位置的画面之后，一幅橙色的夕阳下恐龙母子亲昵的剪影画面，唤起观众伴随着温馨感动的对生命可贵、生命脆弱的意义领悟。

其五，中央电视台《探索·发现》栏目《乐山大佛》节目中，乐山大佛的项目发起人和建设组织者海通法师即将走到生命的终点，弥留之际，一盏摇曳的孤灯，一段此前曾经伴随幼年海通画面出现过的故乡歌谣隐约而至，把观众带入“感动+对此生经历的意义”融合领悟的境界，实现了审美表达。

在纪实节目故事叙事的实际操作过程中，一旦我们具备了审美表达的意识，并通过不断实践积累了审美表达的本领，我们就可以综合运用上述视觉、听觉、故事叙事方面的各种元素，创造出充满审美魅力的作品片段；若干片段的有机组合，组成具有审美品格的完整叙事作品。一旦一部作品能够进入这个境界，就能唤起观众的审美感动，而审美感动是通过唤起人脑前额联合区兴奋而实现的，这意味着对人的最高层次愉悦情感的唤起。具有这种作用的作品，遂达到了很高的价值层次。因此，这应该成为故事讲述者大力追求的目标。

第五节　节奏及其处理

这一节我们探讨纪实节目故事叙事的节奏问题。在视听节目当中，节奏是一种普遍而重要的形式审美因素。

一、节奏概说

（一）节奏是导致美感产生的“审美因素”

节奏首先是一种形式因素。以音乐为例，音乐的基础是七声音阶连同其中半音所构成的乐音体系。当这些乐音按照一定的强弱、快慢的节奏规则构成乐句，乐句按照一定的高亢—低回、热烈—沉静等的节奏对比状态组合成乐段，再由乐段按照一定的欢乐、忧伤等节奏对比情绪组合成乐章，音乐才能让人感到愉悦，才能感染人的情绪。节奏以非实体的形态存在于音乐演进的过程中，这清晰地表明，节奏是一种非实体的形式因素。

一个人漫不经心地散步，我们并不认为他的行为好看；但当他踩着鼓点有规律地抬手踏脚（比如跳舞），我们就认为这样好看。导致好看的那个因素就是“节奏”。所以我们又说，节奏是一种导致美感产生的“审美因素”。在美学研究里，节奏是构成形式美的法则之一，是可以带来美感的方式之一。所谓节奏，“指运动过程中有秩序的连续。构成节奏有两个重要关系：一是时间关系，指运动过程；一是力的关系，指强弱的变化。把运动中这种强弱变化有规律地组合起来加以反复便形成节奏”①。

（二）节奏带来美感的两个决定因素

为什么节奏可以带来美感呢？这由两个方面来决定。其一为客观方面，其二为主观方面。

① 杨辛、甘霖：《美学原理新编》，北京大学出版社，1996年版，第189页。

1. 节奏作为一种带来美感的因素有着深厚的客观基础

从客观方面来看，首先是自然界广泛地存在着节奏，这使得节奏作为一种带来美感的因素有着深厚的客观基础。自然界的一切事物在发展过程中，都不是线性的，而是呈现“波浪式前进”“螺旋式上升”的状态。郭沫若曾经说过：“本来宇宙间的事物没有一样是没有节奏的：譬如寒往则暑来，暑往则寒来，寒暑相推，四时代序，这便是时令上的节奏；又譬如高而为山陵、低而为溪谷，陵谷相间，岭脉蜿蜒，这便是地壳上的节奏。”① 作为客观方面的另一层含义，是节奏广泛地存在于人们的生产和生活过程中。划船中桨的运动、栽秧过程中手的动作、舂米时的手的动作以及手工织布过程中织梭的运动，乃至走路时左右步幅交替，等等，都表现出节奏。人们很早就发现，配合着劳动节奏唱歌或喊号子，就会产生一种精神愉悦，这有助于减轻劳累的感觉。俄国学者普列汉诺夫曾经考察原始民族与节奏的关系，得出结论说，“对于一切原始民族，节奏具有真正巨大的意义。……在原始部落那里，每种劳动有自己的歌，歌的拍子总是十分精确地适应于这种劳动所特有的生产动作的节奏”②。即便在今天，我们也能够见到这样的场面：在多人扛抬重物的劳动中，喊着音乐性十足的“号子”。

2. 节奏带来美感的主观心理机制

从主观的角度探究节奏唤起审美愉悦的心理机制，我们比较赞同李泽厚的观点：“为什么一定的比例、对称、和谐、秩序、多样统一、黄金分割等等，就会具有审美的性质呢？为什么它们能普遍必然地给予人们以审美愉快呢？……真正对此做出了某些解释的，我以为要算格式塔心理学的‘同构说’。”③

李泽厚提到的“格式塔心理学的‘同构说’”为我们理解“节奏”提供了启示。在这里，我们花一点篇幅来介绍一下格式塔心理学，以体现本教材力图通过理性认识来加深对特定对象的理解的初衷。

格式塔心理学研究的出发点和中心是“格式塔”。它是德语“Gestalt”的音译，英文往往将其译为“Form”（形式）或“Shape”（形状），而中文的意译通常译作“完形”。这里的“完形”不是指客体的形状，而是指人们心理层面由知觉活动组织成的经验中的“整体之形”。要深入理解这比较艰涩的定义，

---

① 郭沫若：《文艺论集》，人民文学出版社，1979年版，第229页。

② ［俄］普列汉诺夫：《普列汉诺夫美学论文集（Ⅰ）》，曹葆华译，人民出版社，1983年版，第338～340页。

③ 李泽厚：《美学四讲》，长江文艺出版社，2019年版，第54页。

我们先来看看“格式塔”一词的创始者厄棱费尔对于“格式塔”两个特征的解读。第一个特征是整体性，即“凡是格式塔，虽说都是由各种要素或成分组成，但它决不等于构成它的所有成份之和。一个格式塔是一个完全独立于这些成份的全新的整体。这里的新，是相对于原有的构成成份而言”[①]。例如，三角形并不是三条交叉直线的简单之和，而是从中凸现出来的新的关系；一个曲调不是某些乐音的连续相加，而是一个被人感知到的整体；等等。第二个特征是变调性。“一个格式塔，即使在它的各构成成份——如它们的大小、方向、位置等——均改变的情况下，格式塔仍然存在（或不变）。”[②] 例如，一个正方形，不管它的大小怎样改变，不管它是用砖砌出或用笔画出，也不管它是红色或是蓝色，都改变不了它仍是一个正方形。而一首曲调，不管它由谁来演唱，或是用什么乐器演奏，它仍然是原来那首曲调。

格式塔就是具备上述两种特征的一种存在于人的经验中的组织结构，它伴随知觉活动而产生。它不是一种静态和不变的印象，而是一种直接的、同时性的组织活动，随着这种组织活动的展开（观看或聆听时就有组织），必定会有紧张、松弛、和谐等感受相伴随。一个格式塔，可以体现为一幅画（要特别注意，这里是指经验中的“画”，下同）、一种意象、一种动作，也可以体现为一个句子、一首曲调甚至一幕剧。

格式塔心理学发现，有些格式塔给人的感受是愉悦的，这就是那些在特定条件下知觉刺激物被组织得最好、最规则（对称、统一、和谐）和具有最大限度简单明了性的格式塔，这被翻译为“好的格式塔”。但同时研究者发现，在人们的知觉追求中，更存在一种把外界刺激物“简化”为“好的格式塔”的心理倾向。每当人们把变化着的刺激物组织为一个“好的格式塔”的时候，人们内心深处就经历了一个由紧张到释放的、由一般格式塔到“好的格式塔”的过程，进而获得一种由紧张到松弛的释放愉悦，这种释放愉悦往往更强烈，更迷人。这之中，有一种特殊的类型，被称为“复杂统一的格式塔”。“就感情刺激力来说，它们（引者注：指复杂统一格式塔）也大大超过了简单而又规则的格式塔，因为它蕴含着紧张、变化、节奏和平衡，蕴含着从不完美到完美、从非平衡到平衡的过程，伴随着上述运动规律，人的内在感受也就从紧张到松弛，

---

① ［美］鲁道夫·阿恩海姆：《视觉思维——审美直觉心理学》，滕守尧译，四川人民出版社，1998年版，译者前言第3页。

② ［美］鲁道夫·阿恩海姆：《视觉思维——审美直觉心理学》，滕守尧译，四川人民出版社，1998年版，译者前言第4页。

从追求到和谐，这显然是一种更加复杂多样的感受。”① 作品的节奏处理，其实就是一个构建从不完美到完美、从非平衡到平衡的“复杂统一格式塔”的过程；节奏处理的本质，就是致力于通过构建作品的“复杂统一格式塔”，而与观赏者心理层面的“复杂统一格式塔”相契合，从而在人的心中唤起强烈的审美愉悦感的过程。

进一步来看，为什么与观赏者心理相契合的“复杂统一格式塔”的节奏处理能够引起人们的心理愉悦呢？李泽厚先生是这样概括的：“格式塔心理学派……从物理学和生理学出发，提出由于外在世界（物理）与内在世界（心理）的‘力’在形式结构上有‘同形同构’或者说‘异质同构’关系，即它们之间有一种结构上的相互对应。由于事物的形式结构与人的生理-心理结构在大脑中引起相同的电脉冲，所以外在对象和内在情感合拍一致，主客协调，物我同一，从而，人在各种对称、比例、均衡、节奏、韵律、秩序、和谐……中，产生相互映对符合的知觉感受，便产生美感愉快。”② 简而言之，作品的节奏格式塔之所以能在接受者那里唤起愉悦，是因为它与接受者大脑里包含的经验格式塔电脉冲一致，而令人产生了一种契合愉快。明白这一点对于探求节奏的秘密是非常重要的，因为它向我们透露了关于节奏的两个最重要的信息：一是节奏的处理并不可以随心所欲，它必须和创作者或接受者经验中的格式塔相契合；二是格式塔作为经验中的“完形”，它的具体构成不是一成不变的，它随着创作者和接受者经验的变化而变化。于是我们在节奏问题上，便发现这种现象：一方面，节奏有规律可循，而另一方面，对它的具体处理丰富多样。

二、影视领域决定和影响节奏的因素

影视领域的节奏研究，是从对电影节奏的研究开始的，而电影电视在美学特征上的相似性，决定了电影节奏研究的大部分理论都适用于电视（视听）领域。

在电影的早期研究中，人们在研究蒙太奇时，就开始研究节奏在电影中的表现、特性及对节奏的运用。爱森斯坦在对蒙太奇的分类中，就专立“节奏蒙太奇”一类来定义蒙太奇中的节奏功能。后来的电影理论家如贝·巴拉兹和马赛尔·马尔丹，都对节奏蒙太奇有专门的论述。

① ［美］鲁道夫·阿恩海姆：《视觉思维——审美直觉心理学》，滕守尧译，四川人民出版社，1998年版，译者前言第14页。

② 李泽厚：《美学四讲》，长江文艺出版社，2019年版，第54页。

为什么研究者不约而同地把节奏与蒙太奇联系在一起呢？这是因为，蒙太奇是电影艺术手段的基础性要素，任何电影中的节奏因素都不可避免地要与蒙太奇发生联系。按照马赛尔·马尔丹的概括，节奏蒙太奇是“蒙太奇中最原始、最简单的一种技巧性蒙太奇形式”①，而电影电视中许多创造节奏的因素，最后都必须在剪辑（电子编辑）过程中通过镜头的组接体现出来。综合前人的研究，我们归纳出电影电视中影响节奏的一些重要因素。

（一）最基本的因素是镜头的长度

通常，长镜头节奏缓慢，而短镜头形成快速、冲动、活泼的节奏。在节奏意义上谈论“长”“短”，固然包含时间延续的长短值这一含义，但在具体操作中决定镜头长短的，还有涉及镜头的内容和观众观赏时的心理因素。

镜头内容对镜头长短的影响是显而易见的。表现飞速驶过的火车，可以使用短镜头；而表现海天辽阔、椰林夕照，则非长镜头不可。

在具体操作中，编导人员常常将镜头长度和镜头内容进行综合处理，以此来实现自己的节奏处理目标。比如，在追逐情节中，内容上处理为先在迷宫式建筑中追逐，然后驾车追赶以逐渐提高内容强度，使观众的注意力不断兴奋，并唤起观众希望尽快看到结果的期待；在创造了这种期待之后，逐渐缩短各单个镜头的长度；最后形成一种逐渐加强的节奏。也可以反向运用：在一场恶战之后，深沉、抒情地展示劫后的广阔战场，镜头则由短趋长，从而创造一种由急促到舒缓的节奏。

（二）节奏还取决于镜头内部的运动

镜头内部的事物本身的运动也经常表现出节奏的差异，比如，游乐园里云霄飞车呼啸而来的震撼，广阔湖面上群鸟起飞翱翔继而遮天蔽日的酣畅，都可以成为整个节目的节奏构成元素。利用镜头内部的运动，在镜头长度变化不大的情况下，可以创造出非常有效的节奏。

（三）镜头景别的大小也对节奏有影响

“一系列特写镜头可以产生一种异常有力的激烈的戏剧性，……而一些全景则更多造成一种痛苦感，……从全景直接转向特写……表达了心理紧张的突

① ［法］马赛尔·马尔丹：《电影语言》，何振淦译，中国电影出版社，1980年版，第124页。

然变化。"[①] 景别的交替是叙事性节目中最常见的节奏创造因素之一。

（四）摄影机的运动也与节奏有关

在当代一些电影作品中，摄影机的运动是最常用的创造节奏的方法。例如，在惊险片中，我们经常可以见到由直升机航拍的主观镜头：在险峻的峭壁峡谷或迷宫式的高大建筑之间穿梭飞行，左弯右拐，速度越来越快；最后，从险境中猛然脱出，镜头以大广角随着飞机急剧提升，倏地，眼前呈现一马平川或辽阔城区的景象。这里，镜头或许只有一个，但摄影机本身的运动构成了从急促、紧张到舒展、寥廓的变化。

（五）镜头机位的变化对节奏也有影响

经常被提及的蒙太奇经典范例如爱森斯坦导演的《战舰波将金号》里，起义水手与军官搏斗的一场戏。爱森斯坦从上方、下方和各种稀奇古怪的角度来打斗场面，并将镜头交错剪辑，从而成功地在没有增加事件本身力度的情，增强了画面狂暴的力量，增加了节奏的强度。

（六）音乐也是影响节奏的因素

强烈的音乐会使紧张的画面节奏更紧张，而抒情的音乐则会使节奏缓慢的画面充满情调。音乐因素进入电影电视的节奏系统之后，影视的节奏变得更加丰富多彩了。

以上就是在贝·巴拉兹和马赛尔·马尔丹等经典著作中所概括的影响电影节奏的因素。

（七）语言运用对节奏的影响

由于视听节目对语言大量地、多语境地使用，语言在视听节目节奏中的地位和作用逐渐提升。电视系列片中常常采用的解说词男女对播，主要就是出于利用两人话语语音差异促成节奏的考虑；而主持人在主持节目的时候，时而慷慨激昂，时而悲戚沉郁，也显现节奏的处理。访谈节目里，嘉宾的发言，现场观众的提问或发言，经主持人调度组合，常常形成一个节奏变化丰富的话语系统。电视片中，画面及解说中突然插入同期声采访，其后又继之以画面解说，也是惯常的节奏处理手法。

---

① ［法］马赛尔·马尔丹：《电影语言》，何振淦译，中国电影出版社，1980年版，第126页。

（八）不同类型节目元素的组合可以创造节奏

各种不同类型的节目元素的组合，也具有创造节奏的意义：从片头短暂而强烈的视听觉刺激，过渡到演播室里主持人温文尔雅、略显雕饰的主持，再到外景短片的自然和嘈杂，再回到主持人主持环节，观众完全能感觉到那种起伏的节奏脉络。

（九）特技手段的运用可以创造节奏

在一些写意色彩浓厚的节目中，用特技手段创造节奏的作用十分明显：在正常速率的一组镜头之后突接慢放镜头，节奏感觉是时空突然“凝滞”；在一望无际的枯黄草原，突然由此及彼加快速度倏然铺开鲜花，那是一种绽放的惬意；甲画面可以从右向左卷成轴，而乙画面可以从天外悄然而至，丙画面可以像钢化玻璃般碎裂，颓然崩解之后是丁画面……尤其是电脑合成技术的日益精进，使视听节目的特技手段拥有了无限可能。现实中存在而又看得见的，现实中存在肉眼却看不见的，现实中不存在而仅仅在意识中存在的，所有的一切，电脑特技都能创造出来。这为节奏的创造提供了无限的可能。

（十）画面的色彩变化可以创造节奏

在故事叙事纪实节目中，彩色的现实镜头与黑白的历史资料镜头交替使用，或者，经电脑校色之后呈暖色调的喧闹都市与呈浅绿的田野村社组接，都会影响节奏的变化。

（十一）在特殊情况下，字幕也可以被用来创造节奏

试比较：其一，黑屏之上，出白色文字片名（淡入，既而淡出），寂然无同期声；其二，黑屏之上，由下至上缓升横列字幕，配以深沉旁白；其三，黑底，白字逐个跳出，伴以打字机击键声。这三种“黑屏白字”出字方式在节奏上的不同感觉，想必是能够被体会到的。

三、节奏因素综合运用原理

上面针对不同的类型来简述影响电影和视听节目节奏的主要因素。但是，节奏是一种复杂得多的存在，在实际情形中，其中的各构成因素实际上是被综合在一起加以运用的，因而密不可分。在对节奏的处理中，必须把影响节奏的各类因素综合起来，才能获取关于节奏创造的完整信息。那么，怎么来“综

合”呢？我们认为诺埃尔·伯奇在《电影的实践理论》一书中所提出的观点比较有参考价值。

诺埃尔·伯奇认为，电影中的节奏是一种类似音乐的“辩证关系”，即一种包含着各种处于对比状态、各以对方的存在为自己存在前提的双极参数的动态组合，如：镜头大小的变化、摄影机角度和高度的变化、摄影机和镜头内主体的运动方向和速度的变化、镜头持续长度的变化、镜头焦点的变化（柔焦和实焦）、画面反差和影调的变化、画面彩色和黑白的变化、影像及声音与它们的缺席（中断）之间的变化、交替使用拍摄下来的采访和其他原始文献的变化，以及“大量相当难以归类的其他辩证关系：这涉及对话，表演的风格、布景、化装和服装——总之，一切和影像与声音的直接内容有关的东西”[①]。

诺埃尔·伯奇认为，任何节奏的处理都必须体现在一定的结构之中，“影片风格的辩证关系是在单个镜头和镜头匹配的层次上开始的，虽然它们完全可以成为作为整个段落和整部影片基础的结构”。“我曾用过这个词组‘结构或辩证关系’。我之所以这样做，是因为我感到在影片中这两个概念或多或少是可以互换的，因为结构看来几乎总是出现在辩证的形式之中——也就是说，一种结构必须是由一对或两对明确描绘出来的极点所界定的参数之内演变的。”[②]诺埃尔·伯奇对节奏和结构概念的这种理解，是非常有价值的。根据这种理解，节奏其实就是一些对比或对立的两极因素演变的结果；而任何对节奏的谈论，都不是仅仅局限于单个因素的处理，而应将其作为一个整体结构来看待，节奏是在结构中体现出来的。

在诺埃尔·伯奇那里，还有一个观点，就是节奏不单单是由某一种因素的线性变化所体现的，它包含着类似音乐声部处理的一种同时性的变化。各种对立或对比的因素同时演进，交相辉映，构成节奏的总体。他举的这个例子很能说明问题：“在约瑟夫·冯·斯登堡的杰作《蓝天使》之中……这里关键的策略是以一种妙不可言的复杂模式来处理那对经常一开一关的门；当门打开时，一段音乐、一阵喝彩，或几句对话传了进来，当门关上时，这些声音就没有了。”[③] 画面上门的开、关，构成画面内容运动的节奏；声音的时断时续，构成声音的节奏。“妙不可言”之处在于二者紧密地结合在一起，共同构成一种

① ［美］诺埃尔·伯奇：《电影实践理论》，周传基译，中国电影出版社，1992年版，第46～59页。

② ［美］诺埃尔·伯奇：《电影实践理论》，周传基译，中国电影出版社，1992年版，第56、61页。

③ ［美］诺埃尔·伯奇：《电影实践理论》，周传基译，中国电影出版社，1992年版，第59页。

复杂的节奏。

这种把节奏的变化因素放在一个总体结构中去考虑，把节奏作为多种因素有机结合、交相辉映的结果的思路，体现了一种节奏审美的高境界，具有非常有价值的操作启示意义。当我们在故事叙事中把节奏作为一个整体结构来对待，那么，对其中单个镜头与单个镜头的处理，对段与段、章节与章节等的处理，以及对各类叙事元素、情节结构的处理，例如，在剧烈的场面之后安排舒缓的段落，要呈现极度悲伤则以短暂的欢乐和希望来铺垫，实现节奏的“辩证关系”，等等，就可以在编辑构思阶段予以规划。这种规划把上述因素分别作为一个整体的有机组成部分来看待和安排，并以最终将其组织成能够为观众提供整体节奏审美感受的总体结构为目标。

思考和练习

一、主题包含哪两项要素？

二、如果要为一位字画收藏家拍摄传记视听节目，你准备怎样安排镜头前采访场景？为什么？

三、请谈谈你对风格的理解。

四、审美表达对纪实故事叙事节目的意义是什么？

五、什么是纪实视听节目的节奏？请举出一个在纪实节目中进行节奏处理的例子。

第九章　视听表现

故事叙事纪实节目在完成策划和叙事设计之后，进入前期拍摄和后期制作，会遇到涉及视听表现的一系列问题。例如，如何处理视听节目概述和内容具体表现的关系，如何实现对过去时态事件的表现，如何将众多对象的镜头前采访内容精确、恰当地剪辑到节目当中，如何创造性地运用视听资料和拍摄情景再现，如何在节目中运用电脑特技，如何恰当地使用音乐和音响效果元素，如何规范而富于创造性地使用字幕和其他具有包装意义的符号，最后是如何使用规范的视听节目脚本格式完成脚本写作。本章探讨上述问题。

第一节　概述与具体表现

一、慎重处理故事叙事纪实节目的“概述”问题

在摄制故事叙事纪实节目的时候，经常离不开对事件背景、人物经历进行概述。因此，对概述有一个正确认识，妥善处理概述问题，对于节目叙事成功具有至关重要的作用。下面，围绕故事叙事纪实节目概述问题，提出如下建议。

（一）慎重采用“声画两张皮”的方式表现概述内容

所谓“声画两张皮”的方式，指的是用解说词介绍概述内容，同时，使用与解说词内容相关的“意群”画面，来对应、诠释甚至敷衍解说词内容。例如，对某个成功的种植专业户的基本情况使用概述方式介绍，一方面采用解说词交代他取得的业务上的成就，他的打拼历经了多少个年头，目前他的业务规模有多大，商业效益达到什么金额，等等，一方面使用他本人在业务场景中的

镜头、种植田地或大棚的镜头、收获作物的镜头、批发交易市场的镜头，等等，完成对解说词内容的诠释或“敷衍”。上述表现方式出现在节目中，实在是无奈之举。严格地讲，这种表现手法与视听节目需要“生动、具体”的媒介本性并不一致。在节目中，酌情使用并不会导致大问题；但大量使用甚至整个节目都由这种方式构成——过去常见的介绍工作经验的汇报片、专题片，就会导致节目失败。因此，在故事叙事纪实节目中对于采用“声画两张皮”的方式进行概述，要严格控制其应用频次和时间长度。

（二）采用分解项目、运用典型的方式完成对基本情况的介绍

对于必须要交代的基本情况、背景信息、宏观数据等，可以采取分解项目、运用典型的方式予以表现。例如，一位大学生公务员下基层锻炼担任村干部，利用自己的专业知识和对互联网的熟悉带领村民开发乡村旅游，将乡村旅游项目运作为网红打卡地，帮助村民增加收入、改善生活品质和优化生存环境的事件，被摄制为一个具有“求索故事”特点的故事叙事纪实节目。在节目最后，一定会涉及对该大学生村干部成绩、成果的概述，如建设了哪些乡村旅游项目、村民增收了多少、本村基础设施改造成果、村民居住条件改善情况、社区治理改善情况、村民精神面貌和生活品质改善情况等方面的概述。如果要避免采用“声画两张皮”的方式介绍，则可以将上面的内容分别门类，各选择一个典型案例或人物予以介绍。例如，乡村旅游项目，可以选择其中的“林盘咖啡”或“猪圈咖啡”网红打卡地予以介绍；村民增收情况可以选择由贫困到小康转折最为显著的一户人家予以表现；本村基础设施改造成果可以选择一户村民房舍的下水道系统、周边道路、路灯设施等予以介绍；村民居住条件改善情况可以选择较为具有代表性的田园别墅的一户人家予以介绍；社区治理改善情况可以选择老人和见过世面的青年人，听听他们的评价；生活品质改善可以选择乡村文化活动的积极分子出面介绍。通过上述方式，将“概述”分解为若干小块，并由每个小块具有典型意义的人物或实例的介绍来完成信息传达。最后，对于实在无法回避的综合数据，可以用最短的篇幅、最精炼的时长，配上一点数据图形化的处理，来完成“概述”信息的呈现。

二、对故事叙事纪实节目的内容尽量采取“具体表现”的方式

对于故事叙事纪实节目来说，让观众获得良好视听体验甚至通过观赏获得审美共鸣是节目追求的重要目标，为此，我们要强调一个基本观点：在纪实节目故事叙事过程中，除了要慎重处理“概述”，还要尽可能通过“具体表现”

的方式表达内容。我们在这里所说的“具体表现”，有着如下特定含义。

（一）表现事件的进程状态，避免将进程性事件表现为静态的事实

任何一个事件都可以有两种表现方式：一种是把事件表现为已经发生过的事实。例如，对于前面我们提到过的纪实故事叙事节目《儿子的秘密》中的事件，如果按照下面这种方式去表现，就是把事件还原为一个已经发生了的事实：吉林省公主岭市艺人李玉刚是一个贫困农村家庭的孩子，考取艺术院校后因为交不起学费没能入学。他不愿意向命运屈服，到城市寻找发展机会。最后经历在夜场唱歌被忽略、男扮女角演出受挫、接受严酷的舞蹈训练等磨难，最终走上星光大道成为全国知名明星，实现了自己的梦想。这样的表现，就是将李玉刚充满进程性的人生奋斗经历，转变为一个已经发生的人物奋斗的事实。

另外一种是循着事件的发展轨迹或脉络，找准一个切入点，用叙述还原事件的演进过程，向观众呈现出有过程、有动感、有细节、有情绪的事件发展进程状态，把观众带入伴随事件进程的体验过程。按照这个要求，李玉刚的故事就应该这样表现：李玉刚出生在吉林省公主岭市一个贫困的农村家庭。他对记者讲，冬天天寒地冻，家里买不起鞋，妈妈给自己用破布片缝制布鞋，脚生冻疮红肿流脓，疼痛难忍。参加高考，他凭借一副好嗓子，考上了艺术学院。但拿到通知书的时候，他被告知，家里没有钱供他上学，大学梦由此破灭。李玉刚心有不甘，他选择进城里去寻找自己的未来。他到了一家夜场，做演出杂工，每天在最不起眼的角落看着别人演出，挣着微博的薪水。一天，歌曲《为了谁》的演唱者因故没来上班，老板焦急万分。李玉刚提出自己一人饰演男、女两角，上台演唱《为了谁》，演出大获成功，当晚他拿到了自己平时一个月也拿不到的劳务费。他决定继续尝试男扮女角登台演唱，但由于基本功欠缺，被轰下舞台。为了提高表演水平，李玉刚以 23 岁的年龄，开始学习芭蕾舞，忍受了常人难以想象的痛苦和困难。技艺日渐精进的他，再次遭遇舞蹈瓶颈，扬名全国遥不可及。绝望之中，他发现了《星光大道》节目，决定报名尝试。他成为 2006 年《星光达到》年度总冠军，这一次，他成功了。按照上述方式进行表现，就是我们所说的对事件的“具体表现”。

（二）人物表现应表现有名、有姓、有身份的具体的人

这是对人物“具体表现”的要求。故事叙事中的人物，主人公和重要当事人自不待言，是需要具体化的重点对象；作为见证人、知情者出现的辅助叙述

者，也应该有名有姓有身份。尽量不要使用“我们”“他们”“警方”“村委会一班人”之类的称谓，来消解对个别的人的表现。这涉及一个故事叙事的重要理念：具体的、有个性的人物，始终是故事叙事表现的重心。据说曾著有《西线无战事》的德国小说家埃里希·玛利亚·雷马克曾经讲过：“一个人的死亡是悲剧，而一百万人的死亡则是统计数字。”他揭示了得到我们前面介绍的人类心理学规律支持的残酷事实，当然，也浅显地说明了一个深刻的道理：对于以诉诸故事接受者良好感受为主要目标的故事叙事，关注具体的个人建基于深层次的人性。

（三）信息呈现尽量采用强有力的视听信息

这类信息包括来自现场的第一手视听信息，距离事件最近的镜头前采访信息；应慎重使用画面含义模糊的解说词转述。在故事叙事纪实节目中，对于各种形态的信息材料在节目中的价值，业界有这样不成文的惯例：来自现场的画面、同期声视听资料价值最高，最靠近事实真相的各种具有直接证据意义的图文、实物材料价值较高，离事件最近的当事人、见证者、知情者、反对者等的镜头前采访视听材料，价值亦高，没有翔实、具体的视听材料支撑、画面含义模糊的“画面＋解说词转述”段落价值最低——因为这类解说词段落意义空泛、所指模糊，还存在曲解事实的潜在可能，其吸引力、可信度均不高。因此，我们提倡信息呈现尽量采用来自现场的第一手视听信息，距离事件最近的镜头前采访信息；对于画面含义模糊的解说词转述则持慎重态度。

关于如何采取具体方式实现上面提到的目标，后面还将涉及，兹不赘述。

第二节　对过去时态事件的表现

纪实节目故事叙事会遇到一个无法回避的问题，那就是用现在时态的视听呈现来表现过去时态的事件。所有进入纪实节目故事讲述视野的事件，都是已经发生过的，这在英语等有词形内部变化的语言系统中，都要采用“过去时态”的语句形式来予以表现。但视听节目拍摄的时候，摄影机一旦开机，录制下的画面和声音就是“现在时态”。因此，如何用现在时态的拍摄，去表现过去时态的事件，就成为节目故事讲述者无法回避的问题。对于这个问题，业界人士探索出一套行之有效的方法、技巧，可供我们借鉴采用。下面我们分别介绍。

一、事件相关者的镜头前访谈

这是对过去时态事件进行视听介绍的重要手段。现在时态中的主人公、重要当事人、知情者、相关者，他们在镜头前讲述他们所了解的过去时态的事件过程、事件环节、事件细节，甚至吐露彼时对事件的感受，非常自然、可信。因此，这成为纪实节目故事化叙事的重要手段之一。

二、对事件现场的抓拍镜头

这种镜头非常有力，对于故事讲述有着不可替代的价值。但由于拍摄这类镜头需要摄影人员到现场，还得碰巧遇到需要拍摄的事件正发生着，这些条件苛刻地限制了操作空间，因此此类镜头不容易获得。不过，近年来，手机拍摄功能增强，天眼监控系统进一步完善，都为事件现场抓拍镜头的获取提供了新的来源和渠道。因此，在故事叙事纪实节目的摄制中，有奖征集手机拍摄的现场视频、联系有关部门提供天眼监控系统的现场视频，就成为节目组经常采取的获取这类视频的措施。

三、拍摄还原现场的纪实段落

所谓还原现场的纪实段落，就是把当事人请到现场，尤其是第一现场，去做复原描述。如表现一个去年六月发生的治安斗殴事件，可以把事件发生时正在现场工作的服务员请到现场，边口述边指点："当时我在这儿，两拨人就打起来了。酒瓶桌椅乱飞，砸得砰砰直响。我很紧张，赶快掏出手机报警，结果一个啤酒瓶飞过来，差点砸到我。斗殴持续了大约 3 分钟，一会儿，外面响起警笛声，斗殴的人从后门跑了，留下几个被打伤的人躺在这里、那里呻吟。"摄像师负责将当事人的整个还原复述过程拍摄下来，后期剪辑使用到节目中，实现对事件发生当时场景、细节、情态的复原。通过这样的方式拍摄下来的片段，就是"纪实段落"。中央电视台《今日说法》等栏目，把这种拍摄方法作为节目摄制的必要环节进行了统一要求。这值得我们借鉴。

四、主持人或节目组成员到现场进行"体验式"叙述

所谓体验式叙述，最先较多地出现在旅游节目中。由于这种叙述方式能较好地唤起观众身临其境的体验感，所以后来又被运用在其他致力于唤起观众体验感的节目中。在纪实节目故事叙事过程中，有的时候，作为叙述人的节目主持人或作为复合叙述人的节目组成员也采用这种方式进行叙述。体验式叙述的

基本方式为主持人或节目组成员来到事件发生的现场，边走边讲，以富于交流感的话语，介绍身处现场的个人感受，叙述自己所掌握的发生在过去的事情的细节。在这样的场景里，叙述者拥有较大的叙述自由，由于“身临其境”，其叙述生动、形象，可以绘声绘色，因而有较强的观众注意力黏合性。

五、运用与事件有关的各类图像资料

目前，由于海量影视资料的存在，可供选择的视听新闻资料、电影电视剧虚构影像资料、历史照片、历史图集等各类资料越来越多，在叙述过去时态事件的时候，适当使用一些这类资料更为便捷。不过，影像资料的使用应慎重处理，注意两点：一是使用时需要在屏幕上标注“影像资料”字样，以避免对故事叙事纪实节目的纪实性构成冲击；二是控制数量，“影像资料”的使用不宜过多。过多影像资料的使用会导致作品的品质受到消极影响，令节目显得芜杂。

六、使用“情景再现”还原事件的某些关键环节

有的时候，事件发生的关键环节无法拍摄到（例如贩毒分子进行毒品交易的情景），或者由于事件本身在哪里发生意义不大（如张三和李四发生一次重要的肢体冲突），为了增加真实感或可看性，有时需要拍摄情景再现。

情景再现是请当事人扮演自己，或请人扮演当事人，再现某些特定情景。由于故事叙事纪实节目受纪实特性的制约，情景再现通常是通过间接的方式、模糊的方式等来实现。

间接的方式：两人在屋内扭打，在门外拍摄门被撞击发出撞击声并撞击得颤抖的情景；两人在灯光下扭打，拍摄影子的纠缠；犯罪分子内心焦虑恐惧，拍摄用手在堆满烟头的烟灰缸里掐灭烟头，等等。

模糊的方式：犯罪分子做毒品交易，采用远景、虚焦等方法，将人影处理得模模糊糊。

情景再现的原则是：不能因此伤害节目的纪实感；同时，慎重使用，不能滥用。

七、使用电脑动画完成事件过程示意或特定场景再现

目前电脑技术、网络技术的发展，使得电脑动画的手段越来越丰富，应用越来越便捷。因此，在纪实节目的故事叙事中，对于某些特定的过去时态事件环节，可以考虑使用电脑动画去完成视觉表现。例如，战争事件的行军路线示

意图，可以用电脑动画绘就；陨石坠落导致地球大气烈焰腾天继而烟尘隐天蔽日，恐龙纷纷倒下，可以用电脑动画表现。电脑动画在以破解科学谜题为内容的探秘节目中，尤其具有为过去事件提供视觉材料的功能。

以上方式方法或手段，为纪实节目对过去时态事件的表现提供了条件。我们可以根据题材特点和创作追求，综合选择合适的方式、方法、手段来实现目标。

第三节 镜头前访谈与“扒词”

前面我们提到，主人公、当事人、知情者、见证者等人物通过镜头前访谈，完成对事件的口头话语讲述，是纪实节目故事叙事的重要手段。这一节我们探讨拍摄人物镜头前访谈、完成采访词在节目中的编辑等若干具体问题。

一、采访对象的确定

镜头前接受采访的人物，是纪实节目故事叙事情节信息的主要提供者。其中，最重要的人物，当然是主人公和重要当事人。他们是情节的主体，是故事脊椎的核心，也是人物表现的主要对象，或者是人物关系转变事件中的利益攸关者。因此，采访对象当然缺不了他们。其次，前面我们提到过人物社会关系网络的问题。主人公不是孤立地存在着，不是一个人在战斗，他有朋友、同盟者、同情者，也有反对者，还有不属于利益攸关方的知情者。所有这些人，都可以通过访谈讲述不同角度的事件信息。有的时候，具有特定身份的人物，例如具有评判资格的专家，具有解读某些专业信息（如法律信息）的专家，等等，也可以成为采访对象。一个真实事件按照情节模式经过处理过程拟定了“情节结构”之后，情节图谱之中的各个要素环节，亦即节目情节结构中的各个环节，相当大程度上要靠这些人物的镜头前访谈来完成叙述。这些人物是需要纳入节目制作视野的采访对象。

二、采访内容的确定

采访对象确定之后，明确采访内容，是镜头前采访得以进行的前提，也是最后能否获得所需要的故事讲述材料的必要条件。其实，要明确这个问题，可以梳理一下，看看我们完成故事叙事纪实节目的制作到底需要哪些信息材料。明确了这个问题，倒推即可获得采访内容。

（一）需要通过访谈获取的故事叙事基础信息材料

1．情节演进信息

一个事件进入故事叙事之后，经过安排和叙事处理的事件进程就转化为情节结构了。前面我们提到过，在纪实节目故事叙事中，应慎重使用解说词。要实现这个目标，就需要解说词的替代物。显然，人物的镜头前访谈词是最有价值的可以替代解说词承担情节叙述功能的材料。不同人物从不同角度，围绕同一个情节环节在镜头前讲述，多人组合起来、多环节连缀起来，就构成完整的情节链叙述。

2．情节细节信息

在故事事件的情节结构建立之后，对情节结构逐一叙述，最终完成情节结构的叙述表达，这是纪实节目故事叙事的基本任务。但情节结构中有很多关键情节环节，需要有细节的描述来支撑。通过细节描述，把观众带入感同身受、产生共鸣的境界，这是故事叙事魅力来源之一，也是赋予情节叙述以活性与灵性的方式之一。因此，一个故事叙事纪实节目中，应包含若干依附于情节环节的生动细节。

3．情节感觉信息

故事叙事的主题要素之一是情感。在叙述情节环节的时候，还需要将观众带入情绪情感激发的状态。很多情节环节，例如生离死别，例如重大价值转折发生的那一刻，当事人对情节环节的感觉是唤起观众情绪反应的重要催化剂。因此，纪实节目故事叙事也需要来自当事人发自内心的对感受的倾诉。

4．情节评价信息

有的事件环节包含多种意义，对主人公欲望目标的实现或人际关系的改变影响很大。这种情况下，有时需要特定人物对主人公的行为或情节环节做出评价。这种评价也是故事叙事的基础材料。

5．人物表现信息

前面我们专门讨论过，纪实节目故事叙事除了情节结构的叙述，人物表现也是重要的叙事任务。通过情节结构的叙述，实现主人公或重要当事人性格历史的构建，这是人物表现的主要途径；而另一方面，需要表现的人物，如主人公、重要当事人等，自己剖露内心世界，或由他人进行赞美、评价或贬损，都是纪实节目表现人物的方式之一。因此，这方面的访谈材料也需要获取。

（二）镜头前采访的访谈内容

上面就是我们在纪实节目故事叙事中，需要获取的来自人物在镜头前接受访谈、口头表达所形成的故事叙事基础信息材料。以此为依据，我们可以确定如下访谈内容。

1．围绕情节结构，拟定旨在获得情节演进完整链条的访谈话题

按照这样的思路拟定的访谈话题，可以从不同人物口中获得情节演进链条上各个环节的口头表述材料。

一个进入故事叙事视野、作为纪实节目选题进入节目内容的题材事件，按照选定的情节模式的要求，经过处理形成该事件的“情节结构”，这就奠定了故事叙事的基础。接下来，我们要通过镜头前访谈，从不同人物那里获取能够在未来节目编辑过程中用于情节叙述的讲述材料。而要访谈对象讲什么，是靠访谈话题来引导的。这就需要通过审视整个事件的全部情节环节，确定需要重点表现的情节环节，逐一拟定每个环节的采访话题，为后续的镜头前访谈打下基础。这项工作需要注意以下几点：

（1）访谈不可能面面俱到，应关注情节的重要环节。那么，什么是重要环节呢？可以简单地讲，情节模式中表述的环节所对应的事件环节，例如，情节模式中表述的“激励事件”“动机和欲望目标的产生”“采取行动”“遭遇障碍和反行动”“冲突”“转折”，以及最后的“逆转”“结局”，其所对应的特定叙事事件中的环节就是重要环节。访谈话题的设计，首先要围绕这些重要环节展开。

（2）访谈应坚持“丰富、多元、多角度”的原则，围绕同一个事件环节，安排已经确定的访谈对象，组织广覆盖、多对象、多角度和侧面的访谈，务求获取完整的人物围绕情节环节的讲述材料。考虑到人物在镜头前访谈受种种条件限制，殊为不易，因此，应考虑无论今后节目中是否采用，对一切能够纳入访谈的对象尽可能完成采访，务求尽量将能够掌握的访谈材料完整地掌握在手中。

（3）访谈话题应具体，以便于对方回答；话题不宜过大，引导对象回答的内容其信息量应适中。应先分解重要环节的信息，然后对应拟出访谈话题。例如，对一位养鱼致富专业户主人公的求索事件进行故事讲述，就可以这样分解其重要环节并拟出对应的访谈话题：

例一：分解“激励事件”环节的信息为“主人公选择养鱼的原因”“是什么压力促成了养鱼”“主人公当初的经济境况是什么样的”，这些信息都是在故

事叙事的“激励事件”环节，需要用在叙述之中的。

相应的，主人公的访谈话题可以是“你是在什么时候、什么情况下决定养鱼的?”“决定养鱼的时候，你面临的最大压力是什么?”“在决定养鱼的时候，你和家里的经济情况怎么样?”

主人公妻子的访谈话题可以是“你先生决定养鱼，你当时支持还是反对?”“你对他决定养鱼有信心吗?”

主人公朋友的访谈话题可以是“某某某当年决定养鱼，你当时怎么看?”“你同意（或不同意）他养鱼的意思对他讲过没有?”

例二：分解“遭遇的第一个障碍”和“发生冲突”环节的信息为“开始养鱼之后主人公遭遇的第一个大麻烦的内容是什么”“这个大麻烦对主人公养鱼事业的伤害有多大”“主人公采取了什么行动”“主人公的行动对解决这个大麻烦起了什么作用”“这个大麻烦最终是什么时候以什么方式解决的”。这些信息也是需要叙述人掌握在手里，最后选择运用在节目当中的。

相应的，主人公的访谈话题可以是“你开始养鱼后，遭遇的第一个大麻烦是什么?”“这个大麻烦从开始到最后解决，整个过程请你详细介绍一下。”“面对这个大麻烦，你采取了什么措施来对付它?”“大麻烦是什么时候被解决掉的?”“大麻烦得到解决的那一刻，当时的具体情景，请向我详细描述一下。”“这个大麻烦出现后，有没有人来劝你放弃养鱼?”

主人公妻子的访谈话题可以是“你先生养鱼遭遇第一个大麻烦时，你是支持还是反对他继续养鱼？请详细介绍。”“面对大麻烦，你当时心里担忧吗?”“当这个麻烦被解决之后，你当时的心情怎么样?”

知情人的访谈话题可以是“某某某遇到大麻烦时，你当时怎么看?”“你规劝过他放弃养鱼吗?”“他后来采取了什么措施去对付麻烦?”“那个大麻烦是怎么解决的?”

——为避免过于繁复，兹不赘述。请读者举一反三，根据实际情况处理。

（4）在访谈实施过程中，要始终注意把握主动权，不让采访对象偏题跑题，实时引导对方根据自己的叙事需要进行讲述。由于故事叙事的人物镜头前访谈，主要内容是对事件重要环节所涉及的“往事回溯”，这样的讲述较为散漫，没有经过专门口头表达训练的当事人容易偏题跑题，这就需要叙述人具有清醒的认识，随时校正采访对象的叙述方向和内容重心，保证讲述按照故事叙事的要求进行。

（5）注意根据访谈对象的表述及时调整访谈话题。任何镜头前访谈的组织、实施，不管叙述者做了多么细致的前期准备工作，都会与访谈对象所掌握的实际情况有出入，这是常态。因此，在访谈过程中一旦出现访谈对象一定程度偏离了访谈话题原先的设计，但其偏离讲述的内容又确有价值，这个时候，就需要拍摄者当场做出调整，顺势而为，容纳甚至鼓励访谈者讲述新的内容，从而将变化了的有价值的讲述内容予以采集。

2. 关注事件重要环节里包含的细节方面的信息

细节是故事叙事的血肉，其在故事叙事中的地位非常重要。对一些重要的、关键的事件环节，除了要完整收集用于情节叙述的讲述材料外，还需要收集鲜活的细节讲述材料。例如，案件发生后，破案主人公勘验现场时的细节（当然，应把握好传播要求所规约的“度”），搜寻破案线索的细节，发现犯罪嫌疑人证据时的细节，破案抓捕时的细节，等等，凡是可以增强叙述效果、强化叙事动力的细节都可以酌情采用。来自人物在镜头前访谈所描述的细节，具有强烈的即视感和亲历感，在唤起观众情绪共鸣、营造观众“身临其境”感觉方面，具有不可替代的作用。

3. 对重要情节环节注意采集人物诉说感觉的讲述材料

对某些重要环节，为了增强感染力，优化故事叙事品质，应注意采集人物在镜头前访谈时诉说感觉的讲述材料。为了避免故事叙事沦为简单的情节展示而缺乏情感情绪的伴随，有必要适时融入唤起情感的因素。面对有些事件环节，主人公、重要当事人、知情者一定会有对这些环节的感受，一旦叙述人有意识地通过采访提问引导，就能够让他们讲出来，就可以在后期制作中作为唤起观众情绪或情感的触发材料。例如，主人公做出重大决定的事件环节，主人公遭遇重大困难的环节，主人公克服重大困难迎来转折的环节，相关人物关系出现重大转折的环节，主人公实现愿望、实现目标的环节，等等，诸如此类的情节环节，采访对象一定会有深刻而强烈的感受。其感受具有重要的叙事价值，都需要采集、保留，最后经过选择使用在节目中。

4. 收集相关人物对事件环节的评价材料

有的时候，需要相关人物对事件环节做出评价。例如，养鱼专业户自己事业成功，成为养鱼大王，同时通过建立合作社，帮助其他乡亲参与养鱼致富。那些受惠加盟的养殖户对该养鱼专业户的评价，是体现主题的重要材料，就需要通过访谈收集。又例如，大学生村官致力于村民致富和改善其生存条件，并在社区文化建设上取得成绩；回乡年轻村民认为改变了乡村传承千年的落后生活方式，具有跨越时代的意义，这样的评价对于升华故事主题也是有益的，是需要收集的。

5. 重视反映主人公或重要当事人内心冲突的信息材料

人物表现是纪实节目故事叙事的重要任务之一。很多情况下，人物表现是通过情节结构来实现的，因为前面我们提到过，情节是人物性格成长的历史。但在纪实节目故事叙事中，还有一种表现人物的方式，就是由主人公、重要当事人本人面对镜头讲述自己的内心世界及内心冲突，或者由他人讲述其看到的、听到的或感觉到的主人公、重要当事人的内心、性格和内心冲突方面的情况。这些通过镜头前访谈表露的信息与人物在情节中呈现出的信息结合起来，有助于完成对人物的综合表现。

这里特别要强调，主人公、重要当事人本人或通过他人的观察或感觉，以镜头前访谈的方式，通过讲述披露人物内心的矛盾冲突，是使纪实节目人物形象具备深厚内涵的有效实现路径，也是提高故事叙事纪实节目人文品位的有效措施，值得我们高度重视。

三、值得特别注意的关键采访环节

在纪实节目中，运用镜头前访谈的方式实现故事叙事，有一些需要特别注意的关键环节。例如，对事件中“冲突”环节的采访，就是最常见的关键环节。我们在前面论述过，由于在故事叙事中，主人公为寻求欲望目标的实现，采取行动，遭遇障碍或反行动，从而爆发与阻碍力量或反行动发起方的冲突，始终是故事表现的重点。冲突环节，如果能抓拍到现场冲突的场景固然最好；把情感事件的冲突双方请到演播室来发生正面冲突也是常见处理方式且具有较好的叙事效果；但是不可否认，大多数时候，面对过去时态的冲突环节，镜头前访谈及其综合运用是主要叙述方式。针对围绕冲突的访谈内容，比较理想的处理方式是：围绕某个冲突环节，让涉及冲突的各方人物，如主人公、反对者、重要当事人、关系改变事件中的关系攸关者、同盟者、知情者等，从各自的角度细致讲述冲突过程、冲突细节，然后在后期制作时，根据“凸显对抗”“强化交锋”“简洁明快”的原则，对截然对立的内容截取关键语句，交错剪辑，形成言语冲突状态。再配合现场还原的纪实段落，插入在冲突发生地拍摄的场地画面，辅之以适量的解说词，以此串缀形成具有一定强度的冲突环节表现，提高叙事质量。

四、摄录条件的准备和场景的确定及照明条件准备

当镜头前访谈的一般性准备工作完成之后，接下来就要进行实际摄录了。实际摄录之前需要做好如下准备：

首先，检查摄影机、摄像机的状况。摄影机摄像机的状况应处于可正常使用状态。备足视听信号的记录介质卡。

其次，要有合格的采访话筒。因为镜头前访谈的采音质量非常重要，直接决定所采集的音频信号今后能否在节目中使用。因此要采用专门的、合格的采访话筒。

再者，落实访谈对象所处的场景。前面我们已经提及，访谈对象所处场景，是节目内容的有机组成部分，不能随意处置。要根据叙事内容的要求，选择合适的访谈场景。例如，要表现人物漫长而沧桑的经历，可以在室内张挂黑色丝绒布幅，将采访对象置于布幅之前，调整摄影机光圈，使其材质隐去，呈现为黑暗背景。如果没有上述特殊要求，将对象安排在安静的场所，虚化背景、突出人物，也是选项之一。

最后，落实照明。拍摄人物镜头前访谈内容，如果要获得具有审美意味的画面效果，进行照明处理是必不可少的。因此，需要添置必要的照明灯具，并按照人像摄影照明处理的要求进行布光。这样才能获得符合要求、具有专业水准的访谈人像效果。

五、采访“扒词”的整理

当所有采访对象的镜头前访谈都完成之后，采集到的人物在镜头前的讲述素材，通常具有人物多、时间长、可用部分与芜杂内容并存的特点。那么，怎样将不同人物的讲述合理地、逻辑清晰地、富于表现力地使用到节目中呢？据作者了解，曾经有初学纪实节目故事叙事的编导人员，面对采集回来的包含十几人、长达数小时的镜头前讲述素材无从下手，完全无法进行后期剪辑。他说：观看这些素材就要花费好几个小时；往往看了后面忘记前面，停止观看就忘记很多东西，根本无法将合适的内容用在节目中合适的位置。他为此苦恼不已。现在，我们推荐一种有效的方法，供读者在整理、剪辑镜头前访谈素材时使用。这个方法就是：整理访谈“扒词”，以扒词文字作为基础，完成访谈内容的编辑。具体内容如下：

通常，整理访谈“扒词”的工作分为八个步骤。

第一步：准备纸和笔。

第二步：准备访谈素材播放装置。装置应具备播放、快进、暂停等功能，能够同步播放图像和声音。

第三步：以访谈对象人物为单位，逐个播放其访谈素材。

第四步：在白纸上写明播放对象人物名称，其在素材介质上的文件夹位置，以及其第一句话出现的时间位置。接下来，播放一句采访内容，按暂停键暂停播放，用笔在纸上写下这句话；按照这个方式，播放、暂停、写下素材中的句子……一直进行下去。每当播放并写下一个完整的句群，就在这个句群记录文字的最后用括号标注出这个句群最后一句在素材上的时间位置（注意：句群与句群之间所记录的时间，最好不要超过1分钟间隔；间隔时间过长，不利于节目后期编辑时寻找访谈素材）。按照上述方式，将全部视听素材的采访讲述内容转换成记录下来的文字稿，这个文字稿就叫“扒词”。

第五步：将“扒词”文稿整理成Word文档；准确保留其中的所有括号里的时间标注。

第六步：阅读“扒词”文字稿，弄清全部采访者讲述内容。

第七步：在撰写故事叙事纪实节目脚本的时候，依据“扒词”文稿，将选用的访谈词语句文字写入脚本，构成脚本中“采访词”这一部分。

第八步：节目后期编辑时，以脚本为依据进行编辑。遇到使用镜头前访谈的内容，通过脚本上的访谈文字和标注的时间，在访谈素材中找到“扒词”对应的视听素材，将其编辑进节目。

使用上面提供的方式，可以非常精审、恰当地使用镜头前访谈素材，从而提高整个节目表现和故事叙事的专业层次。

第四节　使用音乐和音响

音乐和音响资料在纪实节目故事叙事中地位很重要。但是，我们常常看见某些作品，使用调性与节目不搭的音乐资料，并且一贯到底，没有任何处理；音响方面，除了访谈同期声、画面背景声，再没有任何音响效果处理。这种状态下的音乐音响使用粗糙芜杂，对节目故事叙事会产生削弱效果、拉低品位的消极作用。

音乐和音响是重要的艺术创造元素，其在纪实节目故事叙事活动中的运用有着很大的创作空间，且其对叙事效果的影响非常明显，不可以不慎重对待。下面我们分别就音乐和音响在节目中的使用提出一些要求。

一、使用音乐的要求

（一）音乐应与节目匹配

在故事叙事纪实节目中选用的音乐资料，一般而言，在调性、情绪、风格上应该与作品本身的基调、特色、风格吻合。选择音乐时，并不是悦耳就好，而是贴切才佳。在音乐的选择上要拓宽视野，多选择几首（段）音乐备选，细心体察音乐与作品在内容上的联系，在编辑时边尝试边调整，逐步找到感觉，最后落实正式运用的音乐片段。

（二）避免在节目中一首乐曲纵贯到底的情况

在纪实节目中使用音乐，最忌讳一首乐曲纵贯到底，中间没有间歇、没有停顿。因为一首完整的乐曲其本身就有情绪的变化，有节奏的处理，它的情绪不可能与作品完全同步、合拍，一贯到底必然存在很多勉强的地方。另外，纪实节目自身有节奏处理的要求，一旦使用一贯到底的音乐，则节目的节奏就会受音乐节奏的拖累，不再有处理节奏的空间。

（三）使用音乐的恰当做法

在纪实节目中使用音乐的恰当做法，可以参考业界人士的一句行话："断章取义，片段使用。"这话的意思是，在纪实节目的音乐使用上，应以节目的情绪和需要为核心，音乐完全为节目服务。从音乐资料中抽取片段为节目配乐，节目情绪到达高点时，音乐推上去；节目情绪平复时，音乐渐隐甚至倏然而逝，都是可以的。音乐的不完整并不影响节目情绪和节奏的完整。

（四）镜头前访谈内容不宜叠加音乐

如非特别必要，在镜头前访谈进行时不宜叠加背景音乐。有的纪实节目在人物面对镜头做访谈讲述的时候，让音乐一直延续，压混在采访对象的讲述话语中。一般而言这是不妥当的。这种处理唤起的感觉，犹如两个人在交谈，其中一个人努力想听清楚另一个人讲话的内容，而这时音箱大声地播放着广场舞音乐，对倾听者构成明显干扰。

（五）花大力气寻找有个性、有表现力的音乐

这类音乐包括：乡土气十足的清唱的山歌，稚气十足的童谣，主人公或重要当事人自己演奏的乐曲，民族色彩浓郁的乐曲，具有象征意义的歌曲或乐曲（如作者所喜爱的、在节目中反复出现三次的歌曲或乐曲）。创作经验告诉我们，这些歌曲或乐曲在纪实节目中使用，常常会发挥意想不到的唤起情绪、烘托氛围的作用。

（六）音乐使用遵循法规

近年来国家出台了一些著作权方面的法律法规，要熟悉有关法规条文和精神，务必在法律和行政规章允许的范围内运用音乐资料。

二、使用音响的要求

所谓音响，通常是指除解说词之外的同期声、效果声。同期声是纪实节目中还原现场、创造声音现场感的重要元素。故事叙事新闻专题节目往往大量使用同期声，这成为采用故事叙事方式的新闻专题的鲜明特点。对同期声的使用，较为普遍的问题是使用时考虑不够细致，导致使用过滥。虽然同期声主要是一种还原现场感的因素，但它仍然是叙事表现手段之一，仍然要受节目创作通盘考虑的约束。一言以蔽之，仍然奉行“非必要、不使用”的原则。

效果声则更多的是一种用于氛围营造、意境创造的表现性因素。在效果声使用方面存在的问题，不是过滥，而是有的故事讲述者压根就没有使用它的意识。这在相当多的故事叙事纪实节目中都能看到。其实，在情节的一些节点上配合音乐，适当使用一点效果声，会对故事叙事起到很好的渲染气氛、营造意境的作用。

例如，清晨的山峦，双簧管领奏出清丽的旋律，融入几声婉转的鸟鸣效果声，令人心旷神怡、沁人心脾的清新感会油然而生。

又例如，一个远在他乡的游子在静静的月夜思念故乡，宁静如水的月光下，如果使用一点农家村舍鸡鸣犬吠、人声隐现的效果声，则很容易唤起观众的情绪共鸣。

再例如，渲染毒蛇的威胁，在眼镜蛇仰头攻击的刹那，配上毒蛇吐信的“咝咝”声，会立刻营造恐怖的气氛；而正午烈日阳光下，配上一点焦躁的蝉鸣，会让观众隐约感到热浪袭上心头。

效果声除了有上面提到的这些单独表现的意义，更多的时候是与音乐声融合使用，形成意趣盎然的复调效果，营造出撼人心魄的美感。

成都广播电视台拍摄的都市印象片《中国成都》（冉光泽、马向阳撰稿，彭辉编导，1999 年摄制），就比较成功地实现了音乐与效果声的融合运用。

在编辑《中国成都》的时候，编导以音乐为基础，适当融入效果声，营构出韵味十足的音频线，很好地诠释、渲染了画面，创造了较大的冲击力。全片在剪辑之初，先配上音乐，以音乐为基础音频线索，适当融入效果声，与画面情绪起伏相配合：当音乐深沉抒情时，画面是城市缓缓移摄的全景或大远景；

音乐逐渐激越时，开始融入都市的喧嚣声，而画面是车辆川流不息的街市和忙碌的人群；当音乐进入欢快跳跃的木管声部，画面上是装配线的机械手运动以及饮料罐装线的节律运行，此刻伴随着音乐可以听到融在音乐声中的“咔咔”效果声。一切还不仅仅如此。在一个声部行将结束的当口，一辆游乐园的翻滚列车呼啸而来，夹杂着巨大的隆隆效果声，这隆隆声刚好在一个音乐小节的气口上终结了乐曲。然后，是三个不同摄像机位的独木舟沿斜槽向下俯冲的镜头，最后一次俯冲突然被处理成慢放，独木舟冲下，溅起巨大水花，效果声与画面同步出现：舟上的少女们发出欢快的尖叫声，伴着独木舟巨大的击水声。所有的声响倏地结束，休止两拍之后，另一乐章的旋律响起，镜头以大远景面对长街通衢，猛然抬升。一会儿，高昂的小号吹出一串振奋的、向上爬升的单音，而暖色调子的画面上，经过特技处理的一轮朝阳正衬着高高的路灯杆向上跃升。音乐渐渐加快、渐趋强烈，画面上同步流动着经过加速处理的穿梭的车流、人流，以及体育场在瞬间由黄昏转到黑夜既而突然灯火通明的场景，而此刻的效果声是足球赛进球刹那惊天动地的欢呼。最后，在本乐章结束的时候，画面回到演奏中的交响乐团，当乐曲完全结束的那个点出现后两拍，一位小号手对着号嘴轻轻吹了一口气，同步伴随效果声——吹气的“呼”声，作为乐章的结束。另一段乐章是采用非常乡土的曲艺——四川清音婉转清丽的拖腔然后接深情的间奏，而画面却是若干十分现代化的都市高楼大厦的远景叠化，这又酝酿了一种韵味十足的声画分离的效果，这种效果令人心中涌起莫名的感动。全片的剪辑点，常常精确地与乐曲和效果声的节点相配：女孩子在试衣镜前的一回眸，慢放的舞蹈者的一个跳跃，时装模特造型停留之际的一次镜头急推……伴随着“哗”“嘭”“刷”的效果声，成为一个个音乐转换的节点。总之，全片充满了类似的音乐加效果声的处理。这种处理把一部本来应该枯燥乏味的城市概况片，转化为充满意趣甚或震撼人心的印象片，淋漓酣畅地传达了撰稿人和编导者对这座生机勃勃的现代城市的感受和热爱。

音乐和效果声的使用，拥有非常广阔的创造空间，值得我们去积极探索、大胆创造。

第五节　字幕使用及包装

在故事叙事纪实节目的后期制作中，还需要叠加字幕，进行包装，最后才能完成一部完整的作品。这两项工作看似普通，但对节目最后的品相也有着相当程度的影响，应该引起我们的重视。

一、字幕使用的要求

字幕所涉及的类型有人物身份字幕、说明性字幕、唱词字幕（又叫“扒词字幕”）、片名字幕、职员字幕等。对字幕处理的一般性要求有以下几点。

（一）人物身份字幕和说明性字幕

人物身份字幕是用于指明节目中画面上出现的人物的姓名、身份的，而说明性字幕则是用于说明画面上含义不明确的事物的，如画面上出现的一个青铜器、某个特定的场景等，由于其含义不明确，就需要用“说明性字幕”指明。关于这两种字幕形式，通常有如下要求：

对字幕本身的要求，涉及的因素主要有字体的选择和搭配，文字颜色的选择等。

选择字体，既要考虑美观、协调，也要考虑与内容的匹配。比如，隶书、魏碑字体古拙沉重，适合历史考古方面的内容；幼圆、中圆活泼现代，适合青春型、文艺方面的内容；黑体庄重，适合严肃的题材；宋体通俗，适用范围广阔。至于广告体、彩云体、童稚体、竹节体、贱狗体或其他种类的美术字体，或俏皮，或幽默，或怪异，适合少儿、游戏性、喜剧性内容等。

字体的搭配，主要是为了区别文字的不同应用意涵。比如，在人物身份字幕中，如果姓名“张××”采用黑体，则“大学教授”就用宋体，予以区分。

人物身份字幕、说明性字幕，通常需要设计一个字幕衬底与其搭配。比如，为“张×× 大学教授”字幕衬上一条灰色背底，左边沿再镶一条装饰性红线；或者将衬底设计为上下两部分（上下两个条形衬底），上面部分用深灰色，放置姓名，下面部分用浅灰色，放置职务、职称。

衬底的视觉影响比较明显，故需要精心设计。衬底设计的要求是：美观、协调、规范、统一。

美观就是要符合审美要求，要看着顺眼。

协调有两层意思：一是衬底本身如果由两种以上色块组成，则这些色块的颜色、灰度、透明度等搭配要协调；二是衬底与内容特点、画面和字幕要协调。

规范的含义是，在同一个节目的不同位置，衬底的基本格式，如边框比例、色彩性质等应该是一致的，不能随意变动。

统一指的是在系列节目中，每一个节目都应该使用经过确定的统一的衬底，而不能任意更改。

（二）唱词字幕（又叫“扒词”字幕）

唱词字幕的字体用得最多的是黑体，也有使用宋体的，一些讲述古代故事的节目也有使用魏碑字体和隶书字体的情况。这需要考虑与叙事内容的匹配。

有时候，可以在唱词字幕中应用不同颜色表达区别意义。比如，字体不变，但访谈者的唱词字幕文字用白色，记者的提问唱词字幕用黄色，等等。

（三）片名字幕

片名字幕是故事叙事纪实节目的重要组成部分。好的片名字幕，能够给观赏者以强烈的视听冲击，从而激发其继续观赏的愿望。

片名字幕不应该仅仅理解为是标注本节目标题或名称的符号，而应该将其作为一个唤起观众情绪、激发观众观赏兴趣的艺术因素来考虑。故事叙事的纪实节目，完全可以借鉴电影故事片和电视剧片名字幕的成功做法来进行处理。例如，可以在内容开始前出片名，也可以在序篇之后出片名；可以在静态背景上叠加片名，也可以在内容画面上叠加片名；片名可以淡入淡出，也可以逐字跳出；片名可以使用规范字体，也可以使用美术字体，还可以用抠像等方式使用手写字体；等等，灵活多样。一切根据故事叙事的需要和节目的风格特点来决定。

（四）职员字幕

通常情况下，故事叙事纪实节目因为不存在大规模的表演，故没有“演员字幕”，而只有“职员字幕”。职员字幕是用来表示节目创作工作岗位及履行该岗位职责的人员姓名的字幕部分。出现在职员字幕中的工作岗位及职责主要包括以下几种。

策划：负责萌生节目创意，对节目进行产品设计，构拟节目框架，对题材事件进行故事叙事的前期处理，形成节目的策划方案或叙事提纲。

撰稿：负责根据节目的策划方案或叙事提纲，结合前期拍摄的内容，完成节目脚本的撰写。

编导：负责根据节目叙事提纲和脚本组织节目的前期拍摄和后期制作，是节目内容上、艺术上视听表现的总负责人。

摄像/摄影：负责在节目前期拍摄过程中，执掌摄像机/摄影机实施拍摄，是节目视听信息拍摄采集部分的实际操作者。

录音：负责在拍摄现场采集符合要求的音频素材。

照明：负责前期拍摄过程中照明工作的实施，包括管理照明灯具、现场布光等。

后期制作：负责按照编导的要求，具体操作后期编辑系统，对节目进行后期剪辑、后期包装。

录音合成：负责将主持人演播室主持部分、解说部分、音乐和音响等音频内容，与视频内容整合到一起，并依托录音合成的专业能力，使节目音频内容臻于专业水准。

音乐编辑：负责节目音乐使用方案的设计、音乐资料的遴选、作曲及演奏录制的组织、音乐资料在节目中的使用，等等。通常，音乐编辑也可以负责音响使用方案的设计、音响资料的遴选以及音响资料在节目中的使用。

主持人：负责节目主持，以主持人身份讲述故事。

出镜记者：负责在节目中进行采访和现场介绍，以节目组成员身份讲述故事。

情景再现出演：负责在情景再现中作为替身演绎情景。

剧务：负责节目前期摄制和后期制作的条件保障，如联系采访人、落实现场观众、安排车辆和食宿等。

制片：负责节目创作过程中经费的使用、开支的掌握。

技术保障：负责节目前期拍摄和后期制作过程中，对全部摄录、编辑器材提供保障，保证器材处于良好可运转状态。

技术监制：技术系统的总负责人，对节目技术质量总把关。

制片人：节目经营、管理事务的总负责人，尤其是经费及预算的总负责人。

监制：负责节目创作及质量保障等具体事项的监督，通常由分管领导担任。

总监制：对节目质量承担总的责任，通常由更高级别领导担任。

上述岗位不一定出现在每一个故事叙事的纪实节目中，有的节目制作班子为了节省成本，由编导一人承担策划、撰稿、编导、后期制作、音乐编辑等若干岗位的职责；有的时候，一个岗位有若干人承担相同的职责，如摄像两人、剧务三人、出镜记者三人，等等，都是有可能的。因此，一个节目最后职员字幕的拟定，应根据各个节目的实际情况进行。

二、包装的要求

这里的“包装”，指的是故事叙事纪实节目的包装。它是指使用视觉和听觉等领域的艺术手段，在节目后期制作阶段，对节目进行形象美化、效果强化、氛围渲染等处理，以提高作品吸引力、感染力的创造性工作。一个节目完成初编后，就具备了大致的故事叙事框架。这个时候的节目还只是“毛坯”，各方面还显得很粗糙，经过包装之后才能成为专业化的、形态成熟的、充满魅力的作品。对包装工作，有如下具体要求。

（一）熟悉包装手段，了解其在包装中的作用

在故事叙事纪实节目中，常用的包装手段都有一定意义或作用。叙述者需要了解、熟悉它们，进而恰当而熟练地运用它们。包装主要有如下手段。

1. 视觉

慢放（高速摄影）：慢放有明显的延展时间的作用，其与正常速率的镜头组接，有令蒙太奇时空突然凝滞的效果，可用来强化情绪、放慢节奏、表现异常氛围，具有非常夸饰的效果。例如，在离散多年的母子相认、主人公奋起反抗不法侵害等场景中运用慢放，配以恰当的音乐，会有很强的视觉冲击力。

快放（延时摄影）：快放有很强的压缩时间的功能，在强调城市的繁忙（行人、车辆川流不息）、表现主人公异常的主观视像（使用主观镜头的条件下）等场景中，“陌生化”导致新鲜感的效果非常明显。

镜头急推、落幅定格：具有强烈的对特定对象的强调功能，通常针对同一对象三个角度连用，配上效果声，“强调”的效果十分明显。例如，对刑侦故事重要证据的强调就可以使用这种手段。

装饰模板：装饰模板是指利用一些与内容吻合的视觉美化模板来对画面进行处理。例如，纪实的红色革命故事，使用下沿红绸飘扬的模板包装反映革命斗争的历史照片；使用青花瓷图案的模板包装民间艺人创作场景的画面；等等。

数据可视化：数据可视化是将所有出现在节目中的抽象数据、宏观走向等内容用可视化的方式表现出来。电脑特技功能的提升和普及，使得故事讲述者有丰富的手段来完成对数据的可视化表现。这也是包装的一个方面。例如，将抽象的行军路线用虚拟地图加上行军箭头表现，将抽象数据用活动的饼图、柱状图等予以表现，为人物介绍配上电脑手绘速写图案，用动画表现较为复杂的道理或事物间的关系，等等。

特殊字幕和特殊符号：特殊字幕是指具有图形意义的卡通化、美术化字幕，这些字幕叠加在画面上，起到诙谐、幽默、强调的效果。例如，小女孩冒出一句似乎与其年龄不相符的令人惊叹的警句，立刻配上大大的美术字幕

"哇！"特殊符号是指惊叹号（！）、省略号（……），甚至"＃ @ ＄ ％ ＆ ￥"等网络常用符号，以及各种网络表情符号。这些符号用在故事叙事中，可以用来表达特殊的、诙谐的情绪，赋予作品一抹"网感"，而这是年轻人群非常欢迎的。

2. 听觉

音乐包装元素：这里的音乐包装元素是指并未纳入音乐使用方案、未作为主要创作因素使用的音乐。例如，对主持人在演播室现身、手势、动作进行渲染的音乐片段，恐怖场景出现时的氛围渲染音乐，节目转换段落时使用的音乐片段，片头字幕使用的音乐片段，片尾字幕使用的音乐段落，等等。音乐是非常强烈、鲜明的听觉元素，用于包装，可以丰富故事叙事纪实节目提供的视听体验，对节目起到增色的作用。

音响包装元素：音响包装元素指纯粹为获取特殊效果而使用的音响材料。如为人物的一句可笑的话配上笑声；为镜头急推配上"刷""哗"的音效；为主持人的动作配上效果，如主持人用手一指，配上"嘭"的音效。这些运用并不对人物表现、主题表达产生作用，纯粹为取得某些特殊效果，所以归入包装一类。

（二）根据节目内容特点，结合叙述追求，拟定包装方案

拟定包装方案需要认真观看已经完成的节目初编版，对节目的总体感觉进行细细品味、体验，从中发现需要强调、强化、渲染的环节、片段、点位，然后选择有助于实现"强调、强化、渲染"目标的包装手段，对应使用。通常这个过程不是一个僵化的、例行公事的过程，而是充满创意和激情的过程。要放飞想象的翅膀，酝酿良好的情绪，在驾驭形象思维、追求神游异域的进程中完成包装方案的拟定。包装方案可以写成简易的提纲，叙述者、后期制作人员自己能够读懂就成。

（三）根据方案，逐项落实

根据包装方案，结束激情澎湃的阶段，冷静地进入烦琐的操作过程。这时，需要逐一调动包装工具、处理软件，对各个需要包装的环节、片段、点位进行包装处理。这个过程是一个略显枯燥的工作过程，但一旦处理完毕，节目完成版呈现出经过包装之后的样态，工作人员枯燥的工作就会换来观众良好的观赏体验。

总而言之，包装是故事叙事纪实节目完成阶段重要的视听表达处理工作，

应予以高度重视。

第六节 视听节目脚本写作与后期制作模式

故事化叙事纪实节目的创作流程通常是这样的：

选定具有故事潜质的事件→完成先期采访，收集到足够的题材事件的故事信息→运用故事叙事的工具“情节模式”针对题材事件完成“情节结构”的设计，拟定节目叙事提纲→根据节目叙事提纲进行先期拍摄→对情节结构进行调整，完成对节目内其他视听元素的运用构思，撰写节目脚本→依据节目脚本进行补拍和资料收集，完成节目后期制作、包装→将节目提交审核，收集审核意见→修改节目→完成节目最终版→最终版节目再次提交审核→审核通过，提交发布。

在上述过程中，比较关键的一步是“撰写节目脚本”。纪实节目故事叙事需要精密谋划和实施，应该使用工具来保证这一目标的实现。前面我们提到过，初级工具是“叙事提纲”，用于指导前期拍摄和为后续工作提供基础；高级工具是节目的脚本。脚本是在纪实节目前期拍摄之后、后期制作之前撰写的反映未来节目面貌、指导节目完成工作的蓝本。有了脚本，后期制作可以有条不紊、严谨推进。脚本与剧本不同，剧本用于虚构节目的摄制，而脚本用于纪实性节目的制作。

脚本没有统一的格式，我们在这里推荐一种电子文档格式。这种格式的基本构成借鉴了20世纪八九十年代电视台普遍采用的“电视节目文字稿本”稿笺纸的格式。进入电子文档撰稿时代，这种电子文档格式在成都广播电视台等电视机构曾经使用较多。下面是四川传媒学院广播电视新闻学2012级校友卿柔女士以这种格式撰写的故事叙事人物专题片《追梦》的脚本，我们在这里作为样例介绍给读者。①

① 这是卿柔女士在学校读书时的习作。《追梦》专题片和其脚本文稿从未对外公开发布。现经本人同意，在此将本文稿作为样例用于教学，请勿用于其他用途。特此声明。

【电视片脚本】

人物专题片《追梦》脚本

画面	解说词、采访词及音乐音响说明
主人公胡春煦接受采访（插播他成长过程的照片集，设置悬念）	【采访词】比赛的时候就会一直想这几年的经历，也会觉得不可思议，这些过程就不停地浮现在自己的脑海中。终于到这个舞台上来了，一种梦想成真的感觉。
赛道上，运动员骑着自行车飞驰而过 自行车车轮碾过赛道	【解说词】他说："铁人三项最精彩的不是实现梦想的瞬间，而是追梦的过程。"这个小伙的追梦之旅就是大写的"正能量"。
画面变模糊 出现片名	【片名字幕】追梦 【音乐】《小旭音乐—萌芽》
胡春煦在比赛中英姿飒爽的照片 胡春煦身披中国国旗冲过赛道	【解说词】胡春煦，一个看起来普普通通的什邡小伙，正如他的名字一样，给人一种如沐春风的感觉。在 2015 年冬季来临之前，28 岁的他登顶了铁人三项运动的梦想之巅。
胡春煦在采访中的背影（模糊） 看着镜头接受采访 端着茶杯喝水（似乎在回忆）	【采访词】"当你了解到这个比赛以后，作为铁三爱好者，都会把这个赛事作为自己的终极目标。但是你要去参加这个比赛确实太难了。" 【音乐】Capo Productions *Journey*
2015 年铁三世锦赛上，运动员跳水游泳，上岸后奋力骑行，最后赛段艰辛跑完，人声嘈杂 胡春煦和巴斯身披国旗冲过终点线（镜头一组） 阳光在树叶中留下剪影（意蕴：回忆）	【解说词】铁人三项世界锦标赛，要求运动员在一天时间内完成 3.8 公里公开水域游泳、180 公里自行车骑行以及一场 42 公里的完整马拉松跑步。2015 这场铁人三项世界锦标赛在夏威夷举行，仅有两名中国人获得参赛资格，胡春煦是其中之一。而仅仅在 4 年前，他还是一个对运动一知半解的游戏宅男。 【音乐】网络歌手——《体育 2008 奥运金牌榜背景音乐》
胡春煦和妈妈讲述着这段	【采访词】（胡春煦）当时对外表现就是没有自信，不太愿意

往事。 （空镜头）一群人在网吧里玩游戏，手扶着鼠标，网吧外的水洼里出现了“网吧”两个字的倒影	跟人交流，其实骨子里头自卑嘛，因为就是你在游戏里头还比较成功，但回到现实你又啥都不会，形象也不太好，又胖，所以是这种很矛盾的心态。 （妈妈）精神很萎靡，生活没有目标，做什么都打不起精神，对什么事情都不感兴趣，每天就沉迷于游戏，不想学习。 抽烟避着我，玩游戏也是偷偷摸摸的。
妈妈的侧脸似乎是在回忆，脸色比较凝重	【解说词】不仅抽烟还沉迷游戏，妈妈当时为儿子的健康状况十分担忧。春煦告诉我们他当时的体重一度超过了180斤。
胡春煦接受采访 打游戏的空镜头（插入画面）	【采访词】身体的状态就很糟嘛，可能走几步路，或者爬楼梯就喘。会长期地宅在家里打游戏，有时暑假一个月都不咋个出门，打魔兽世界。
胖子胡春煦看着镜子里的自己（情景再现，模糊处理）	【解说词】大学里的一个清晨，看着镜子里的自己，这个躲在游戏里逃避现实的小伙，心灵受到前所未有的震动。
胡春煦的妈妈接受采访	【采访词】应该是他大三的时候，他猛然间说在镜子面前看着自己，满脸油光，体态也很肥胖，他觉得自己那几年活得很颓废，活得没有目标。他就彻底想改变一种方式生活，决心把游戏和烟戒掉。
胡春煦在网上浏览网页，查看帖子	【解说词】一件偶然的事情使胡春煦的生活开始发生转变。
胡春煦接受采访	【采访词】当时在网上看到有一个帖子，就是骑川藏线，从上海骑到尼泊尔，还是一个普通人。我就很认真地看完，觉得他还是一个上班族，一个很普通的人，他都可以自己做的事情，那我也可以尝试一下。
胡春煦开始跑步，冲出去就变成骑行在川藏线上。骑着车的他超过同伴，骑向前方，以他为第一人称的视角骑行在各种环境	【音乐】纯音乐——欢快节奏的音乐

里。（手法：充满节奏感的快剪，展现骑行的快乐）	
胡春煦接受采访	【采访词】遇到很多困难和问题，一个是体力（问题），很累，状态不好。更多的还有自行车货架断了，一直背了包骑车，所以现在腰上一直有伤，当时压出来的，后面一直没有变好。当然还有刹车坏了，又被狗追。骑了十多天后，就比较枯燥，风景没有太大变化。骑了一半，刚过金沙江桥进入西藏界，我们队伍就在商量到底骑不骑。当时不是体力累，就是觉得每天都差不多，当时就说要不包个车就去拉萨。我还是比较坚定，说"我们来都来了，还是要骑完"。
（空镜头）突然天色变暗，天空下起暴雨，春煦主观镜头：在漆黑的环境里艰难骑行	【同期声】坏事总是接踵而至，在最接近终点的地方他遭遇了最艰难的一程 【音响】雨声哗啦
胡春煦接受采访 前方车子的远光灯迎面炫目而来 远处有光的市集	【采访词】最后离拉萨很近的时候，大概六点钟，天很黑，但天色一下就变了，下着暴雨，我的手电筒也坏了，除了路边的白线，什么都看不见，当时七点钟，离目的地还有 30 多公里，骑得特别特别绝望。对面不断有车子向你开过来，很容易一不小心就撞到你，他们过来灯光就会让眼睛花一下，很恐惧，很惊惧，还下着暴雨，电闪雷鸣的情况下，只有不停地一直骑一直骑，感觉前方有希望有灯光——你在一个最难熬的时间里面，但城市那里有光，就相信只要一直骑下去肯定能到目的地，就这样一直挺到最后。当晚九点到十点的时候，看到光就感觉一下子被拯救了，救命了的心理。
胡春煦从回忆中出来，端着杯子静静地喝水、沉思	【音响】若隐若现的小鸟啁啾声
胡春煦的妈妈接受采访 妈妈的手部特写和侧脸特写表示回忆	【采访词】骑川藏线回来，应该说他的健康状况以及他的思想变化，我觉得都是非常大的。主要他通过川藏线，经历了很多，看到了很多，克服了很多困难，终于骑过了川藏线。

	【音乐】Bandari *Snowdreams*——纯音乐版
照片里的小伙子，从白白胖胖变得黑黑瘦瘦，在骑行的路上卖力向前	【解说词】胡春煦经过艰难的骑行，体重从 180 斤掉到了 140 斤，从原来的白胖小伙儿变得黑黑瘦瘦，妈妈在心疼的同时也感慨儿子长大了。骑行的路上，一个叫阿枫的香港人，让胡春煦了解到极限运动的魅力，接触的过程中胡春煦也改掉了不少恶习
胡春煦接受采访	【采访词】2013 年决定跑马拉松的时候（开始戒烟），之前有过戒烟的想法，但一直没有很明确的目标。开始跑步以后，我看那些马拉松（比赛）很难，如果不好好训练，控制自己不好的习惯，就跑不完。所以决定（把烟）戒了。逐渐就开始（把烟瘾）控制了，减量，最后也戒了。抽了不少年头，至少一天抽两包多，烟瘾很大。
风吹动新生的绿叶（表示希望） 马路上人来人往，大家都急匆匆地赶路 胡春煦在操场上跑步（情景再现，模糊处理）	【解说词】毕业于四川传媒学院新闻系的胡春煦，由于专业对口，很快进入四川报业集团全媒体中心做体育记者。这期间的一次经历，使他的关注重心从体育报道，转移到体育本身。他的人生由此进入了命运的岔路口。这是怎样的一次经历呢？
胡春煦接受采访	【采访词】那一年赶上集团 60 周年大庆，开展各种比赛，其中登山赛是集团最看重的项目，当时我还是实习生，我就拿了男子第一。领导也很高兴，在这种场合能拿到第一名，自信心建立起来了。我感觉特别好，觉得自己是个运动员。
（空镜头）风吹动小白花（代表希望），虽然微小，但别样美丽	【解说词】自信心悄悄地在心中生根发芽，一次偶然的机会，他接触到了改变自己命运的体育赛事
胡春煦接受采访	【采访词】8 月份我去参加一次铁人三项新闻发布会的时候，了解到这个项目。一看觉得这个项目不错，也想更进一步挑战自己，决定就报了名，当时单位领导还很支持我。

“铁人三项”的徽章出现在屏幕上 胡春煦端起茶杯在沉思 （空镜头）风吹拂垂柳	【解说词】铁人三项，“铁人”才能完成的项目，听起来让人热血沸腾，但也预示着超乎寻常的困难和压力。在胡春煦未来的道路上，都有什么在等待着他呢？
胡春煦接受采访	【采访词】刚刚比（赛）完成都的那次标铁，没有找一个圈子。就想要一次就可以了，以后再办每年参加一次。到了13年就加入了“拖家带口”俱乐部，大家都是开始玩这个项目的。大家一起玩，互相鼓励，有一个共同的目标。
“拖家带口”俱乐部众人开心的合照 一起训练照片 一起出行照片（照片一组）	【解说词】从一开始的简单玩玩，重在参与，直到有了“铁三”的圈子，大家互相鼓励，胡春煦渐渐有了坚持下去的念头。而一个关键人物的出现，点亮了春煦的追梦之路
胡春煦接受采访 大姐的照片 英国莎士比亚剧院的照片 大家一起跑步训练的视频	【采访词】在（20）13年夏天的时候，加入了一个女队员。那个大姐骑着山地车他们跟不上，跑步也是，大家都跟不上她。第一次组织出来训练，就认识了大姐，确实很厉害，40多岁了，可以倒立，体能训练像特种部队的一样。家住英国，在莎士比亚剧院做中英文化交流项目（工作），她给我带来了国外的先进理念和信息，我收获特别大。有这样的人在身边鼓励和激励你，你就会有更多的动力。而且从她那里我了解到Ironman的世界锦标赛，她的梦想就是参加这个比赛。
（空镜头） 阳光透过树叶 游泳馆里 小朋友打闹嬉戏，蓝莹莹的池水（模糊）	【解说词】大姐的话点亮了胡春煦的心，从此Ironman世界锦标赛也成为胡春煦追逐的终极梦想。作为一个完全的新手，要冲击世界级赛事，胡春煦的追梦路上困难重重。最开始也是最困难的，就是要面对自己怕水的毛病。游泳作为铁人三项比重较大的项目，对比赛成败至关重要，胡春煦是否能够克服这个问题呢？ 【音乐】张镒麟《紧张》——纯音乐版（音乐渐低）
胡春煦接受采访 水光潋滟	【采访词】开始的时候比较怕水，可能小时候学游泳长期没学会，后来勉强会蛙泳。技术也不好，掌握不了平衡，老是会呛水。戴上鼻夹耳塞去练习，对水还是一直都有点害怕。周

水里挣扎向前的运动员，不断滑动的双手	末在成都的话，我们就会想方设法去找一些江啊湖啊水库啊，跑这些地方去游泳，克服自己的这种心理障碍。
胡春煦一个人背着手在房间里走来走去，显得很焦虑（情景再现，模糊处理）	【解说词】由于天生对水的恐惧，后天再勤学苦练，进步也很缓慢。2013年胡春煦获得了美国逃离恶魔岛“铁人”三项比赛资格，本应该是一件高兴的事，他却为此深感焦虑。
胡春煦接受采访 一声枪响，运动员纷纷跳入水中，奋力向前游泳 水很浑浊，所有人都在水中挣扎	【采访词】“逃离恶魔岛”这个比赛，它的游泳赛段应该是全世界最难。早上六点半两千个运动员需要从旧金山坐渡轮，围绕恶魔岛著名景点绕一圈，早上七点半一波一波地从2米多高的船上往底下跳。为什么说它难？因为一般的比赛都是有水线的，顺着水线游，有一个方向。（这个）都没有，从远处跳下去，要从前面的沙滩登陆。抢滩登陆的感觉，逃命一样。而且旧金山的早晚温差特别大，早上水温比较低，也就十二三度，即便我们穿了防寒泳衣，还是很冷。冻得在水里脚会抽筋，再加上浪很大，水很浑浊，看不清楚。所以就一直很挣扎，比赛前看到视频就觉得特别困难。
胡春煦在健身房做着各种各样的器械，努力提升体能	【解说词】凭借着坚强的意志以及刻苦训练打下的基础，胡春煦在游泳赛段成绩并未落下太多。但这块短板也成了春煦心中的隐痛，为此他训练得更勤了…… 【音乐】纯音乐——舒缓
跑步机上胡春煦在练习跑步 跑步的镜头逐渐变得模糊 树叶在风中摇摆不定	【解说词】高强度的训练让春煦的体能水平蒸蒸日上，工作上也迎来了一个巨大的转折……一家北京体育媒体邀请胡春煦北上，让他专门做铁人三项的报道。一边是在成都的稳定工作，一边是未知的前程，胡春煦会如何选择？
胡春煦接受采访	【采访词】当时在四川，有更好的工作机会，更轻松，比较稳定。其实去北京，压力会很大，其实说实话也不了解具体干什么。关键是他给我许诺过去专门做铁人三项的报道，因为是自己比较感兴趣的，（虽然）薪酬待遇还不如成都给我的（多），但就是没有考虑这些因素，如果考虑这些你也不会玩铁三（项目）。

胡春煦拖着行李箱独自“北漂”的空镜头	【解说词】就这样，这个除了骑行川藏线，从未离开过四川的小伙儿，拖着行李箱，踏上了寻梦的旅途…… 【音乐】赵传《我是一只小小鸟》
微博微信内容截图 《胡侃铁三》的视频片段	【解说词】凭借之前的媒体从业经验，胡春煦不仅把铁三的微信、微博等管理得有条不紊，还自创了一个铁三脱口秀栏目——《胡侃铁三》，把俏皮四川话和铁三知识结合起来。
(空镜头) 马路上车水马龙	【解说词】工作压力加剧，导致训练时间大幅缩短，如何平衡两者关系，成了困扰着胡春煦的巨大难题。
胡春煦接受采访 大都市写字楼的忙碌工作空镜头 胡春煦日常训练跑步镜头	【采访词】工作压力还是蛮大的，你要去报道很多国内的铁人三项、自行车等各种各样的比赛，负责公司的网络、新媒体方面的维护，发布信息。自己的训练时间是打了很大折扣的。一直在找平衡，努力在找平衡，就因为这个项目很难，也很费时间，(平衡) 可能是一辈子的课题，只要你不是职业运动员，一辈子都要面临这种平衡。
照片：胡春煦在医院接受跟腱检查 (空镜头) 风吹叶动，小草在风中摇曳	【解说词】坏事接踵而至，之前训练时患上的严重跟腱炎，到北京后再次复发……
胡春煦接受采访	【采访词】到北京刚开始 (训练的时候)，跑得有点凶，就复发了，越来越厉害。整个 (20) 14 年的夏天基本上没跑步。就是不能光脚沾地，就很痛。当时病没有好就参加了 (20) 14 年北京国际铁人三项赛。上岸有 600 米必须光脚跑，那一段从来没那么痛过，就钻心的痛，跟针扎一样。
(空镜头) 光线从树叶的间隙透进来	【解说词】由于工作与训练难以平衡，再加上伤病复发，(20) 14 年，胡春煦与梦想失之交臂……
胡春煦接受采访 (以胡春煦体能训练慢动作收尾)	【采访词】去参加这个比赛的信念一直是有的，我甚至想过，如果 30 岁之前参加不了，我甚至辞职，像职业运动员一样训练一年然后去比赛，去拿这个资格参加赛事。

照片一组： 胡春煦接受治疗 胡春煦参加讲座 胡春煦体能训练表 胡春煦和女朋友相拥 胡春煦身披国旗冲过终点线	【解说词】经过一年的休整，胡春煦积极复健，并凭借自身努力考入北京体育大学研究生院，接受更加科学的指导和训练。在学习和工作中，春煦结识了同为体大研究生的范世怡，两人坠入爱河。而 2015 年 8 月胡春煦获得铁三世锦赛参赛资格。同年 10 月，作为仅有的两名中国选手之一，胡春煦以 10 小时 59 分 46 秒的成绩顺利完赛，五星红旗飘扬在夏威夷铁三终点。 【音乐】平安《圆梦》
（胡春煦本段采访不露面） 照片一组： 胡春煦最初的胖子形象 骑行西藏 参加金堂赛事 冲过终点（照片止） 以胡春煦意味深长的面部表情特写镜头结尾	【采访词】可以看到自己不断在变强，体质越来越好，人也变得更有自信。看到自己的成绩不停地进步，还可以站上领奖台，这些都是以前没有想到过的。
自创品牌“和煦体育”的标志以及相关产品 鲜艳的花朵盛放在花丛中，阳光洒下来 胡春煦对着镜头微笑慢镜头（淡出，转黑场）	【解说词】对于接下来的打算，胡春煦告诉我们，他想要创业，想要把铁人三项这个爱好变成一份事业，让自己的人生进入一个新的阶段。这是他新的梦想。 【音乐先停顿，再抒情，体现意味深长的韵味】
黑色衬底上，白色黑体字职员字幕缓缓上拉	【音乐延续】
字幕：年月日	【完】

对上面这个脚本的电子文档格式及其相关内容，我们做一些说明。

一、脚本是节目最终确定的情节结构的载体

从上面这个脚本可以看出，节目最终呈现的情节结构是在这个脚本中得以

确定的。例如，从脚本中反映出的节目情节结构来看，开始部分的情节环节是主人公参加铁人三项运动的情况。而按照叙事提纲中原始的“情节结构”中的定位，“参加铁人三项运动”这个情节环节，应该是在“照镜子时对自己的身体和精神状态不满”（激励事件）、“参加骑行西藏活动”（采取的第一个行动）、“戒烟”（采取的第二个行动）、“参加单位组织的登山比赛拿到第一名”（采取的第三个行动）之后，所采取的第四个行动。但在脚本当中，叙述人从叙述需要出发，对这个情节环节的位置进行了调整，把这个对主人公命运改变至关重要的情节环节放在了开始的位置：一则表示强调，一则与结局形成照应。这个例子演示了情节结构的调整如何在脚本环节进行。

二、脚本文档格式特点

这个文档格式，分为左右两栏。左边的一栏供撰写“画面”说明使用，容纳视觉信息；右边的一栏撰写“解说词、采访词及音乐音响说明”，容纳音频信息。左右两栏的内容，由上至下按照时间线排列。需要同时出现在相同时间节段的画面和声音（含解说词、采访词、音乐、音响等），以左右并列出现来表示；画面的意群段落与所对应的声音意义段落，以空一行来表示。这样的处理，能够将撰稿者所设想的未来节目的视、听基本状态，较为准确地用文字表述出来。在进行后期制作、包装的时候，画面和声音彼此是什么关系，两者融合之后是什么感觉，都能够得到一定程度的表现；缺少什么画面需要补拍或者需要寻找什么视频资料，以及需要收集什么音乐音响材料，都一目了然。

三、撰写左边一栏内容的要求

在撰写左边一栏“画面”部分的内容时，撰稿者可以根据已有的视频资料按照后期剪辑的要求进行构思，然后形诸文字；也可以根据右栏解说词或采访词的内容补充视频资料，并构思出需要补充哪些额外的视频资料。这个过程不仅仅是撰稿码字，实际上是在进行未来节目画面部分的设计和构思。完成了这一步工作，对未来的画面编辑就有了明确的方向感，就初步实现了未来节目画面部分的“成竹在胸”。

四、撰写右边一栏内容的要求

撰写右边一栏“解说词、采访词及音乐音响说明”部分内容时，其主干部分是解说词和采访词。撰写解说词的时候，按照我们前面提出的要求，要谨慎使用解说词，尽量精简其中的概述部分，尽量让解说词有对应的画面依托、能够被“具体表现”。采访词的选择和使用，基于镜头前采访获得的受访者访谈素材的“扒词”文字。前面我们提到的“扒词”文稿，在这里派上用场了。通过阅读受访者的“扒词”文稿，我们对整个采访内容能做到完整把握、非常熟悉（熟悉到句子、语气）。在此基础上，根据节目内容进行精心选择，将采访词与解说词、空白部分交错安排，形成丰富多彩、摇曳多姿的叙述状态，从而有效地提高节目的可视性和吸引力。当受访者人数较多的时候，“扒词”文稿对于撰写脚本的这一部分内容显得尤其便捷高效。

右边一栏“解说词、采访词及音乐音响说明”还包含音乐运用、音响运用的说明。撰稿人将构思过程中选中的音乐标注在这一栏，在重要节点上还可以对音响运用进行说明。这样，未来整个节目的音乐音响状态就可以让阅读者大致感觉到了。

五、根据脚本文字内容统计节目时间长度的方式

采用这种格式的文稿，可以用两种方式统计节目的时间长度：

第一种方式是针对表格右栏的内容，采用下面的公式，计算出节目的时间长度：解说词时间长度＋采访词时间长度＋留白部分时间长度＝节目时间长度。其中，解说词时间长度，根据故事叙事节目解说词的通常播读速率，可以按照1秒钟4个字、1分钟（60秒）240个字来计算；采访词时间长度就是“扒词”对应的素材上的采访片段时间长度；留白部分时间长度可以根据撰稿人的感觉来把握。

第二种方式是按照右栏的所有字数（包括标点符号），大致按照180个字对应1分钟来计算时间长度。专题节目通常将解说、镜头前采访和留白部分统筹考虑，一般可以按照“每分钟180个字”这个速率来确定时间长度。

通过选用上面两种方式中的任何一种，我们都可以计算出节目的时间长度。有了这个时间长度，我们就能够大致评估左栏需要的画面镜头数量和画面时间长度。这样，需要补拍多少内容、多少镜头、累计多长时间的画面，以及需要搜集多少类型和多少时间长度的视频资料，就比较清楚了。有关后续工作的展开就有了清晰的目标。

六、以脚本为蓝本进行后期制作的模式

以这个文稿为蓝本，进行后期制作的模式有如下两种：

一种是先计算出解说词的时间长度，以及留白部分的时间长度，将两者相加，按照相加之后的时间长度进行画面编辑。再根据脚本中的受访者采访词对应的采访段落从素材上找出这个段落，将其对应脚本上的“采访词”编辑成节

目片段。最后将解说词、采访词和留白等三个部分的视频按照脚本的结构编辑成整个节目的视频部分（采访词部分这时已经是声画合一的节目片段）。视频部分完成后，再组织主持人或播音员在演播室里对照着解说词对应的由视频监视器呈现的画面段落逐段配上解说。解说录制在专门的演播室进行，其间可以对解说的声音通过调音装置进行美化处理。如此，将解说录制下来，最后在非编系统中将解说与画面相配，再加上音乐、音响，最后形成完整的节目。这种方式配上的解说，其情绪处理、音量调节、状态把握能够与画面妥帖地匹配，视频、音频契合度高，故而专业化程度较高。广播电视台制作的纪实视听节目大都采用这个模式。

另一种是将解说词先期录制然后对照着解说词编辑画面，将采访部分根据脚本编辑成若干段落，留白部分则根据脚本提示编辑画面，最后将这三部分内容依据脚本汇剪成完整节目。这种模式在一些传媒专业学生那里采用较多。其制作较为简便，但解说词部分与画面情绪、节奏、综合感觉匹配度较差。

如果条件允许，在进行故事叙事纪实节目摄制的时候，我们推荐采用第一种模式进行后期制作。

上面我们介绍了纪实节目故事叙事过程中视听表现的若干技巧、方式。熟练掌握这些技巧和方式并在节目的策划摄制过程中创造性地运用，是我们进行专业化纪实节目故事叙事的基础。因此，我们务必要认真理解，并在实际工作中反复练习。

思考和练习

一、本章所说的“具体表现”是什么含义？请谈谈你的理解。

二、对过去时态事件的表现有哪些有效的方法？试选择其中的一种方法用于具体案例中。

三、镜头前采访的“扒词”怎么做？其在节目制作中的意义是什么？

四、试为王维的《渭川田家》诗作配上音乐和音响效果，用语言描述出你的构思。（王维《渭川田家》：“斜光照墟落，穷巷牛羊归。野老念牧童，倚杖候荆扉。雉雊麦苗秀，蚕眠桑叶稀。田夫荷锄至，相见语依依。即此羡闲逸，怅然吟式微。”）

五、试运用具有时尚感的字幕和网络时尚元素，对一个讲述时装师奋斗故事的纪实节目进行包装。任意选择你认可的其中两个环节或段落进行练习。

六、请使用第六章提供的纪实节目脚本格式，撰写一个时长不超过 5 分钟的纪实节目的脚本。

第十章　叙事提纲撰写方法

通过前面的内容我们可以了解到，纪实节目的故事叙事是一个需要整合多种资源、调动多个岗位、涉及多个环节的系统工作。要把项目主持者或者策划人、节目编导完成的包括“情节结构”的未来节目的构想，化为推进系统工作的共识，保证整个工作都能沿着故事叙事的正确路径向前推进，就需要有一个在节目制作人员内部促成统一意见的工具。鉴于纪实节目故事叙事本身具有一定的复杂性，我们可以使用两个层级的工具来实现目标。初级工具，我们推荐“叙事提纲”。叙事提纲的核心部分是“情节结构”内容的文字表达，这也是固化“情节结构”的载体。高级工具是故事叙事纪实节目的脚本。脚本和叙事提纲的关系是：叙事提纲用于指导纪实节目故事叙事的前期拍摄，并为脚本写作提供基础；而脚本是在叙事提纲提供的“情节结构”基础上，根据叙事需要，对情节环节进行必要的调整，并包含其他视听元素运用构思的文稿。在补拍、资料收集和后期制作环节，脚本是开展工作的蓝图，还是画面编辑、采访内容呈现、解说词使用、音乐音响使用等具体工作的指导文本。下面，我们介绍三种“叙事提纲”的格式和拟定“叙事提纲”的方法，供读者借鉴、参考。

第一节　文字描述法

“文字描述法”就是采用文字描述的方式，拟定叙事提纲，具体格式如下。

一、第一种格式（适用于“基于A类情节模式的纪实节目”）

《××××××》叙事提纲

1. **节目名称**（在这里写出节目的名称）

2. **事件简介**（这里需要简要介绍节目选定题材事件的基本内容）

3. **情节结构**（这一部分是本叙事提纲的主要部分，功能是运用A类情节模式，描述出节目的“情节结构”）

激励事件及主人公的动机和外在目标（这里需要指明节目情节中的“激励事件”以及由激励事件触发的主人公萌生的动机、主人公确立的外在目标）

主人公采取的第一个行动（这里需要写明主人公采取的争取实现外在目标的第一个主要行动）

遭遇的第一轮障碍或反行动（这里需要说明主人公采取行动后，所遭遇的来自自然条件方面的障碍，或遭遇来自对手阻碍其行动的反行动）

冲突点（主人公的行动遭遇阻碍，他会采取行动去克服阻碍，这就与阻碍力量发生冲突。这里需要写出冲突）

转折点（这里需要写明主人公行动遇阻、发生冲突之后，情节发生的“负面/正面”或“正面/负面”转折）

主人公采取的第二个行动（基本要求同“主人公采取的第一个行动”项下的要求）

遭遇的第二轮障碍或反行动（基本要求同“遭遇的第一组障碍或反行动”项下的要求）

冲突点（同前面“冲突点”项下要求）

转折点（同前面“转折点”项下要求）

主人公采取的第三个行动（基本要求同“主人公采取的第一个行动”项下的要求）

遭遇的第三轮障碍或反行动（基本要求同“遭遇的第一轮障碍或反行动”项下的要求）

冲突点（同前面“冲突点”项下要求）

转折点（同前面“转折点”项下要求）

不可改变的逆转点（这里需要写明导致不可逆转的总转折，即主人公欲望目标实现了还是没有实现的最后一个转折）

结局（写明故事最后的结局）

4. **悬念设置点位与技巧**（在这里写明选择设置悬念的情节环节或点位、采用什么技巧设置悬念。一个20分钟的节目，设置的悬念不宜低于4个）

5. **需要细节渲染的重要情节环节**（这里应指出需要进行细节渲染的重要情节环节，还需要说明采用什么手法去进行细节渲染）

6. **需要激发情绪的重要情节环节与手法**（这里应指明需要进行情绪激发的重要情节环节，并说明采用什么手法去激发情绪）

7. **其他需要特别说明的问题**（这里应列出需要特别说明的内容，例如音乐特色或风格的要求，音响效果的要求等）

基于B类情节模式拟定的情节结构，其叙事提纲可以参照上面的格式。

二、第二种格式（适用于“基于C类情节模式的纪实节目”）

《×××××》叙事提纲

1. **节目名称**（在这里写出节目的名称）

2. **事件简介**（这里需要简要介绍节目所选定题材事件的基本内容）

3. **情节结构**（这一部分是本叙事提纲的主要部分，功能是描述出节目的“情节结构”）

当事人及其关系简介（这里需要简单介绍在情节结构中未来关系将发生变化的当事人，以及他们在节目开始时的关系）

当事人之间发生的第一个事件（当事人之间的关系发生了第一次变化，而导致变化的是一些事情的发生，例如第一个事件。在这里写出这个事件）

冲突点（在这里指明事情或事件发生后，关系当事人之间发生了什么冲突，这个冲突是关系转折的动力）

关系改变点（这里需要说明当事人的关系在什么时候发生了什么性质的改变）

当事人之间发生的第二个事件（要求同“当事人之间发生的第一个事件”项下的要求）

冲突点（要求同前面“冲突点”的要求）

关系改变点（要求同前面“关系改变点”的要求）

当事人之间发生的第三个事件（要求同“当事人之间发生的第一个事件”项下的要求）

冲突点（要求同前面“冲突点”的要求）

关系改变点（要求同前面“关系改变点”的要求）

逆转点（这里需要写明的是整个节目人物关系的最后一次包含“负面/正面”或“正面/负面”或“零点/正面、负面”的根本性转折）

结局（在这里需要写明整个节目最终的结局）

4. **悬念设置点位与技巧**（在这里写明选择设置悬念的情节环节或点位、采用什么技巧设置悬念。一个20分钟的节目，设置的悬念不宜低于4个）

5. **需要细节渲染的重要情节环节**（这里应指出需要进行细节渲染的重要情节环节，还需要说明采用什么手法进行细节渲染）

6. **需要激发情绪的重要情节环节与手法**（这里应指明需要进行情绪激发的重要情节环节，并说明采用什么手法去激发情绪）

7. **其他需要特别说明的问题**（这里应列出需要特别说明的内容，例如音乐特色或风格的要求、音响效果的要求等）

采用D类情节模式拟定的情节结构较为简单，且实际操作时受客观条件制约较大，往往需要因时制宜，兹略而不论。

上面我们介绍的文字描述法叙事提纲的格式，针对的是常见题材事件的情况。某些时候，具备故事潜质的事件并不处于十分理想的状态，会出现缺乏某些环节、要素的情况。遇到这种情况，就不能拿着格式生搬硬套，而需要根据这种格式的核心精神灵活运用。文字描述法叙事提纲的核心精神是用文字描述的方式，将“情节结构”的各个主要环节描述出来，将可能采用的叙事技巧、方法予以说明，从而在提交给节目组成员阅读之后，促使全体节目组成员就本节目故事叙事包含哪些主要内容、节目情节的逻辑链和情节环节之类事项达成共识，进而顺利地完成纪实节目故事叙事的前期拍摄。

第二节　表格记录法

国内的一些电视台或融媒体机构，在纪实节目故事叙事工作领域，会使用表格式的《选题申报表》。这个表格也是叙事提纲的一种形式。这里我们提供一个《选题申报表》样例（详见表10－1），并就其中各个部分的填写要求做出说明（注：这个表格样例参考了中央电视台《探索·发现》节目组使用的“报题表”，在其基础上进行了修改）。

表 10-1　选题申报表

<table>
<tr><td>选题
报送人</td><td colspan="2"></td><td>选题名称</td><td></td></tr>
<tr><td>报送人
联系电话</td><td colspan="2"></td><td>报送人
电子邮箱</td><td></td></tr>
<tr><td>选题简介</td><td colspan="4"></td></tr>
<tr><td>情节结构</td><td colspan="4"></td></tr>
<tr><td rowspan="4">叙事技巧</td><td>悬念设置
点位与技巧</td><td colspan="3"></td></tr>
<tr><td>细节渲染
环节与手法</td><td colspan="3"></td></tr>
<tr><td>情绪激发
点位与方式</td><td colspan="3"></td></tr>
<tr><td>其他</td><td colspan="3"></td></tr>
<tr><td rowspan="3">资料搜集
情况
（含书籍、
文字、照
片、绘画、
活动影像）</td><td>已有
部分</td><td colspan="3"></td></tr>
<tr><td>已知
部分</td><td colspan="3"></td></tr>
<tr><td>未知
部分</td><td colspan="3"></td></tr>
<tr><td rowspan="3">访谈对象
状况</td><td>当事人
知情人</td><td colspan="3"></td></tr>
<tr><td>专家</td><td colspan="3"></td></tr>
<tr><td>其他</td><td colspan="3"></td></tr>
<tr><td rowspan="6">拍摄手段
及地点</td><td>资料</td><td colspan="3"></td></tr>
<tr><td>访谈</td><td colspan="3"></td></tr>
<tr><td>空镜</td><td colspan="3"></td></tr>
<tr><td>再现</td><td colspan="3"></td></tr>
<tr><td>纪实
段落</td><td colspan="3"></td></tr>
<tr><td>其他</td><td colspan="3"></td></tr>
</table>

续表10－1

主题 新视角	
审批意见	

以下是《选题申报表》各项栏目的填报要求。

选题报送人：这一栏填写节目选题报送人的姓名。有的选题是两人或多人联合报送，就填写两人或多人的姓名。

选题名称：选题名称是针对作为选题的故事事件所做的命名，不一定是节目完成后的名称。例如，节目名称为《儿子的秘密》，其选题名称可以是“艺人李玉刚的奋斗故事”。

报送人联系电话：填写选题主报送人电话即可。

报送人电子邮箱：填写选题主报送人电子邮箱即可。电子邮箱可用于今后工作中传送较大的视听文件。

选题简介：这一栏主要用于简单介绍选题所涉及事件的基本信息，包括何人、何事、何时、何地、原因、结果等方面的信息。

情节结构：这一栏是《选题申报表》的主要内容。填写内容可以是依据情节模式为选题事件拟定的“情节结构”的关键环节，例如，采用A类情节模式拟定的“情节结构”，可以填写如下内容：“激励事件”“主人公动机和外在目标”“主人公采取的第一个行动”“主人公遭遇的障碍和反行动”“发生的冲突”“第一次转折”“主人公采取的第二个行动”“主人公遭遇的第二轮障碍和反行动”“发生的冲突”“第二次转折”“主人公采取的第三个行动”“主人公遭遇的第三轮障碍和反行动”“发生的冲突”“不可逆的转折”“结局”。采用其他类型情节模式拟定的“情节结构”则以此类推。这一栏在这里是示意性质，实际填写的表格中，这一栏内容会大大超过目前的容量。

叙事技巧·悬念设置点位与技巧：这一栏填写准备在选题的故事叙事过程中设置悬念的情节环节或点位，以及准备采用的悬念设置技巧。通常，一个时长为20分钟的纪实节目，悬念设置不应少于4个。

叙事技巧·细节渲染环节与手法：这一栏需要填写准备精心细节渲染的情节环节或点位，以及准备采用的情节渲染的手法。

叙事技巧·情绪激发点位与方式：此处填写所选择的情绪激发情节环节或

情节点位，以及准备采用的情绪激发方式。

叙事技巧·其他：这一栏填写其他叙事技巧可能的运用情况。例如，需要运用创造幽默或笑料技巧的情形，可以在这一栏里予以反映。

资料搜集情况·已有部分：这里所说的“资料”，包括书籍、文字、照片、绘画、活动影像等可以为选题在节目中的视听表达提供支撑的材料。要摄制纪实视听节目，各类视听支撑材料是其前提和基础，因此，选题表中要求对这类资料的情况做一个介绍。“已有部分”这一栏，填写目前选题报送人已经掌握的资料。

资料搜集情况·已知部分：这一栏填写目前已经知道其存在并且有搜集线索但目前并没有掌握的信息确凿的资料。

资料搜集情况·未知部分：将选题制作为节目，可能需要采用一些资料，但目前这一部分资料的信息比较模糊，对其内容为何、数量多少等，尚需在后续的调查采访中予以明确。属于这种情况的资料，应在这一栏填写。

访谈对象状况·当事人/知情人：纪实节目故事叙事，最重要的镜头前采访的访谈对象是当事人。当事人包括“直接当事人”和“间接当事人”，例如，一个通过种植桂花树致富的求索故事，种植桂花树的主人公，是直接当事人；而他致富后帮扶的对象、桂花种植合作社成员，就是间接当事人；一个母亲与其所抚养的女儿因代沟发生关系改变的故事，母亲和女儿是直接当事人，离异而未负责对女儿直接抚养的父亲可以是间接当事人。知情者则是所有对选题事件知情的人士。这一栏需要填写直接当事人、间接当事人和可能被作为采访对象的知情人的基本情况，包括其姓名、性别、年龄、职业、所在地域等，关键对象如直接当事人等，还应包括其联系方式。

访谈对象状况·专家：法制节目、探秘节目等都需要请专家接受镜头前采访。这一栏需要填写拟请专家的基本情况，包括姓名、性别、年龄、职称、所在专业领域、单位、所在地区等。

访谈对象状况·其他：有的时候，纪实节目需要采访上面几类访谈对象之外的其他人士，如涉及网络红人的选题，有可能采访其粉丝；知名人物，有可能采访既非当事人、也非知情者的其他人士。这样的访谈对象，就反映在这一栏中。

拍摄手段及地点·资料：这一栏填写拍摄过程中，准备获取的资料类型及来源。如法制节目中，常见的监控视频资料，以及拥有资料所有权、需要联系获取的单位或机构，就填写在这一栏。

拍摄手段及地点·访谈：对访谈对象进行镜头前采访拍摄，准备采用什么方式，在什么场景中、在什么条件下、在什么地点进行，这方面的信息，就填写在这里。

拍摄手段及地点·空镜：纪实故事叙事节目离不开一些空镜头，例如，重要的事件发生地，有具体表现意义的特定场景（如生产、工作场景），等等。这一栏就填写这方面的内容。

拍摄手段及地点·再现：这一栏填写进行情景再现的情节环节，以及准备拍摄情景再现的地点。

拍摄手段及地点·纪实段落：纪实段落就是我们在第九章第二节提到的"还原现场的纪实段落"，纪实段落拍摄的具体方式详见那一部分的介绍。这一栏填写拍摄纪实段落的情节环节和拍摄地点。

拍摄手段及地点·其他：这一栏填写上面提到的拍摄手段之外的可能使用到的其他拍摄手段，如实景跟拍、网络视频连线等，以及操作时可能涉及的地点。

主题新视角：这一栏填写节目主题中具有新意的视角或者视点。拟定这一栏的目的，在于鼓励选题报送人在摄制一个节目的时候，尽可能地将新视角、新视点纳入节目中，从而赋予节目以主题的新意。

审批意见：这一栏与选题报送人无关，是留给上级部门责任人或制片人就是否同意选题立项、是否同意纳入拍摄计划签署意见的。

从上面的介绍可以看出表格式叙事提纲的构成、功能和特点。这种叙事提纲较为严谨，填写这个表格，有助于叙述者理清楚自己的思路，把涉及故事叙事的各种元素和各个环节考虑清楚；也有助于节目组成员理解即将付诸前期拍摄的选题都包含哪些需要完成的任务；也有助于上级部门或制片人了解选题的价值以及选题报送人对选题的认知程度和表现出来的对选题所涉及事件的叙事把握能力，并预估可能需要的人员、经费和设备设施投入规模，从而做出是否立项拍摄的决定。

第三节　卡片记录法

"卡片记录法"是从悉德·菲尔德的《电影剧本写作基础》[①] 一书中借鉴而来的。悉德·菲尔德推荐的卡片记录法，主要用于电影故事片故事线的构

① ［美］悉德·菲尔德：《电影剧本写作基础》，钟大丰、鲍玉珩译，世界图书出版公司，2012 年版，第 182～184 页。

筑。他建议使用卡片来记录电影故事的场景，根据“三幕式”剧本故事结构，每 30 页剧本使用 14 张卡片，即第一幕使用 14 张、第二幕使用 28 张、第三幕使用 14 张，一共使用 56 张卡片，记录下电影故事的主要场景，从而构筑起故事的情节线，以之作为创作剧本的情节结构依据。

纪实节目故事叙事中，卡片记录法可以用来记载、表达“情节结构”；而叙事提纲的其他内容，可以使用“附页”进行书面表述。

具体操作如下。

一、准备卡片

采用扑克牌大小的卡片，将“情节结构”中的各个关键环节，以及对关键环节进行重点提示的处理技巧、方法等，写在卡片上，并根据卡片内容在情节结构中的先后位置，为卡片编上序号。然后，将卡片按照其所记载情节环节在节目中出现的先后顺序，由左到右、由上向下，整齐地平铺在茶几或桌面上。节目组成员通过浏览、阅读卡片上的文字，了解整个事件的情节线索和各重要情节环节的内容；通过阅读记下情节环节对应技巧和处理手法的书面说明，了解其他处理的内容。

二、利用卡片记录“情节结构”中的主要内容

卡片 1：记录激励事件的要点

卡片 2：记录主人公被激励事件触发的动机和确定的外在目标

卡片 3：记录主人公采取的第一个行动（注：若主人公采取的行动是一套“组合拳”，则可以使用若干张卡片来记录这个行动组合拳中的各个具体行动，卡片序号顺延。下面出现的第二个行动、第三个行动照此办理）

卡片 4：主人公遭遇的非人物行动的障碍

卡片 5：主人公遭遇的来自反对者的反行动

卡片 6：主人公克服障碍的行动

卡片 7：主人公与反对者反行动发生的冲突

卡片 8：第一个行动导致的“正面/负面”或“负面/正面”的转折

卡片 9：主人公采取的第二个行动（注：同前“卡片 3”的要求）

卡片 10：主人公第二个行动遭遇的非人物行动的障碍

卡片 11：主人公第二个行动遭遇的来自反对者的反行动

卡片 12：主人公克服第二轮障碍的行动

卡片 13：主人公与第二轮反对者反行动发生的冲突

卡片 14：第二个行动导致的“正面/负面”或“负面/正面”的转折

卡片 15：主人公采取的第三个行动（注：同前“卡片 3”的要求）

卡片 16：主人公第三个行动遭遇的非人物行动的障碍

卡片 17：主人公第三个行动遭遇的来自反对者的反行动

卡片 18：主人公克服第三轮障碍的行动

卡片 19：主人公与第三轮反对者反行动发生的冲突

卡片 20：第三个行动导致的“正面/负面”或“负面/正面”的、不可逆的总转折

卡片 21：结局

三、利用附页纸张，写下与卡片记录的情节环节对应的技巧和处理手法

主要包括悬念设置及技巧、细节渲染及方式、情绪激发及手法、音乐音响要求，等等。例如：

卡片 2：采用扣压信息技巧，扣压外在目标信息，设置悬念

卡片 14：第二个行动导致的“正面/负面”或“负面/正面”的转折发生后，用悲喜对比手法，进行情绪激发处理

卡片 20：第三个行动导致的“正面/负面”或“负面/正面”的、不可逆的总转折出现后，对知情者就主人公做出的评价，进行刻意强调、音乐烘托等的细节渲染

诸如此类，不一一赘述。

卡片记录法的优点诚如悉德·菲尔德所言，“你可以用各种方式去安排场景和调整场景，增加几张，去掉几张。……并且具有最大的灵活度”[①]。在节目“情节结构”用卡片记录法记载、表达之后，针对具体的情节环节出现的叙述顺序，叙述者可以拥有最大的自由调整空间。例如，需要采用倒叙的方式，将结局放在最前面，只需要将记录“结局”的卡片调整到第一位置就一目了然了。

另外需要说明的是，我们在上面介绍的卡片记录法处理方式，针对的是一般情况。由于纪实节目故事叙事的题材事件不完美、不理想的情况颇多，因此在实际操作过程中这也需要灵活处理。卡片记录法的基本精神是用卡片记录下

---

① ［美］悉德·菲尔德：《电影剧本写作基础》，钟大丰、鲍玉珩译，世界图书出版公司，2012 年版，第 184 页。

“情节结构”的基本信息，从而让节目组成员清楚地了解故事结构，并为叙述顺序的调整提供便利。了解了这个基本精神，我们就可以根据题材事件的实际情况做出灵活处理。

我们在本章介绍了三种拟定叙事提纲、表达“情节结构”的方法，这是叙述人深刻理解所叙述事件、对未来的故事叙事进行创意策划、叙述处理的有效工具。掌握这些工具并熟练地运用，是成功进行纪实节目故事叙事的保障之一。

思考和练习

请阅读如下材料，然后按要求完成练习。

陈玉蓉：暴走妈妈捐肝救子①

陈玉蓉是武汉人。她从乡办企业下岗后，在一家建材市场做会计。

她的儿子叶海斌十三岁时忽然出现走路摇摇晃晃、全身抖动的状况，这让陈玉蓉一家人慌了手脚，不知所措。

在叶海斌出现身体不适之后，陈玉蓉和丈夫立马带他去了当地医院进行全面检查，谁也没想到平日里活蹦乱跳的孩子患上了一个要命的病。医院查出叶海斌患有先天性肝病，名叫肝豆状核病变。肝豆状核病变是一种罕见的常染色体隐性遗传病，是铜在体内各组织中异常沉淀所导致的。

2005年，叶海斌开始吐血，疾病已经从肝豆状核病变发展成了肝硬化。三年后，正在公司上班的叶海斌再次吐血晕倒，被同事送到医院急救之后才脱离生命危险。

医生告诉陈玉蓉，亲属捐献肝脏进行肝移植是医治儿子最好的办法。陈玉蓉的丈夫叶国祥和叶海斌的妻子也想捐肝，但陈玉蓉断然反对，决定自己捐肝。陈玉蓉听从医生的建议和叶海斌做了肝移植配型，幸好，配型成功。谁知在给陈玉蓉检查身体各项指标是否符合进行肝移植手术标准时，检测出陈玉蓉患有重度脂肪肝，在这种情况下医院无法为陈玉蓉母子二人进行肝移植手术。

面对救子心切的母亲，医生劝慰说：“先试试减肥吧，脂肪肝消除，肝移植才有可能。”

当晚，陈玉蓉便开始自己的“减肥”计划。从此，谌家矶长长的堤坝上，活跃着一个妇女“暴走”的身影。堤坝上一个来回正好5公里，早晚各走一

① 中国广播网：《“暴走妈妈”捐肝救子终酿人间奇迹》，http://news.sina.com.cn/o/2009-11-04/162616553702s.shtml。

次，正好10公里。为快速减肥，在大量运动的同时，她每天只吃很少量的米饭和青菜。运动量大，吃得少，她有时走得两腿发软，眼冒金星，好几次都饿得差点晕倒。儿子叶海斌回忆说，妈妈有时夹块肉送到嘴边，又急忙塞回碗里去。大妹妹陈荣华说，姐姐只吃水煮青菜，没有油，根本难以下咽。

“有时我也感觉看不到尽头，想放弃。但我坚信，只要多走一步路、少吃一口饭，离救儿子的那天就会近一点。”陈玉蓉这样说。

春去秋来，风雨无阻。七个月里，陈玉蓉走破了四双鞋，脚上的老茧长了刮，刮了长，而体重减掉了8公斤。现在一进她家门，就看见放在门口的四双破旧的鞋。

终于，奇迹发生了。2009年10月19日，当陈玉蓉进行全面检查时，她的重度脂肪肝消失了，符合肝移植条件。同济医院消化内科主任田德安教授连声感叹，从医几十年，还没见过一个病人能在短短7个月内消除脂肪肝，“没有坚定的信念和非凡的毅力，肯定做不到!”

得知陈玉蓉准备肝移植后，妹妹陈永红担心在短时间内暴瘦8公斤后，姐姐承受不了手术，建议先调养一段时间再捐肝。但陈玉蓉一再坚持：“眼睁睁地看着儿子生病不救，还不如让我去死。我每天都做同一个梦：斌斌又发病了，吐血了，他等不及了……”

“今天我们讨论的病人比较特殊，她是一位非常伟大的母亲。”11月2日16时，武汉同济医院23楼会议室内，知名器官移植专家、同济医院陈孝平教授的开场白让现场显得十分沉重。经过审慎讨论，专家通过了陈玉蓉的捐肝申请。

2009年11月3日，经过同济医院医生们的精心手术，被称为“暴走妈妈”的陈玉蓉成功地将半块健康的肝脏捐给了儿子叶海斌。

手术之后，院方决定免除这对母子60万元的全部在院费用。

武汉江岸区谌家矶街道办事处为这对母子送来善款13万元。该街道办事处书记周振海说，募集这13万元仅用了一个上午，还只是第一笔捐款，街道办事处还将用最短时间募集个人捐款。

来自北京、上海、河北、武汉等地的肝移植康复联谊会的会员代表来到医院，看望她并给予热情鼓励。大批市民自发赶到医院进行探望。

儿子叶海斌得救了。母亲陈玉蓉获选“感动中国2009年度人物”。

（注：本文来源于中央电视台“感动中国2009年度人物颁奖盛典”提供的主人公事迹、中国广播网2009年11月4日发布的消息，以及“凌瑶读史”于2021年7月31日在网易发布的文章）

一、假如要你按照故事叙事的要求，根据上面的材料摄制一个纪实节目，请采用第一节推荐的“文字描述法”的格式，拟定一份叙事提纲。

二、假如要你按照故事叙事的要求，根据上面的材料摄制一个纪实节目，请采用第二节推荐的“表格记录法”的格式，拟定一份叙事提纲。

三、假如要你按照故事叙事的要求，根据上面的材料摄制一个纪实节目，请采用第三节推荐的“卡片记录法”的格式，拟定一份叙事提纲。

附录　整合叙事示例

前面我们已经就纪实节目故事叙事的各个主要方面，进行了较为完整的叙述。读者通过阅读、练习，假以时日，会渐渐具备纪实视听节目故事叙事主要方面的基本能力。但这种基本能力并不等于完整能力，要具备完整能力还必须经历一个“整合”过程，也就是将已经习得的分散的纪实节目故事叙事能力整合起来，形成独立完成完整的故事叙事纪实节目的能力。这个将分散的能力整合为独立完成节目能力的过程，我们将其称为“整合叙事”。严格意义上的整合叙事，包括将分散能力整合为纪实节目故事叙事的前期准备的能力（包括全部节目摄制前期文字处理的能力）和实际拍摄、制作故事叙事纪实节目的能力。在新闻传播类应用型本科专业的实践实训课程中，我们能够同时开展这两个方面的教学和训练。受到教材文字属性的限制，我们无法进行实际拍摄、制作的训练，因此，这里所说的整合叙事，只包括将前面涉及的分散能力整合为从事纪实节目故事叙事的前期准备的能力。当然，有了这一步能力的整合，实际拍摄制作的格局、方向和要求就非常清晰了，后面的工作通常就能够顺利进行，这为后续实际拍摄、制作打下了坚实基础。

下面，我们分别通过两个案例，为使用最多或较多、难度较高的两类纪实节目故事叙事的前期准备工作提供示例，供读者参考、借鉴。

示例一　运用A类情节模式的整合叙事

我们以下面这篇文章提供的信息为对象，按照创作一个故事叙事纪实节目的要求来进行相关处理。

刘伟：隐形翅膀让梦想成真

【提要】刘伟，1987年生，北京人。1998年，因意外触电导致双臂截肢。

曾在全国残疾人游泳锦标赛上摘金夺银。2006 年，他开始学钢琴，掌握了用脚弹琴的绝技，2010 年夺得东方卫视《中国达人秀》第一季总冠军，而后出演影视剧、出版自传、推出个人专辑、经营公司等，并成立“刘伟拥抱基金”，从事公益活动。北京市第四届残疾人自强模范。入选“感动中国 2011 年度人物”。

【正文】

刘伟的梦想，被命运狠狠碾碎过两次。

他的第一个梦想是当足球英雄。他儿时最大的爱好就是踢足球，而且他踢得棒极了。

上小学二年级时，他就入选校足球队，到了三年级已晋升为队长。他还被选进北京绿茵足球俱乐部二线队，队员们都是千挑万选出来的佼佼者。有同学在贺年卡上写过这样的赠言：“希望你将来能带领国足冲出亚洲!”

然而，10 岁那年一场像黑洞一样的意外，吞噬了他这个梦想。

1998 年正月十六，他在和邻居小伙伴们玩捉迷藏时，双臂不慎搭在一个变压器的裸线上，受到十万伏的高压电击，经抢救后侥幸捡回一条命，但从此失去双臂。

此后一切日常琐事，比如穿衣、吃饭、喝水、刷牙、写字等，他都要像婴儿那样重新学起，而且只能用脚来做。

足球梦破碎了，他只好重新规划自己的人生。在北京博爱医院进行康复治疗期间，生性好动的他最爱去水疗池扑腾，他的游泳天赋被北京市残疾人游泳队的教练相中了。经过两年魔鬼般的训练，他在 2002 年全国残疾人游泳锦标赛（青少组）上取得两金一银的好成绩，2005 年、2006 年又连续摘得百米蛙泳项目的冠军。

2007 年，他获得 2008 年北京残奥会选拔赛的入选资格，杀入备战奥运的集训，目标是摘得游泳比赛的金牌。但这时，他却患了过敏性紫癜，医生嘱咐不能再进行剧烈运动。第二个梦想又化为泡影。

面对挫折，他在 2011 年出版的自传《活着已值得庆祝》中写道：“其实从得知自己要放弃游泳到从内心里真正放弃游泳，也就是睡一觉的时间。我没掉过一滴眼泪，也没有一蹶不振或者郁郁寡欢。我非得去跪观音菩萨，问他为什么不让我参加，有用吗？没用。‘如果生命果真是无常，我会坦然面对而不慌。’对于生活，我的原则是，该笑的时候一定要笑，该哭的时候也一定要笑。”

命运跟他开了两个过分的玩笑，但他并没有翻脸，而是继续追寻第三个梦想——当音乐人。早在高二暑假过后，他就决定不参加高考了，要去学音乐。

此言一出，父母坚决反对，认为他选择的是一条完全没有希望的路。“学音乐能当饭吃吗?”父亲第一次冲他发火了。就连一向开明的母亲，见他在看音乐书，也会把它抓过来丢到一边去。

但他心意已决，高三仅读了一个月就退学了。后来父母接受了他的选择，并以普通工薪阶层的薪资支撑他学音乐这件奢侈的事。

刘伟得拜师学艺。母亲找过一家私立音乐学校的校长，校长听完他的情况后很震惊，坚决不肯收这样的学生：“刘伟进我们学校学音乐只能是影响学校的校容。我们学校收学生在正常人里面还要挑长得漂亮的呢。刘伟能学音乐，我还能当总统呢!”母亲被这种赤裸裸的歧视惹怒了，回家后按着他的肩膀说：“儿子啊，咱可一定要争口气啊!”

在北京市肢残人协会主席刘京生的帮助下，刘伟终于遇到第一个肯收他为徒的老师。这位名叫“钟声”的音乐老师说：“如果你能弹琴，我就能教你，如果弹不了琴，那就很难学音乐了。”他建议刘伟去学习键盘类乐器，这对编曲有帮助。

2006年，19岁的刘伟开始学钢琴。他说：“没有人规定钢琴一定要用手去弹。”音乐可以跟老师学，但用脚弹琴，他只能靠自己琢磨了。

他的“琴凳”与钢琴的琴键一样高，一个小小的靠背可以使他的身体稳定。大脚趾比琴键宽，容易粘键，他就把脚趾立起来弹。碰上三和弦，脚没办法一次按下三个键，他就拆成分解和弦，一个音一个音地接起来。脚能控制的距离没有手宽，所以当旋律变得比较快时，弹完和弦的左脚要挪过去协助右脚弹旋律，然后再回来弹和弦。

他每天练琴超过7个小时，仅用1年时间就可以弹奏出相当于手弹钢琴专业七级水平的曲子——《梦中的婚礼》。

他的第一个舞台，是在北京五道口的一间音乐酒吧里。奥运冠军梦破灭后，他为了给彷徨的生命寻找一个出口，就与朋友合伙开了这间酒吧。他每天上午学完音乐后，下午和晚上就在这里照料店面，有时也会坐在角落里，在电子钢琴前弹上一曲。

2008年，退出体育赛场的刘伟以另一种方式参与北京奥运会。他收到北京电视台大型系列节目《唱响奥运》的邀请，与刘德华同台演出。

开场他弹奏的是《梦中的婚礼》，现场观众给了他热烈的掌声，刘德华则给了他一个大大的拥抱。从此，“刘大哥”和“刘小弟”，这两个年龄相差26岁的人成了朋友。

2010 年是刘伟的丰收之年。那年 3 月，他赴意大利参加吉尼斯世界纪录演示，创造了用脚一分钟打出 251 个英文字母的吉尼斯世界纪录。同年 10 月 10 日，在一路闯过六场初赛和三场半决赛后，他最终夺得《中国达人秀》第一季总冠军。

第一次亮相《中国达人秀》时，评委高晓松问他："你弹得这么好，这一切是怎么做到的?"他说出了铿锵有力的一句话："我的人生中只有两条路，要么赶紧死，要么精彩地活着。"

因为这句话，全国很多观众记住了他，也有人说他极端。

他说："这句话的雏形其实是我在劝一个朋友时说的。这个朋友打电话来诉苦，因为失恋要死要活的。我一边打游戏一边和他说：'好啊，要自杀你就去。'他就骂我不是朋友。这时我又说，'你如果真想死，我这个朋友又拦得住你吗？但如果你不是真想死，那就好好活着。'我认为每个人的人生当中，都是两道选择题。第一道是选择生死，如果选择生，第二道题是选择混吃等死还是努力活出自己的价值。只要做好这两道选择题，就 OK 了。"

他说他一直信奉的"歪理"是：出路出路，走出去了，总是会有路的；困难困难，困在家里就是难。

夺冠后，刘伟一举成名，名利接踵而至。他参与很多电视节目的录制，演过《最长的拥抱》《我的灿烂人生》等影视剧，出版自传《活着已值得庆祝》，推出首张个人 EP 专辑——《伟所欲为》，还经营着两家公司。

虽然钢琴比以前弹得少了，但他有个梦想是靠自己挣的钱做一名独立音乐人，完全按照自己的想法去做音乐。

刘伟还入选了"感动中国 2011 年度人物"。

2012 年 1 月，他联合北京市残疾人福利基金会启动了一项公益基金——"刘伟拥抱基金"，以扶贫助学、心灵建设为目标，向全社会传递"学会拥抱，学会认识自己"的理念。

这个名字是他自己起的。因为有人曾惋惜他这辈子都体会不到拥抱他人的幸福了，但他认为被拥抱比拥抱更幸福。

他说："基金主要诉求的是心灵建设和精神重建，一个人一旦有了强大的内心，他就拥有了人生最宝贵的财富。"该基金已资助过很多山区、灾区的儿童，并建立了大学生志愿者与这些儿童的长线联系。①

① 发现北京：《刘伟——隐形翅膀让梦想成真》，https://www.sohu.com/a/401735761_120209831，本教材作者对文字有增删。

上面这篇文章提供了文字性的基础信息，我们需要将它转化为一个纪实视听节目，叙述方法必须采用讲故事的方法。要实现这个目标，我们需要运用本教材前面所阐述的内容，来进行拍摄前的准备工作。这项工作包括如下步骤。

一、对事件进行评估，看这个事件能否用于故事叙事

评估一个事件能否用于故事叙事，主要的观测点是，这个事件是否包含故事潜质。通过对照第三章提供的具备故事潜质事件中的几个特点，我们可以发现，上面的那个“刘伟特殊经历事件”（注：为方便叙述，后文我们都这样来指称该事件），也具有反映故事潜质的特点。具体分析如下：

事件中包含因果关系：正是由于刘伟失去了双臂，他不屈服于命运，才有后来与命运搏斗的经历。整个事件具有清晰的因果链条。

事件中包含人与自然（并非人的反对因素或客观条件）的冲突：刘伟失去双臂后，自理生活需要与“无手臂”的障碍冲突；参加游泳比赛因病无法继续下去的冲突；学习钢琴弹奏与“无五指”障碍的冲突；等等。

事件中包含人与人的冲突：刘伟学习音乐的外在目标，受到父母的反对，受到私立音乐学校校长的嘲笑与奚落，就属于人与人的冲突。

事件中包含人物内心的冲突：刘伟的足球梦、游泳梦两次破灭之后内心的矛盾；学习音乐遭遇父母反对后心中可能有的犹豫和徘徊，都可能包含主人公的内心冲突。

事件中的人物注定有一个麻烦不断的欲望目标：刘伟想在游泳上有出色表现的欲望目标因疾病而无法实现；其想成为有稳定收入的独立音乐人的欲望目标，遭遇学习演奏钢琴却困难重重、音乐学校校长不愿意招收其入学等麻烦。他的成功之路充满超乎寻常的麻烦。

事件进程出现转折：“刘伟特殊经历事件”中包含若干有价值的转折：他的足球梦因失去双臂而出现“正面/负面”的转折；他的游泳梦因为疾病而出现“正面/负面”的转折；他的音乐梦因为父母的反对，私立音乐学校校长的侮辱、奚落而遭遇“正面/负面”的转折，而他的顽强坚持促使父母认同了他的选择，出现了“负面/正面”的转折；他克服障碍的一系列努力，促成了他的梦想的全面实现，其中包含不可改变的“负面/正面”的“逆转”。从失去双臂到全面成功，整个事件包含“负面/正面”的转折，形成了一个由负转正的“故事弧”。

事件中包含叵测的人物命运：如果将叙述起始点还原到刘伟失去双臂的那一刻，则其后面的命运是无法预知的，且一般而言，他成功的概率不会高，前

景是悲观的。

通过上面的分析，我们可以得出结论："刘伟特殊经历事件"具备故事潜质，可以用于拍摄制作故事叙事纪实节目。

在这里，我们是从学习纪实节目故事叙事的角度来进行分析，我们假定主人公刘伟同意了以他的经历事件为选题进行拍摄。而在实际工作中，我们作为纪实节目制作人，在判断事件是否具备故事潜质并得出正面结论之后，还有一个前提工作，那就是要征得主人公对拍摄制作节目的同意，并签署相应的书面合同或合作协议，以取得对拍摄制作项目确定无疑的具有法律意义的授权。如果没有这种授权，后面的工作会存在变数甚至无法展开。

二、根据故事事件的性质，确定其可运用的情节模式

我们来分析一下，看看"刘伟特殊经历事件"是怎样的一个事件。刘伟10岁时不幸遭遇横祸失去双臂，但他不屈服于命运，他决意在游泳上取得成功并采取了行动且有一定的成效；因疾病的缘故游泳梦无法实现之后，他要当音乐人，并为此展开了朝向目标的求索；他还要用其他一些冲击巅峰的成功来证明自己的价值。整个事件，他都在求索中；或者换个角度看，这个事件之所以引起我们的注意，就在于主人公在遭受意外打击后，就一直处在不向命运屈服、追寻有更大价值人生的求索中。

于是我们得出结论：既然"刘伟特殊经历事件"是一个求索事件，则这个事件适合应用"A类情节模式"来进行情节结构的处理。其实这个事件也可以运用"B类情节模式"来进行处理，但由于一来这个事件中的故事潜质十分充分，包含的故事环节丰富且有力，足以支撑起运用"A类情节模式"的故事讲述；二来是故事叙事的原则告诉我们，感受不到叙述者存在的故事叙事是叙述的最佳状态，而"B类情节模式"是突出主持人作为叙述者的模式，这个模式无处不在地提醒叙述者的存在，因而不是最佳叙述模式，故不予采用。

三、运用选定的情节模式，拟定事件的"情节结构"

通过上述努力，我们对"刘伟特殊经历事件"选定了"A类情节模式"。现在，需要运用这个情节模式，为事件拟出"情节结构"。这一步工作可以按如下步骤进行：

（一）阅读文稿、熟悉内容、了解线索、预做准备

仔细阅读前面的文稿，了解、熟悉其中已经提供的较为详细的内容和拍摄

制作视听节目的线索，并做进一步的前期案头准备。

开展对如下人物的电话、微信、QQ语音（视频）的先期采访：主人公刘伟，重要当事人刘伟的父母、刘伟的游泳教练、刘伟的音乐老师“钟声”、刘伟的合伙人等，以及各类知情人（这些知情人中有相当一部分可以从刘伟和其他重要当事人处获得联系线索）。通过采访，掌握更加翔实的信息，也借此掌握未来实施拍摄过程中镜头前采访的访谈人。

（二）浏览资料、拓宽视野

通过网络和报刊等，浏览、观看、阅读相关资料，进一步拓宽对事件的视野，更完整、全面地掌握事件信息。

（三）运用情节模式、分解叙事要素

这里需要运用A类情节模式，对“刘伟特殊经历事件”进行叙事要素分解，为拟定“情节结构”打下基础。可以对照A类情节模式的文字表述，逐一找出包含在事件中的情节内部要素。例如，对照“激励事件”可以找出“刘伟10岁因事故失去双臂”；对照“主人公产生动机，确定外在目标”可以找出他不甘心受命运的摆布，要用有价值的行动来争取美好未来的动机，以及通过参加游泳比赛拿名次，从而证明自己的外在目标；对照“采取行动，遭遇障碍或遭遇反行动，发生冲突”可以找出刘伟“经过两年魔鬼般的训练”的行动，其间遇到的种种巨大困难以及他克服困难的具体过程；对照“转折”可以找到他的努力换来的几次获奖的回报（负面/正面转折），和“他却患了过敏性紫癜，医生嘱咐不能再进行剧烈运动”的结果（正面/负面的更大转折）。按照上述思路，逐一找出包含在事件后续部分的情节内部要素。

（四）选择合适格式、拟定叙事提纲

这一步需要选择适合情节模式、事件特点的“叙事提纲”格式，拟定叙事提纲。叙事提纲中最重要的工作包括对照选定的情节模式拟定“情节结构”，将情节结构的内容纳入叙事提纲的撰写，将情节结构各情节环节的关系通过叙事提纲固定下来，同时完成叙事提纲中其他需要填写的内容，形成供上级审核、同仁阅读、节目组形成共识的叙事提纲文本。我们在这里选择“表格记录法”的叙事提纲格式，拟定叙事提纲，作为示例。

选题申报表

选题报送人	王××	选题名称	刘伟：隐形翅膀让梦想成真
报送人联系电话	1390*******	报送人电子邮箱	*******@qq. com
选题简介	刘伟，1987年生，北京人。1998年，因意外触电导致双臂截肢。曾在全国残疾人游泳锦标赛上摘金夺银，但因疾病被迫中止游泳训练。其后，他决心做一名音乐人。2006年，他开始学钢琴，掌握了用脚弹琴的绝技，2010年夺得东方卫视《中国达人秀》第一季总冠军，而后出演影视剧、出版自传、推出个人专辑、经营公司等，并成立“刘伟拥抱基金”，从事公益活动。中央电视台“感动中国2011年度人物”。		
情节结构	前置事件：刘伟在足球上的天赋以及他的足球梦 激励事件：刘伟10岁因事故失去双臂 **主人公产生动机，确定外在目标**：刘伟不甘心受命运的摆布，要用有价值的行动来争取美好未来——动机；前期通过参加游泳比赛拿名次，从而证明自己的价值——外在目标，以及后期成为独立音乐人——外在目标 **主人公采取的第一个行动**：为了实现游泳拿名次的目标，刘伟“经过两年魔鬼般的训练” **主人公遭遇的障碍和反行动**：“两年魔鬼般的训练”期间刘伟遇到的种种巨大困难 **发生的冲突**：刘伟克服困难的具体过程（有细节、有情感） **第一次转折**：刘伟在2002年全国残疾人游泳锦标赛（青少组）上取得两金一银的好成绩，2005年、2006年又连续摘得百米蛙泳项目的冠军（负面/正面转折） **主人公采取的第二个行动**：2007年，他获得2008年北京残奥会选拔赛的入选资格，杀入备战奥运的集训，目标是摘得游泳比赛的金牌 **主人公遭遇的第二轮障碍和反行动**：刘伟患了过敏性紫癜，医生嘱咐不能再进行剧烈运动 **发生的冲突**：（1）糟糕的生理状况引发的“放弃”决定与参加奥运会夺金牌的强烈欲望之间的冲突；（2）巨大压力与坚持下去的努力之间的冲突 **第二次转折**：放弃参加游泳比赛在残奥会夺金的梦想（正面/负面转折） **主人公采取的第三个行动**：（1）确定新的外在目标：当音乐人；（2）高二暑假过后，他就决定不参加高考了，要去学音乐 **主人公遭遇的第三轮障碍和反行动**：父母坚决反对，认为他选择的是一条完全没有希望的路；旁人的冷嘲热讽（后文私立学校校长的嘲讽、奚落透露了这方面的信息） **发生的冲突**：刘伟心意已决，高三仅读了一个月就退学了，顽强坚持自己的选择，其间与父母的言语、行为方面的冲突，以及可能发生的回击旁人冷嘲热讽的冲突		

续表

情节结构	**第三次转折**：父母接受了他的选择，并以普通工薪阶层的薪资支撑他学音乐 **主人公采取的第四个行动**：拜师学艺。母亲去找一家私立音乐学校的校长，欲进校学习 **主人公遭遇的第四轮障碍和反行动**：校长不愿意接受这个残疾学生，还嘲笑、奚落刘伟 **发生的冲突**：校长奚落刘伟时母亲的反应；刘伟以坚持要圆音乐梦予以回击 **第四次转折**：刘伟终于遇到第一个肯收他为徒的老师“钟声”，钟声老师把是否能成为音乐人的关键，归结为他是否能够学会键盘乐器 **主人公采取的第五个行动**：刘伟还是尝试学习用脚弹奏钢琴 **主人公遭遇的第五轮障碍和反行动**：（1）用脚趾弹奏钢琴，其间遇到种种常人难以想象的困难；（2）旁人的劝阻、嘲讽 **发生的冲突**：刘伟为克服脚趾弹琴的不便，并用行动回击别人的嘲讽，每天练琴超过 7 个小时，遭遇各种具体的麻烦 **不可逆的转折**：（1）仅用 1 年时间就可以弹奏出相当于手弹钢琴专业七级水平的曲子——《梦中的婚礼》；（2）刘伟以另一种方式参与北京奥运会，在北京电视台大型系列节目《唱响奥运》节目中与刘德华同台演出；（3）夺得《中国达人秀》第一季总冠军；（4）参加电影电视剧拍摄；（5）出版自传；（6）经营两家公司 **结局**：设立“刘伟拥抱基金”，扶贫助学、心灵建设，在自己成功之后，为社会做出力所能及的贡献 【说明：（1）上面是根据“刘伟特殊经历事件”拟定的“情节结构”，其中体现着事件各情节环节的内在因果逻辑链；（2）调整后的“情节结构”，即包含各个情节环节在未来纪实节目中的位置、出现顺序的情节结构，将在脚本文稿中反映出来；（3）对这个事件的处理，安排了“前置事件”，人物采取的行动不止三个，人物的欲望目标也发生了“前期”“后期”的变化，这体现了在真实事件中运用情节模式，关键是理解情节模式的精神，其间常常存在一定程度的变通】	
叙事技巧	悬念设置点位与技巧	（1）刘伟失去双臂后，设问“刘伟将会有着一个怎样的未来?”运用“让人物面对未知的阻碍和未知的对抗力量”的技巧；（2）在刘伟获得北京残奥会入选资格、加紧备战、参赛在望的时候，使用“让意外因素介入”的技巧，引出因疾病不能继续游泳的转折，强化对观众情绪的打击；（3）在私立音乐学校校长拒绝接纳刘伟并加以嘲笑、奚落的环节，让观众率先知道其母亲已经了解了校长的态度，而刘伟并不知情仍满怀期待，运用“制造观众与故事中人物的信息落差”的技巧；（4）到北京电视台参加节目与刘德华合作环节，扣压这个信息，强调刘伟并不知道与谁合作，直到最后一刻才予以披露，运用“扣压信息”的技巧；（5）在刘伟参加《中国达人秀》节目前夕，通过刘伟预告自己将参加这个节目以及他自认为身体条件不占优势，引发观众关切之心，运用“预告将发生大事”的技巧。 【说明：上面仅仅是示例，实际操作中还可以选择不少情节环节和点位设置悬念】

续表

叙事技巧	细节渲染环节与手法	(1) 在刘伟遭遇事故失去双臂的环节，运用当事人绘声绘色的描述、情景再现等方式，渲染其惨痛程度；(2) 在刘伟取得游泳良好成绩、入选残奥会、备战夺金阶段，运用知情者的欣喜描述、阳光明媚的画面、抒情的音乐等，渲染刘伟的欣喜之情和美好期待；其后，在刘伟因疾病不能继续参加游泳比赛环节，运用凄风苦雨的画面、压抑的音乐、主人公孤独落寞的身影等方式，渲染压抑、沮丧的情绪；(3) 对刘伟立志成为音乐人，遭遇父母反对的环节，运用以刘伟为对象的反常镜头角度、主人公行为的慢放处理等方式，渲染刘伟孤独、烦躁的情绪；(4) 刘伟获得《中国达人秀》总决赛冠军后，通过展现成功的资料镜头剪辑、粉丝访谈快剪等方式，渲染喜悦情绪；(5) 在结局中，就刘伟设立“刘伟拥抱基金”环节，通过主人公访谈，抓拍刘伟就“拥抱”主题的诠释和情绪反映，深化对其义举的内涵表达；(6) 在实施拍摄中可能抓拍到的人物表情、典型物件、重要照片等，都可以纳入细节渲染范畴。 【说明：以上仅为示例，实际操作中还有不少可以进行细节渲染的情节环节】
	情绪激发点位与方式	(1) 在“激励事件”之前，热情洋溢地介绍刘伟的足球天赋和他的足球梦，从而与失去双臂形成反差，运用“悲喜对比、以喜衬托悲”的技巧，给观众以强烈的情绪震撼；(2) 刘伟入选残奥会游泳比赛之后，渲染这次入选对他的意义以及成功在望的光明前景，然后，突然引出他因病不能继续参加游泳比赛的事实，采用“满怀希望换来极度失望”的技巧，唤起观众情绪共鸣；(3) 在刘伟极其不容易地一路拼搏、最终获得《中国达人秀》第一季冠军的当口，回放过去艰难岁月的集锦画面，配以深情音乐，采用“悲喜对比、以悲衬托喜”的技巧，唤起观众“含泪的笑意”，丰富节目情感内涵；(4) 在结局刘伟设立“刘伟拥抱基金”，向全社会传递“学会拥抱，学会认识自己”的理念，强调他已经永远不再具备拥抱别人的能力，却关心天下人学会拥抱，运用“与身份不相称的大爱”激发观众情绪。 【说明：以上仅为示例，实际操作中还有不少可以进行情绪激发的情节环节】
	其他	在采访刘伟合伙人或关系很好的小伙伴时，可以让对方讲一下刘伟闹出的包含“不协调”元素的无害、无伤大雅的笑话。 【说明：用这个事件摄制的节目，基调是庄重、严肃、有一点压抑的；但适当点缀一两个笑话，可以调节情绪节奏，让未来的节目具备更为立体的观感，从而增强节目魅力】

续表

资料搜集情况（含书籍、文字、照片、绘画、活动影像）	已有部分	(1) 视频资料《感动中国 2011 年度人物颁奖盛典》；(2) 栏目《最佳现场》“刘伟有双隐形翅膀”；(3)《隐形的翅膀》歌曲（音乐资料）；(4) 有关刘伟的网络文章；(5)《让温暖与坚毅相伴一生》书籍 【说明：上面的资料仅仅提示采用的可能性，但真要使用在节目中，会涉及著作权方面的问题，需要妥善解决】
	已知部分	(1) 影视作品《最长的拥抱》《我的灿烂人生》中刘伟的精彩镜头视频资料；(2) 刘伟夺得《中国达人秀》第一季总冠军视频资料
	未知部分	无
访谈对象状况	当事人知情人	(1) 主人公刘伟；(2) 刘伟母亲；(3) 刘伟父亲；(4) 刘伟的足球教练；(5) 刘伟的游泳教练；(6) 音乐老师“钟声”；(7) 北京肢残人协会主席刘京生；(8) 北京五道口音乐酒吧刘伟的合伙人；(9) 刘德华；(10) 评委高晓松；(11) 因为失恋要死要活被刘伟规劝的朋友；(12)《最长的拥抱》《我的灿烂人生》导演或制片人；(13) 刘伟两家公司的员工；(14)“刘伟拥抱基金”帮助的山区儿童典型代表一两人
	专家	无
	其他	能够对刘伟的事迹做出评价的在校大学生、网友、残疾人若干
拍摄手段及地点	资料	(1) 刘伟在小学校足球队的照片；(2) 刘伟在 2002 年全国残疾人游泳锦标赛（青少组）上取得两金一银成绩，2005 年、2006 年又连续摘得百米蛙泳项目冠军的照片；(3) 刘伟自传《活着已值得庆祝》书籍照片；(4) 刘伟个人 EP 专辑——《伟所欲为》照片；(5) 大型系列节目《唱响奥运》中刘伟与刘德华同台演出照片
	访谈	室内拍摄，按人物肖像摄影规格布光，背景为黑色丝绒布帷幕，拍摄地点：北京为主
	空镜	(1) 北京绿茵足球俱乐部、足球场（北京）；(2) 导致刘伟失去双臂的变压器现场；(3) 北京市残疾人游泳队训练游泳池；(4) 刘伟在北京的居所、练习钢琴的琴房；(5) 刘伟就读的中学；(6) 刘伟在北京五道口的音乐酒吧；(7) 刘伟两家公司的门脸及内景；(8) 刘伟工作的场景抓拍；(9) 刘伟训练的场景抓拍；(10) 刘伟闲暇之际生活状态抓拍；(11) 刘伟写字、穿衣、洗漱等生活场景抓拍；(12) 刘伟弹奏《梦中的婚礼》；(13) 在现场发现的有价值的其他空镜
	再现	(1) 刘伟想成为音乐人，遭父母反对，他与父母争执的情景再现；(2) 刘伟母亲与私立音乐学校校长洽谈儿子入学，校长嘲笑、奚落刘伟的激动言谈举止情景再现（均虚化、模糊处理）
	纪实段落	(1) 请刘伟的父亲，在刘伟当年的寝室现场描述刘伟是怎么样在失去手臂之后，解决基本生活自理问题的；(2) 刘伟的母亲在琴房现场介绍刘伟是如何学会用脚趾弹奏钢琴的 【说明：这两个环节是观众最关心的情节内容之一，同时又是刘伟面临的难度很大、对后来命运的改变作用重大的两个情节环节，加之两个情节环节过程漫长、缺乏图片和视频资料，因而使用纪实段落最能体现出视听节目的特点】

续表

拍摄手段及地点	其他	(1) 刘伟生活、演出、经营等过程中一切有价值的细节镜头，都在抓拍之列，摄影师要有这个意识；(2) 对在校大学生、网友的采访，可以适当考虑通过微信视频、语音通话进行
主题新视角	在“刘伟特殊经历事件”的故事讲述中，除了一般性地肯定主人公绝不向命运屈服的价值选择和用主人公的事迹去唤起观众情感共鸣的主导情绪表达之外，还应表现一种残障人士不但要活下去，还要活得精彩，甚至活得比普通人还要好的精神，这是这个事件所包含的特有价值理念	
审批意见		

四、根据以《选题申报表》为形式的叙事提纲，展开前期拍摄

故事叙事纪实节目的拍摄制作，严格说来是一个生产项目，需要投入人员、设备、资金等资源成本。因此，不管在广播电视台、融媒体机构，还是在社会文化公司，通常都会有一个评估、审核，最终决定是否投入拍摄的过程。当上述拟定的《选题申报表》经过审核程序并获得批准之后，就可以展开前期拍摄了。前期拍摄可以按照如下步骤进行。

（一）组建节目组

节目组是创作人员的合作机构，可以是常态化的，也可以是临时组建的。节目组通常包含策划、撰稿、编导、摄像/摄影、录音、照明、录音合成、音乐（音响）编辑、主持人、出镜记者、剧务、制片、技术保障、制片人等工作职能岗位。在实际工作中，为了节省人力资源成本，经常会出现一个人同时担负几个岗位职责的情况，如策划、撰稿、编导、后期制作由一人承担，摄像/摄影和照明由一人承担，录音和录音合成由一人承担，等等。上述工作职能岗位的具体工作职责，请参见本教材第九章第五节相关内容。

（二）节目组成员阅读《选题申报表》，就拍摄活动达成共识

《选题申报表》是指挥节目组通过拍摄制作，将文字表述转化为视听节目的指导文本。因此，要在未来的拍摄制作中充分体现节目制作的意图、满足节目制作的要求，首先要使每一位节目组成员熟悉《选题申报表》所包含的基本信息，尤其是节目情节内部要素的构成及要素之间关系方面的信息。为达成这

个目的，需要组织全体节目组成员仔细阅读《选题申报表》，并由选题表拟定者（通常是策划、编导）围绕选题表内容进行说明。这个过程并不是单纯的由节目组成员来理解申报表中的内容，也是一个吸纳反馈意见，从而进一步完善选题表内容的过程。经过阅读、讨论，《选题申报表》的内容会更加完善。

（三）实施拍摄

故事叙事纪实节目实施拍摄主要应注意以下方面。

1. 完成对各个情节环节视听表达的拍摄

运用镜头前采访、还原现场、场景抓拍、情景再现以及空镜头资料拍摄等方式，完成对各个情节环节的视听表达拍摄。按照这个要求，未来纪实节目的故事情节，需要由访谈者叙述完成的，就通过镜头前采访的拍摄来实现；需要还原现场的纪实段落，则尽可能在情节发生的第一现场，由第一当事人或第一知情者来讲述并予以拍摄；与情节表现有关的某些常态性的活动场景、工作场景，可以在其实际进行中抓拍；重要段落需要情景再现的，则请主人公、当事人或替身来完成并予以拍摄；为解说词提供对应视频资料的空镜头拍摄，由于此刻还没有完成脚本文稿，所以只能根据未来节目中需要解说词进行叙述的大致意义段落进行对应拍摄，以尽量减少未来补拍的工作量。通过上面提到的方式，力求将各情节环节视听表达的素材基本上采集到手。

2. 完成人物表现的拍摄

纪实节目故事叙事中，人物表现是重要任务。在拍摄过程中，要选择对人物表现有价值的视听材料进行拍摄。例如，对表现主人公兴趣爱好的细节的拍摄，对剖露主人公内心世界的采访或细节的拍摄，对关键情节环节主人公的面部表情特写或有意义的行为、行动的拍摄，对有助于表现主人公性格、精神状态的物件细节、音乐细节的拍摄，等等。将其运用在未来的节目中，可以丰富、强化对人物的表现。因为“人物表现”不是一句空话，它必须植根于具体、生动、鲜活的视听材料的使用。

3. 完成悬念设置和破解视听表达的拍摄

悬念设置和破解都需要在节目中以某种明确的形式表现出来。例如，运用“扣压信息”的技巧设置悬念，可以使用解说词来完成，这时需要匹配相应的视频镜头；也可以通过当事人之口来完成，这需要在拍摄现场进行采访。破解“扣压信息”的悬念，也可以通过解说词交代，这同样需要与解说词配合的视频镜头；如果通过当事人、知情人之口交代，则需要在拍摄现场通过采访特定对象，并按照破解悬念的要求予以拍摄。值得推荐的方式，是在对未来节目效果进行通盘考虑的基础上，通过多种技巧、形式来设置、破解悬念，进行多元化拍摄，从而形成丰富多样的悬念设置、破解的视听表现。

4. 完成情绪激发环节的拍摄

情绪激发是一个微妙的过程，需要精心设计和拍摄。在已经确定的点位运用已经选择的技巧去激发情绪，需要根据预先设计，在实施拍摄环节完成基于视听表达考虑的拍摄。例如，在本节目的拍摄制作中，预先设计的"刘伟入选残奥会游泳比赛之后，渲染这次入选对他的意义以及成功在望的光明前景，然后，突然引出他因病不能继续参加游泳比赛的事实，采用'满怀希望换来极度失望'的技巧，唤起观众情绪共鸣"的处理，就需要在实施拍摄过程中予以实现。刘伟本人伴随喜悦之情的期待，其游泳教练信心满满的寄望，刘伟爸妈的高兴，刘伟朋友的兴高采烈，都需要通过拍摄完成视听表达材料的收集；刘伟得知因病不能继续参加游泳比赛消息时所受到的心理上的打击，需要通过访谈拍摄下来；刘伟孤独、失落的背影，需要通过情景再现予以拍摄；城市大远景体现空灵情绪的空镜头等，所有这些在未来节目中将要发挥情绪激发作用的场景、访谈、情景再现、空镜头等资料，都需要在实施拍摄中完成采集。

5. 完成细节渲染的拍摄

叙事提纲中纳入构思的细节，都是拍摄过程中可能遇到的具有表现意义的细节。这就需要编导和摄像师具有叙事的敏感性和艺术的悟性，对各种有价值的细节及时抓拍。有经验的编导者有一个经验：细节的数量和质量，及其在节目中运用的高低优劣，直接影响节目的品质。

在实施拍摄结束之后，就进入下一个步骤。

五、整理、收集材料，撰写脚本文稿，为后期制作做准备

首先，需要将众多人物的访谈内容整理为文字稿的"扒词"，具体整理扒词的方法，参见本教材第九章第三节的相关内容。

其次，扒词完成后，撰稿人审看扒词文字稿以了解采访内容，浏览视听素材并做相应记录，参照《选题申报表》中提供的"情节结构"和其他内容，撰写本节目的脚本文稿。情节结构需要调整，并在脚本文稿撰写中反映出来（各情节环节的叙述顺序也因此明确）；对于音乐、音响的运用，在脚本中提出初步构想。脚本文稿撰写的格式等要求，参见本教材第九章第六节相关内容。

再者，脚本文稿完成后，编导需要根据脚本内容收集视听资料，音乐编辑需要搜集音乐、音响资料。

最后，摄像师需要根据脚本文稿完成遗漏部分、不理想部分的补拍。

六、后期制作

后期制作主要包括如下内容：

第一，将视觉素材编辑为一个统一的节目视觉信息系统；

第二，将访谈内容剪辑成供节目使用的访谈视听段落；

第三，录制解说词话语，将其编辑进节目的听觉信息系统；将音乐和同期声、效果声等听觉信息对照画面和解说词运用于节目的适当位置；

第四，通过录音合成，将视觉信息系统与听觉信息系统融合为一个完整的视听节目系统；

第五，为节目叠加字幕；

第六，对节目进行包装；

第七，保证节目具备符合专业要求的技术质量；

第八，在节目接受审核后，负责节目视听元素的修改。

上面这些工作，涉及“视听画面编辑”“视听编辑软件应用”“高级视听编辑软件应用”和专业的音频处理软件应用等课程，具体操作参见有关课程的要求。

如果上面所有环节都能够付诸实施，一个故事叙事纪实节目就诞生了。

示例二　运用C类情节模式的整合叙事

前面我们提供了运用A类情节模式的整合叙事示例，而C类情节模式的运用在实际工作中也较为普遍。下面，为了方便读者学习、借鉴，我们再就C类情节模式的运用提供整合叙事示例。

湖南“芒果TV”的《寻情记》是一档优秀的普通人情感传奇栏目。其中的具体节目包含不少较为典型的可以运用C类情节模式的题材事件。现在我们根据节目内容整理还原为原生态事件，以获得一个可以运用C类情节模式的事件标本。该事件文字整理稿如下：

一次性付清了抚养费　父女血脉怎能断

2002年，小学文化的刘清经人介绍，与来自农村的大学毕业生胡兆军相识，彼此没有经过深入了解，在较短时间内成婚。新婚伊始，刘清、胡兆军与胡兆军的母亲相处和睦。

一年后，刘清生下女儿佳佳，两人因为文化差异大，彼此认知存在偏差，很多方面谈不到一块儿，加上生活琐事烦人，感情渐生裂隙。据刘清姨妈刘美玲回忆，刘清在月子里发脾气，用冷水洗头，伤了身子。曾经有一次，夫妻俩开玩笑，丈夫说等你睡着了，我拿个麻袋把你扔到大街上，因此引发大吵一场。在此情况下，作为妻子的刘清率先提出离婚，有人劝阻能否冷静一个时期，再来商量这个事情，刘清发了很大的脾气，坚决要离婚。胡兆军最终接受了。2004 年，两人拟定了一个离婚协议，按照每月 300 元的标准计算到女儿佳佳年满 18 岁，胡兆军一次性付给刘清抚养费 58000 元；佳佳的抚养权归刘清所有。

离婚后，刘清带着孩子回到娘家，独自抚养孩子。刘清母女俩生活费用与孩子成长的费用，由刘清的父母承担。

后来，佳佳骑自行车上学，在路上被一辆小轿车撞伤，肇事车当场逃逸。刘清将佳佳送到医院，并打电话给胡兆军的父亲，说明佳佳因车祸受伤，希望胡家的人来医院看望佳佳，并承担一定的医药费。据刘清讲，对方挂断了电话，且自始至终没有露面。因佳佳这次车祸，刘清花了好几万元，加上刘清的父亲患上肺癌，母亲也生病，一家人生活渐渐陷入窘境。

佳佳人很乖巧，懂事，能体谅妈妈的苦处，学习很优秀，得过不少奖状。但她经常撕掉奖状，说得奖有什么用，自己还是没有人管，有很大的怨气，甚至提出要退学，与妈妈一道打工挣钱养家。佳佳进入高一，学费、生活费都没有着落，最后靠微信群里的老师和其他家长捐款，才缴纳了佳佳高一上学期的学费。

困境中的刘清带着女儿到郴州去找胡兆军，希望胡兆军能够增加抚养费、分担教育费。因为没有钱，母女俩在火车站坐了通宵。刘清找到胡兆军的单位，胡兆军拒绝见面。女儿曾经喊胡兆军“爸爸”，胡兆军扭头跑掉。佳佳于是对爸爸产生很大的怨恨情绪。

万般无奈的刘清找到芒果 TV 的栏目《寻情记》节目组，希望得到帮助。《寻情记》节目组带着刘清、刘清的姨妈刘美玲等找到胡兆军。刘清指责胡兆军逃避抚养女儿的责任，胡兆军则指责刘清到自己单位去大闹是不给自己面子，并称自己对女儿遭遇车祸受伤、上高中没钱靠捐款交学费一事毫不知情。胡兆军的现任妻子宋苗现身，说“我们家的事情胡兆军说了不算”，坚决的态度令沟通陷入僵局。

面对此情此景，刘清姨妈刘美玲出面，说明刘清没有复婚的要求，只是来商量佳佳的事情。因为当初胡兆军交付 5 万多元钱供抚养孩子，仅就每月 300 元的生活费来看，按照现在的物价，无论如何是不够的，何况还有车祸住院、高中的学费和生活费，加在一起，刘清无法承担，胡兆军理应承担一部分。

节目组请教律师。律师引据有关法律条文精神表示：按照法律规定，当某些条件发生变化后，抚养费当事人可以要求增加抚养费；另外，抚养费中不包括教育费、医疗费。

节目组带佳佳去见父亲。父女第一次正式见面，很快就热络起来。佳佳大胆质问爸爸：为什么不要我？向爸爸诉说高中没生活费、学费，还被同学讥讽，说没有爸爸。胡兆军自此表现出愧疚之意，表示欢迎佳佳到爸爸家里来继续学业；但抚养权必须归自己。刘清则明确表示不会放弃抚养权。佳佳的未来又蒙上了阴影。

在《寻情记》节目组的帮助下，刘清和女儿佳佳与胡兆军和胡妻宋苗在宾馆谈判。双方达成如下协议：考虑到佳佳现在的年龄、生活习惯、目前与刘清相依为命的现实，以及融入一个新家庭的难度，故佳佳的抚养权仍旧归刘清；佳佳的生活费、高中学费，胡兆军表示愿意承担一半；今后考取大学的费用另说。胡兆军表示，希望女儿佳佳能够考取大学，用知识改变贫穷的命运，今后大学毕业、就业、成家，爸爸永远爱你。刘清与胡兆军在《寻情记》节目组的见证下在协议书上签字画押。胡兆军当即把第一个月的学费和生活费转到佳佳的账户上。

佳佳开始对生活有了信心，对父亲有了新的印象。①

如果我们把上面这个根据栏目《寻情记》播出节目还原的事件作为纪实节目故事叙事教学示例的对象，那么，处理步骤与前文“刘伟特殊经历事件”的步骤是一样的。

一、对事件进行评估，看这个事件能否用于故事叙事

前面我们提到，评估一个事件能否用于故事叙事，主要的观测点是，这个事件是否包含故事潜质。按照与前面的分析相同的原理，我们可以发现，上面这个事件也具有故事潜质。具体分析如下。

事件中包含因果关系：当事人刘清、刘清和胡兆军的女儿佳佳、刘清的前夫暨佳佳的父亲胡兆军，整个事件围绕着三人的关系演变展开。从刘清与胡兆军结婚、离婚，到刘清因为经济窘迫找胡兆军要求增加抚养费，到最后三人达成和解，前后因果关系链条清晰。

事件中包含人与自然（并非人的反对因素或客观条件）的冲突：刘清和女

① 本事件由《寻情记》2021 年 3 月 27 日公开播出的节目还原整理而成，仅用于教学，不得用于除教学以外的其他场合和其他目的。特此声明。

儿与贫穷（父亲患癌、母亲得病导致生活窘迫、没钱为佳佳交学费）的冲突，就属于这一类。

事件中包含人与人的冲突：刘清与胡兆军结婚、离婚之间的冲突；刘清和女儿要见胡兆军而胡兆军避而不见的冲突；刘清要求胡兆军增加抚养费而胡兆军和妻子宋苗一开始以当初有协议约定为由不愿意增加的冲突，就属于人与人的冲突。

事件中包含人物内心的冲突：女儿佳佳努力学习的内心欲望与放弃学业、打工为妈妈分担困窘的内心打算之间的冲突，属于人物内心冲突。

事件中的人物注定有一个麻烦不断的欲望目标：刘清想要前夫增加抚养费，这个欲望目标一度很难实现。

事件进程出现转折（人物关系发生转变）：这个事件包含了若干有叙事价值的人物关系之间的转变，如刘清与胡兆军从不认识到结婚，两人关系的"零点/正面"转变；刘清生小孩后，与胡兆军感情不和，最终协议离婚，两人关系的"正面/负面"转变；刘清带女儿回父母家生活，生活平静，其后，女儿车祸受伤，刘清就医疗费向前夫父亲求助，被拒绝，刘清带女儿前往郴州找胡兆军，胡兆军避而不见，不理会女儿佳佳的呼喊，刘清与胡兆军及其家人关系的"零点/负面"转变；刘清求助《寻情记》节目组，终于与胡兆军见面，开始商量女儿抚养费的事情，两人关系的"负面/正面"转变；胡兆军现任妻子宋苗出现，说"这家的事情胡兆军说了不算"，刘清与胡兆军就增加抚养费达成的初步共识面临破裂风险，两人就此事的关系经历"正面/负面"转变；在节目组请教法律专家后，明确了刘清向胡兆军主张增加抚养费的法律正当性，节目组联系佳佳与父亲胡兆军见面，胡兆军与女儿部分恢复父女情，胡兆军夫妇同意按照承担一半的原则，增加生活费与学费；女儿开始对生活有了信心，对生身父亲有了新的印象，以刘清和佳佳为一方，以胡兆军和宋苗为另一方，双方关系发生"负面/正面"的不可逆的、固定下来的转折。

事件中包含叵测的人物命运：如果将叙述起始点还原到刘清与胡兆军离婚的那一刻，则其后面经历的一切是无法预知的。

通过上面的分析，我们可以得出结论：上面那个事件具备故事潜质，可以用于拍摄制作故事叙事纪实节目。

二、根据故事事件的性质，确定其可运用的情节模式

在上文这个事件中我们可以发现两种互相关联的事件性质：一是刘清寻求前夫胡兆军增加抚养费的求索过程所促成的"求索故事"性质；一是刘清与前

夫胡兆军从结婚到离婚、刘清及女儿与胡兆军从一方避而不见到父女部分恢复感情、胡兆军夫妻从拒绝刘清的要求到接受刘清的要求愿意增加抚养费和教育费，这一连串人物之间的关系转折构成的“关系改变故事”性质。那么，到底选择哪一种情节模式更为适宜呢？我们倾向于选择C类情节模式，理由如下：

第一，这个涉及普通人情感经历和利益纠葛的事件较为特殊。事件中的当事双方都是普通人，他们之间的情感冲突是无所谓对错的；他们的利益纠葛各有各的不妥，也各有各的理由，同样不能简单地判定对错。尤其是把事件转化为公共视听产品予以广泛发布的时候，其基本意图是通过这个案例，一方面为节目涉及的当事人提供实际的帮助（节目组在促成最后良好结局出现的过程中发挥了重要作用），一方面为观众提供今后生活的借鉴，促使观众理性地去对待可能遇到的类似情形。节目的意图不包括对当事人造成困扰和伤害。如果选择A类情节模式处理上面那个事件，则难免将刘清作为求索主人公，而胡兆军成为阻碍刘清欲望目标（增加抚养费和教育费）实现的反方人物，这样鲜明的“二元对立”故事设计，容易给予刘清更多的价值肯定，给予胡兆军更多的价值否定，而这是不符合事实的，也不符合这类节目的功能诉求。而选择C类情节模式进行叙事处理，则对双方行为的价值判断被淡化，关注的重心放在了刘清及女儿与胡兆军之间关系的改变上，这既符合这类题材事件的实际情况，也符合节目本身的功能定位。

第二，单纯从叙事的技术层面看，对这个事件运用A类情节模式也不太合适。一则刘清的求索行动过于简单，也就是几次去郴州寻找胡兆军，胡兆军避而不见；女儿佳佳去找胡兆军，叫“爸爸”，而胡兆军扭头就走；无奈之下求助节目组。求索行动仅此而已。二则事件后来发生的决定性转折与刘清的求索努力无直接关系，是节目组介入后才促成的；这违背了“求索类故事所有的重要转折都要由主人公自己促成、不能假手他人”的叙事规则。

第三，如果冷静地审视上述事件，可以发现其中最能感动观众的，是其间人物关系的转折。经历若干次转折，最后女儿佳佳与父亲胡兆军父女情感的恢复是最重要的事件结局，增加抚养费和教育费不过是感情恢复后的父亲做出的物质表示而已。而其间刘清的求索、受阻，由此引发的冲突，以及节目组介入后引发的后续发展，都是促成当事人之间人物关系转折的推动力量。在第四章我们曾较为具体地论述过这个问题：可以运用C类情节模式的事件，其中发生的人物关系的改变（转折）并不是凭空发生的，他们中间发生的某些事情——包括冲突——是改变（转折）出现的动力。

基于以上理由，我们对这个事件选择运用C类情节模式进行处理。

三、运用选定的情节模式，拟定事件的“情节结构”

为事件拟出“情节结构”可以按下列步骤进行。

（一）阅读文稿，做好案头准备

仔细阅读关于事件的文稿，了解、熟悉其中已经提供的较为详细的内容和拍摄制作视听节目的线索，做好前期案头准备。

（二）运用C类情节模式，分解情节环节，打下基础

需要运用C类情节模式，对上述事件进行情节环节分解，为拟定情节结构打下基础。可以对照C类情节模式的文字表述，逐一找出包含在事件中的情节环节。

1. 找出人物的起始关系

根据“具有联系的两位及以上人物，彼此具有正面的良好关系，或负面的恶劣关系，或非好非坏的关系”的原理，找出故事叙事的当事人并找出他们之间的关系。当事人包括刘清、胡兆军及女儿佳佳。他们的关系是：刘清与胡兆军结婚，生下女儿佳佳。三口之家的成员之间具有正面的良好关系。

2. 找出体现“发生了某些事情”的情节环节

根据“在两位人士或多位人士之间发生了某些事情：冲突、合作、了解真相、受到蛊惑或说服等”的原理，找出刘清与胡兆军婚后感情不和，刘清提出离婚符合这个原理的要素（情节环节）。

3. 找出体现人物关系改变的情节环节

根据“两人或多人关系改变：‘正面价值’转向‘负面价值’的‘良好关系转折为恶劣关系’，或‘负面价值’转向‘正面价值’的‘恶劣关系转折为良好关系’，或‘非好非坏（零点价值）’转折为体现‘正面价值’或‘负面价值’的关系”的原理，找出符合这个原理的要素（情节环节）：刘清提出离婚后，旁人劝说无果，最后胡兆军与刘清协议离婚，一次性付清佳佳至18岁的抚养费58000元。这些是体现关系转变的事件环节。

4. 找出多次出现“发生了某些事情”和多次出现人物关系改变的情节环节

根据“按照上述模式，出现多次‘正/负’‘负/正’或‘零/正’‘零/负’价值转折”的原理，找出符合这个原理的要素（情节环节）：刘清因佳佳遭遇车祸花光了抚养费，加之父亲患癌、母亲生病，导致经济遭遇严重困境，充满

期待地与佳佳一道露宿车站去郴州找胡兆军；胡兆军拒绝见面，听到佳佳叫“爸爸”后转身就走，三人之间发生“零点/负面”转变；在节目组帮助下，刘清得以与胡兆军见面，增加抚养费进入洽谈视野，两人就此事的关系出现的“负面/正面”转变；胡兆军现任妻子宋苗出现，称“这个家胡兆军说了不算”，刘清与胡兆军现夫妇俩就抚养费洽商面临危机，彼此就此事的关系出现“正面/负面”的转变；节目组帮助女儿佳佳与父亲胡兆军见面，父女相见、亲情发生作用，父亲表示愿意接纳女儿来郴州学习的父女关系的“负面/正面”转变；刘清不愿意放弃抚养权，胡兆军提出佳佳来郴州学习自己就要取得佳佳的抚养权，两人就抚养权归属的认知出现“正面/负面”的转变。

5. 找出导致最终结局出现的事件和体现最终结局的人物关系彻底改变的情节环节

根据“出现最终结局：两人或多人关系彻底恶化、关系定型为稳固的恶劣关系；或彻底好转，关系定型为稳固的良好关系”的原理，找出如下符合原理的要素（情节环节）：刘清及女儿佳佳与胡兆军夫妇谈判，胡兆军不再坚持获得抚养权，佳佳继续在母亲处读高中，胡兆军愿意承担佳佳目前生活费和教育费的一半，承诺今后考取大学另说，并表示欢迎女儿任何时候来郴州爸爸家里；刘清的诉求得到满足，佳佳与父亲的关系向好的方向发展，事件出现彻底好转、关系定型为稳固的良好关系的结果。

通过上述努力，对应情节模式，将事件转化为情节结构。

（三）选择“叙事提纲”格式，拟定叙事提纲

这一步的重点是用叙事提纲反映情节结构和其他属于前期准备需要考虑的内容。我们在这里选择“文字描述法”的叙事提纲格式，拟定叙事提纲，作为示例。

《迟到的父爱》（暂名）叙事提纲

1. 节目名称：《迟到的父爱》

2. 事件简介：小学文化的刘清经人介绍，与来自农村的大学毕业生胡兆军结婚，一年后，刘清生下女儿佳佳。两人感情产生裂隙，刘清率先提出离婚，2004 年，两人拟定了一个离婚协议，按照每月 300 元的标准计算，到女儿佳佳年满 18 岁，胡兆军一次性付给刘清抚养费 58000 元；佳佳的抚养权归刘清所有。刘清带着孩子返回娘家，过着经济窘迫的生活。佳佳遭遇车祸，刘清打电话给前公公寻求经济帮助，被拒绝。佳佳住院花光了几万抚养费，加之父亲、母亲相继患病，刘清经济陷入绝境。无奈之下，刘清带佳佳去郴州与胡